2024 行政書士

最強の模試

東京法経学院

はしがき

　行政書士試験合格のためには，①従来の出題傾向に沿った問題を解答できる力を身につけておくこと，②個数問題で問われても正解を導き出せる，より正確な知識を身につけておくこと，③その正確な知識を時間内（3時間）にきちんと出し切れるようにしておくこと，が重要になってきます。

　本書は，これまでの試験傾向を踏まえた予想問題を本試験形式で3回分収録した問題集です。東京法経学院で過去に実施した「答案練習会」で使用した問題から本試験レベルの良問を再編成しました。

　今まで学習してきた知識が正確なものかどうか確認すると同時に，試験時間内に正解を出せるようトレーニングを積んでいただくための問題集です。

　また，本書で，自分の実力を試すことはもちろんですが，時間配分や，どの問題から始めるかなどを確認する訓練をし，本試験攻略の糸口をつかんでください。

　ラストスパートをかける時期が近づいてきました。受験生の皆様が日々積み重ねてきた実力を本試験で十分発揮できるよう，総仕上げとして本書をご活用ください。

　最後に，本書をご利用される皆様が，令和6年度本試験において，その実力を十分に発揮され，合格を勝ち取られることを祈念いたします。

2024年5月

東京法経学院　編集部

令和6年度行政書士試験

　令和6年度行政書士試験は下記のとおり実施される予定です。詳細は，令和6年7月8日（月）に公示される「試験案内」をご確認ください。

試 験 日	令和6年11月10日（日）
試 験 時 間	午後1時～午後4時（3時間）
試 験 科 目 出 題 数 出 題 形 式	全60問 **①行政書士の業務に関し必要な法令等** （46問出題，択一式及び記述式） ※記述式は40字程度で記述するものを出題する。 ●憲法 ●行政法〔行政法の一般的な法理論，行政手続法／行政不服審査法，行政事件訴訟法／国家賠償法，地方自治法〕を中心とする。 ●民法 ●商法・会社法 ●基礎法学 ※法令については，令和6年4月1日現在施行されている法令に関して出題する。 **②行政書士の業務に関し必要な基礎知識** （14問出題，択一式） ●一般知識 ●行政書士法等行政書士業務と密接に関連する諸法令 ●情報通信・個人情報保護 ●文章理解
合 格 発 表	令和7年1月29日（水）

CONTENTS

本書の特徴と使い方

　本書『行政書士最強の模試2024』は，令和６年度の行政書士試験対策のための本試験形式の問題集です。全３回分の模擬試験を収録しており，各回とも最新の試験傾向に基づいて問題を収録しております。

１ 東京法経学院の「答案練習会」の問題を厳選

　本書は，東京法経学院で過去に実施した「答案練習会」で使用した問題から本試験レベルの良問を再編成しました。行政書士本試験と同一形式の問題で構成されています。法令科目の問題及び解説については，令和６年４月１日現在の施行法令に基づいています。

※試験科目数の配分は，３回とも，令和６年度本試験を予測した内容になっています。

２ 合格基準について

	形　式	出　題	満　点
法　令	(1) 択一式		
	①五肢択一式	40問（1問4点）	160点
	②多肢選択式	3問（1問8点）	24点
		※部分点1つ2点	
	(2) 記述式	3問（1問20点）	60点
基礎知識	五肢択一式	14問（1問4点）	56点
合　計		60問	300点

◆合格基準
　①「法令」の点数が122点以上
　②「基礎知識」の点数が24点以上
　③ 試験全体の得点が180点（60％）以上
　以上３つの条件を全てクリアーすること

３ 解答用紙について

　各回に解答用紙がついています。切り取ってご利用ください。

４ 「試験直前期はこうして乗り切れ！」

　巻頭の「試験直前期はこうして乗り切れ！」は，直前期に何をすべきかについてまとめたものです。学習の指針にお役立てください。

試験直前期はこうして乗り切れ！

令和6年度行政書士試験まで，残すところ数ヵ月余りとなりました。気持ちはあせるものの，本試験までどうやってラストスパートをかけていいかわからない方もいらっしゃることでしょう。試験科目が多い行政書士試験ですが，試験まで迫った最後の期間をいかに効率的に学習すればよいか，対処の仕方等について以下に記しました。これからの学習の参考にしてください。

問題レベルは？直前期は何をなすべきか？

令和6年度行政書士試験では，①試験科目のうち，「行政書士の業務に関連する一般知識等」（以下単に「一般知識等」といいます。）の名称が「行政書士の業務に関し必要な基礎知識」（以下単に「基礎知識」といいます。）に変更され，②「基礎知識」に「行政書士法等行政書士業務と密接に関連する諸法令」が新たに加わりました。上記②の試験科目の変更に対する対策については，「行政書士法等行政書士業務と密接に関連する諸法令」の部分で触れることにします。

まず，行政書士試験の合格基準から見ていきましょう。行政書士試験では，次の①～③の合格基準が設けられおり，この要件のいずれも満たした方が合格とされます（「令和5年度行政書士試験合否判定基準」参照）。

①行政書士の業務に関し必要な法令等科目の得点が，122点以上である者
②行政書士の業務に関連する一般知識等科目の得点が，24点以上である者
③試験全体の得点が，180点以上である者

①についてみると，行政書士の業務に関し必要な法令等科目の総得点は244点ですから，総得点の50％以上の得点を取らなければなりません。

次に，②についてみると，行政書士の業務に関連する

一般知識等科目は14問であり，各問題に４点が与えられるので，14問中６問以上の得点を取らなければならないことになります。なお，令和６年度本試験でも，この基準に変更はないでしょう。

そして，③についてみると，試験全体の総得点は300点ですから，その総得点の60％以上の得点が必要です。

また，法令等科目のうち，行政法（総得点は112点）や民法（総得点は76点）の配点が高いのが行政書士試験の特徴です。

以上のとおりですので，本試験では，一般知識等科目（令和６年度試験からは基礎知識）の24点をクリアーし，法令等科目のうち，行政法・民法でしっかりと得点を取った方が合格されるといえます。

学習方法としては，やはり基本的知識が大事であるということがいえます。基本的知識をガッチリと習得し，個数問題，組合せ問題，長文問題が出題されても，この問題はこの条文を問われているのだな，と判断できるような応用力を身に付けることが大事です。

また，満点を取ろうとは考えず，得点できそうな科目を確実に押さえ，得点源にすることを考えましょう。

この時期から，テキストなどをもう一度初めから読むことは，得策ではありません。法令科目については，とにかく過去の本試験問題を中心に多くの問題にあたり，知識が曖昧なところがあったら，確実に解答できるように確認しておくことが重要です。

法令科目の 科目別学習法

本書を活用されている方の学習環境は，「社会人なので行き帰りの通勤時間しか学習時間がとれない」，あるいは「学生なので比較的学習時間を多くとれる」など様々だと思います。しかし，学習環境に違いはあっても，本試験の内容と実施時期は，受験生全員に共通です。以下では，各科目の学習内容及び予想出題数について記します。いずれの科目においても，個数問題・組合せ問題に対処できるように，確実な知識・条文の習得が大事であるのは言うまでもありません。

①基礎法学（択一式２問出題）

出題の傾向としては，法令の適用に関する問題の出題，従来の基礎法学の傾向に沿った出題，試験科目以外の法令の知識を要するような法学的内容を問う出題がされています。一部は過去問の復習で対処できますが，誰にとっても未知の問題の出題もありますので，予測することがかなり難しい科目です。また，最近の施行法令，改正法令等も対象になることがありますので，チェックしておきましょう。

②憲法（択一式5問＋多肢選択式1問出題）

　憲法については，択一式出題のうち数問が人権の判例から出題されます。出題されるネタとなる重要な判例は，過去の本試験で出題されているため，過去問を検討するだけでも十分に得点できます。その他の出題については，時として突拍子もない内容の出題もありますが，おおむね条文に関する知識であり，これも過去問を検討しておけば十分に得点することが可能です。重要な判例，条文に関しては，必ず目を通しておきましょう。

　以下の行政法は，出題数が多いため合格を左右する科目です。もっとも，各分野ごとに見れば，各法律は条文数も少なく，しっかり学習をしておけば得点しやすい問題も多いといえます。

③行政法の法理論（択一式3問他出題）

　行政法の適用範囲，行政行為，行政指導，行政契約，行政立法，行政強制，行政罰等について，過去問を参考に一通り復習をすべきです。過去問をしっかり解くことで，出題者がどの辺で引っかけようとしているのかが自然と見えてくるはずです。また，情報公開法も試験範囲に入りますので，チェックしておきましょう。

④行政手続法（択一式3問他出題）

　条文数も少ないことから全条文を確認しておきましょう。用語の定義を確実に押さえるとともに，「申請に対する処分」，「不利益処分」それぞれの手続を条文で確認しておきましょう。「意見公募手続」（いわゆるパブリックコメント制）も十分注意が必要です。

⑤行政不服審査法（択一式3問他出題）

全条文を押さえましょう。過去の試験では，行政事件訴訟法との横断的な問題も出題されています。今後もこの種の出題があると思いますので，両法についての制度などを比較しておきましょう。

⑥行政事件訴訟法（択一式3問他出題）

条文に規定されている各訴訟類型の意味・要件をしっかりと理解する必要があります。「取消訴訟」を集中的に学習しておきましょう。「処分性」「原告適格」「訴えの利益」については判例の確認が必要です。

⑦国家賠償法（択一式1〜2問他出題）

条文数の少ない法令ですが，多くの判例が存在します。判例からの出題が多いので，過去問やテキスト等に出てくる判例は，最低限理解しておきましょう。また，損失補償について出題されることがあります。

⑧地方自治法（択一式3〜5問他出題）

「長と議会の関係」「直接請求」「住民監査請求・住民訴訟」等の過去の頻出テーマについては，出題がされた場合にきちんと得点をすることができるよう，繰り返し学習をしておきましょう。

⑨民法（択一式9問＋記述式2問出題）

ほとんど全範囲から出題されますので，テキストで確実に知識を習得しておくことが大切です。過去出題された項目を中心に，重要項目，判例をチェックしておく必要があります。事例式問題については，必ず図を書いて解くようにしましょう。また，過去に出題のない項目についても問題演習に出てきたものについては確実にしておきましょう。債権法や相続法に関する改正，物権法に関する改正について，重要部分をいま一度確認しておきましょう。

⑩会社法・商法（択一式5問出題）

過去の出題の内訳をみますと，大体会社法から4問，商法から1問が出題されています。

条文の理解を問う問題が出題されますが，判例の知識を問う出題も予想されます。総則・商行為については，テキストで記載されている全範囲に目を通しておきましょう。株式会社については，設立，株式，株主総会，取締役会，取締役について，過去問を中心にポイントを絞ってチェックしておきましょう。

基礎知識の学習について

「政治・経済・社会分野」については，テキストで記述されている範囲について確実に習得し，予想問題で確認をしておきましょう。ニュース等で話題となった事柄についても，行政書士の業務にかかわるものに関しては注意しておきたいところです。令和6年度試験から「行政書士法等行政書士業務と密接に関連する諸法令」が新たに試験科目に加わりました。出題される内容は，行政書士法，戸籍法および住民基本台帳法が中心になると思います。予想問題をしっかりと復習しておいてください。「情報通信」については，基本的な用語を押さえておけば，解答できる問題も出題されていますので，インターネットやIT関連の用語集をチェックしておきましょう。「個人情報保護」については，個人情報保護法の主要な条文を確認しておきましょう。また，「文章理解」については，近年は基本的に空欄補充，文章整序か，そのバリエーションの問題ばかりです。文章の読解力だけでなく，文章の構成を見抜く力が必要となります。

試験当日の注意点

①体調は万全に!

仕事や学業などの都合もあると思いますが，前日は睡眠を十分にとりましょう。試験当日は早めに起きて，余裕をもって試験会場へ向かいましょう。

②できれば試験会場まで一度行っておこう!

当日になってあわてないためにも，時間があれば試験会場に一度行って，下見をしておくとよいでしょう。

③時間配分に気をつけよう!

試験では，問題1から順番に解く必要はありません。

本書や受験指導校の模擬試験等を通じて，自分はどの分野の問題から始めれば効率的に得点できるのかを確認しておきましょう。解き残しの問題がある場合，得意分野の問題を残すのと，不得意分野の問題を残すのでは，得点に開きが出てしまいます。

また，記述式問題に関しては，いきなり解答用紙に書き込むのではなく，問題用紙の空欄を使って一度試しに書いてみてから解答用紙に転記するようにしましょう。

④記入ミスはなくそう!

毎年のように，解答用紙への正解番号の記入ミスで合格を逃している方がいらっしゃいます。

問題を解答する際にどれが答えなのかがわかるように，問題用紙にも印をしておきましょう。

⑤わからない問題にいつまでもかかわらない!

試験の性質上，まったく理解できないような問題も60問の中にいくつか入っています。また，不幸にも，ど忘れしてしまった場合も出てきます。そのような問題は，一応答えを選んだ上ですぐに次の問題にとりかかってください。そして，最後に解答時間が余ったら，見直しをするようにしましょう。

最後に

試験は毎年1回しかありません。また，「合格」の扉は誰でも開けられるものではありません。この1回の試験で扉を開けられるかどうかは皆様次第です。

「本書の特徴と使い方」の頁でも記述しましたが，行政書士試験は，「合格基準点」が決まっており，毎年合格基準点が変動する他の資格試験と違って，6割の得点という「目標」が明確に示されています。その意味では自分自身がその「目標点」をいかに得るかにかかっていると言えます。

「合格する」という信念と，日々の努力を忘れることなく，ラストを乗り切ってください。自ずと道は開けてくるでしょう。これらのアドバイスが受験生の皆様のお役に立てれば幸いです。

合格を心よりお祈り致します。

1

回

法令等

	①	②	③	④	⑤		①	②	③	④	⑤
問題 1	①	②	③	④	⑤	問題21	①	②	③	④	⑤
問題 2	①	②	③	④	⑤	問題22	①	②	③	④	⑤
問題 3	①	②	③	④	⑤	問題23	①	②	③	④	⑤
問題 4	①	②	③	④	⑤	問題24	①	②	③	④	⑤
問題 5	①	②	③	④	⑤	問題25	①	②	③	④	⑤
問題 6	①	②	③	④	⑤	問題26	①	②	③	④	⑤
問題 7	①	②	③	④	⑤	問題27	①	②	③	④	⑤
問題 8	①	②	③	④	⑤	問題28	①	②	③	④	⑤
問題 9	①	②	③	④	⑤	問題29	①	②	③	④	⑤
問題10	①	②	③	④	⑤	問題30	①	②	③	④	⑤
問題11	①	②	③	④	⑤	問題31	①	②	③	④	⑤
問題12	①	②	③	④	⑤	問題32	①	②	③	④	⑤
問題13	①	②	③	④	⑤	問題33	①	②	③	④	⑤
問題14	①	②	③	④	⑤	問題34	①	②	③	④	⑤
問題15	①	②	③	④	⑤	問題35	①	②	③	④	⑤
問題16	①	②	③	④	⑤	問題36	①	②	③	④	⑤
問題17	①	②	③	④	⑤	問題37	①	②	③	④	⑤
問題18	①	②	③	④	⑤	問題38	①	②	③	④	⑤
問題19	①	②	③	④	⑤	問題39	①	②	③	④	⑤
問題20	①	②	③	④	⑤	問題40	①	②	③	④	⑤

		①	②	③	④	⑤	⑥	⑦	⑧	⑨	⑩	⑪	⑫	⑬	⑭	⑮	⑯	⑰	⑱	⑲	⑳
問題41	ア	①	②	③	④	⑤	⑥	⑦	⑧	⑨	⑩	⑪	⑫	⑬	⑭	⑮	⑯	⑰	⑱	⑲	⑳
	イ	①	②	③	④	⑤	⑥	⑦	⑧	⑨	⑩	⑪	⑫	⑬	⑭	⑮	⑯	⑰	⑱	⑲	⑳
	ウ	①	②	③	④	⑤	⑥	⑦	⑧	⑨	⑩	⑪	⑫	⑬	⑭	⑮	⑯	⑰	⑱	⑲	⑳
	エ	①	②	③	④	⑤	⑥	⑦	⑧	⑨	⑩	⑪	⑫	⑬	⑭	⑮	⑯	⑰	⑱	⑲	⑳
問題42	ア	①	②	③	④	⑤	⑥	⑦	⑧	⑨	⑩	⑪	⑫	⑬	⑭	⑮	⑯	⑰	⑱	⑲	⑳
	イ	①	②	③	④	⑤	⑥	⑦	⑧	⑨	⑩	⑪	⑫	⑬	⑭	⑮	⑯	⑰	⑱	⑲	⑳
	ウ	①	②	③	④	⑤	⑥	⑦	⑧	⑨	⑩	⑪	⑫	⑬	⑭	⑮	⑯	⑰	⑱	⑲	⑳
	エ	①	②	③	④	⑤	⑥	⑦	⑧	⑨	⑩	⑪	⑫	⑬	⑭	⑮	⑯	⑰	⑱	⑲	⑳
問題43	ア	①	②	③	④	⑤	⑥	⑦	⑧	⑨	⑩	⑪	⑫	⑬	⑭	⑮	⑯	⑰	⑱	⑲	⑳
	イ	①	②	③	④	⑤	⑥	⑦	⑧	⑨	⑩	⑪	⑫	⑬	⑭	⑮	⑯	⑰	⑱	⑲	⑳
	ウ	①	②	③	④	⑤	⑥	⑦	⑧	⑨	⑩	⑪	⑫	⑬	⑭	⑮	⑯	⑰	⑱	⑲	⑳
	エ	①	②	③	④	⑤	⑥	⑦	⑧	⑨	⑩	⑪	⑫	⑬	⑭	⑮	⑯	⑰	⑱	⑲	⑳

業務に関する基礎知識

問題47	①	②	③	④	⑤	問題54	①	②	③	④	⑤
問題48	①	②	③	④	⑤	問題55	①	②	③	④	⑤
問題49	①	②	③	④	⑤	問題56	①	②	③	④	⑤
問題50	①	②	③	④	⑤	問題57	①	②	③	④	⑤
問題51	①	②	③	④	⑤	問題58	①	②	③	④	⑤
問題52	①	②	③	④	⑤	問題59	①	②	③	④	⑤
問題53	①	②	③	④	⑤	問題60	①	②	③	④	⑤

問題44

									10					15

問題45

									10					15

問題46

									10					15

第1回　問題

（注意事項）
1　問題は60問あり，時間は3時間です。
2　解答は，別紙の解答用紙に記入してください。
3　解答用紙への記入及びマークは，次のようにしてください。
　ア　氏名は必ず記入してください。
　イ　択一式（5肢択一式）問題は，1から5までの答えのうち正しいと思われるものを一つ選び，マークしてください。二つ以上の解答をしたもの，判読が困難なものは誤りとなります。
　　＜択一式（5肢択一式）問題の解答の記入例＞
　　問題1　日本の首都は，次のうちどれか。
　　　　　1　札幌
　　　　　2　東京　　　　（正解）　　→
　　　　　3　名古屋
　　　　　4　京都
　　　　　5　大阪

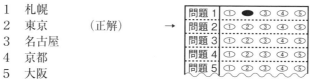

　ウ　択一式（多肢選択式）問題は，枠内（1〜20）の選択肢から空欄　ア　〜　エ　に当てはまる語句を選び，マークしてください。二つ以上の解答をしたもの，判読が困難なものは誤りとなります。
　　＜択一式（多肢選択式）問題の解答の記入例＞
　　問題41　次の文章の空欄　ア　〜　エ　に当てはまる語句を，枠内の選択肢（1〜20）から選びなさい。
　　　　……………　ア　……………………………………　イ　……………………………
　　　　………………………　ウ　……………………………　エ　…………。

```
1……2……3……4……5……6……7……8……9……10……
11……12……13……14……15……16……17……18……19……20……
```

↓

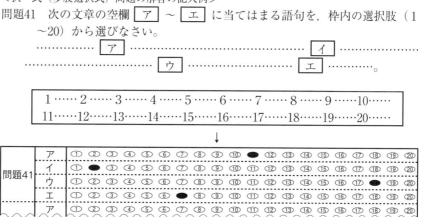

　エ　記述式問題は，記述式解答用紙の解答欄（マス目）に記述してください。

第１回　法令等〔問題１から問題40は択一式（５肢択一式）〕

問題１　法令用語に関する次の記述のうち，妥当なものはどれか。

1　「Ａ及びＢ並びにＣ」という文章では，ＢとＣが小さな接続詞である「並びに」で結ばれ，それがＡと大きな接続詞である「及び」で結ばれている。
2　「なお従前の例による」とは，法令が改廃され，旧規定が効力を失っている場合でも，なお一定の事項については，包括的に旧規定が適用されていた場合と同様に取り扱うときに用いられる。
3　「直ちに」「遅滞なく」「速やかに」は，いずれも時間的遅延を許さない趣旨であるが，「直ちに」，「遅滞なく」，「速やかに」の順に急迫の度合いは低くなる。
4　「以上」とは基準となる数値は含まないで，それより上ということを意味し，「超える」とは基準となる数値を含めて，それより上ということを意味する。
5　「科料」と「過料」は，いずれも金銭を剥奪する罰であるが，科料は刑罰ではなく，刑法総則の規定が適用されない点で，過料と異なっている。

問題２　裁判員制度に関する次の記述のうち，妥当でないものはどれか。

1　裁判官および裁判員については，その職権を行使するに当たって，何人の指揮命令も受けないことが保障されている。
2　裁判員の参加する合議体で取り扱うべき事件は，死刑または無期の懲役もしくは禁錮に当たる罪に係る事件に限られない。
3　裁判員の参加する合議体の構成は，原則として，裁判官の員数は３人，裁判員の員数は６人となる。
4　被告事件について犯罪の証明があった場合において，判決で刑の言渡しをしなければならないときは，事実の認定および刑の量定は，合議体の構成員である裁判官および裁判員の合議によるが，法令の適用については，構成裁判官の合議による。
5　裁判員には，旅費，日当および宿泊料が支給される。

問題3　現業の国家公務員Xは，勤務時間外に特定の政党の選挙活動を支援するためにビラの配布を行ったところ，公務員の政治的中立性を害するとして起訴された。Xは，この行為は自らの政治活動の自由を行使したものであり，刑事罰を科されるのはこの権利の侵害であると考えている。この問題に関する最高裁判所の判決の趣旨として，妥当でないものはどれか。

1　行政の中立的運営が確保され，これに対する国民の信頼が維持されることは，憲法の要請にかなうものであり，公務員の政治的中立性が維持されることは，国民全体の重要な利益にほかならないというべきである。したがって，公務員の政治的中立性を損うおそれのある公務員の政治的行為を禁止することは，それが合理的で必要やむをえない限度にとどまるものである限り，憲法の許容するところである

2　公務員に対する政治的行為の禁止が合理的で必要やむをえない限度にとどまるものか否かを判断するにあたっては，禁止の目的，この目的と禁止される政治的行為との関連性，政治的行為を禁止することにより得られる利益と禁止することにより失われる利益との均衡の三点から検討することが必要である。

3　公務員の政治的中立性を損うおそれのある行動類型に属する政治的行為を，これに内包される意見表明そのものの制約をねらいとしてではなく，その行動のもたらす弊害の防止をねらいとして禁止するときは，同時にそれにより意見表明の自由が制約されることにはなるが，それは，単に行動の禁止に伴う限度での間接的，付随的な制約に過ぎない。

4　懲戒処分と刑罰とは，その目的，性質，効果を異にする別個の制裁なのであるから，前者と後者を同列に置いて比較し，司法判断によって前者をもってより制限的でない他の選びうる手段であると軽々に断定することは，相当ではない。

5　刑罰の制裁をもってする公務員の政治活動の自由の制限が憲法上是認されるのは，禁止される政治的行為が，単に行政の中立性保持の目的のために設けられた公務員関係上の義務に違反するというだけでは足りず，公務員の職務活動そのものをわい曲する顕著な危険を生じさせる場合，公務員制度の維持，運営そのものを積極的に阻害し，内部的手段のみでこれを防止し難い場合，民主的政治過程そのものを不当にゆがめるような性質のものである場合等，それ自体において直接，国家的又は社会的利益に重大な侵害をもたらし，又はもたらす危険があり，刑罰によるその禁圧が要請される場合に限られなければならない。

問題4　Xは，自己の名誉を棄損する記事が掲載される雑誌が発行されることを知って，その発行の差止めの仮処分を申請した。この問題に関する最高裁判所の判決の趣旨として，妥当でないものはどれか。

1　仮処分による事前差止めは，個別的な私人間の紛争について，司法裁判所により，当事者の申請に基づき差止請求権等の私法上の被保全権利の存否，保全の必要性の有無を審理判断して発せられるものであって，検閲には当たらない。

2　人格権としての名誉権に基づき，加害者に対し，現に行われている侵害行為を排除し，又は将来生ずべき侵害を予防するため，侵害行為の差止めを求めることができる。

3　表現行為に対する事前抑制は，新聞，雑誌その他の出版物や放送等の表現物がその自由市場に出る前に抑止してその内容を読者ないし聴視者の側に到達させる途を閉ざし又はその到達を遅らせてその意義を失わせ，公の批判の機会を減少させるものであり，また，事前抑制たることの性質上，予測に基づくものとならざるをえないこと等から事後制裁の場合よりも広汎にわたり易く，濫用の虞があるうえ，実際上の抑止的効果が事後制裁の場合より大きいと考えられる。

4　表現行為がいわゆる現実の悪意をもってされた場合，換言すれば，表現にかかる事実が真実に反し虚偽であることを知りながらその行為に及んだとき又は虚偽であるか否かを無謀にも無視して表現行為に踏み切った場合には，表現の自由の優越的保障は後退し，その保護を主張しえない。

5　表現内容が真実でなく，又はそれが専ら公益を図る目的のものでないことが明白であって，かつ，被害者が重大にして著しく回復困難な損害を被る虞があるときに限って，例外的に事前差止めが許される。

問題5　生存権に関する次の記述のうち，最高裁判所の判例に照らし，妥当でないものは
　　　どれか。

　　1　生存権は，すべての国民が健康で文化的な最低限度の生活を営み得るように国政
　　　を運営すべきことを国の責務として宣言したにとどまり，直接個々の国民に対して
　　　具体的権利を付与したものではない。
　　2　生存権の趣旨にこたえて具体的な立法をするにあたって，防貧義務と救貧義務を
　　　峻別して考え，前者に比べて後者の立法裁量権は限定されている。
　　3　憲法第25条第1項にいう「健康で文化的な最低限度の生活」は，きわめて抽象
　　　的・相対的な概念であって，その具体的内容は，その時々における文化の発達の程
　　　度，経済的・社会的条件，一般的な国民生活の状況等との相関関係において判断決
　　　定されるべきものである。
　　4　生存権の趣旨にこたえて具体的にどのような立法措置を講ずるかの選択決定は，
　　　立法府の広い裁量にゆだねられており，それが著しく合理性を欠き明らかに裁量の
　　　逸脱・濫用と見ざるを得ないような場合を除き，裁判所が審査判断するのに適しな
　　　い。
　　5　不法残留の外国人が緊急に治療を要する場合であっても生活保護の対象に含まれ
　　　ないとすることは，憲法第25条に違反しない。

問題6　国会に関する次の記述のうち，憲法の規定に照らし，妥当でないものはどれか。

　　1　両議院は，全国民を代表する選挙された議員によって組織する。
　　2　国務大臣は，その院に議席を有しないとしても議案について発言するため議院に
　　　出席する権利を有する。
　　3　いずれかの議院の総議員の4分の1以上の要求があれば，内閣は30日以内に臨時
　　　会の召集を決定しなければならない。
　　4　衆議院議員と参議院議員を兼任することは明文で禁止されている。
　　5　各議院は，所属する議員に対する懲罰として議員の除名をすることができる。

問題7　財政に関する次の記述のうち，憲法の規定に照らし，妥当なものはどれか。

1　あらたに租税を課すには，法律によることを必要とするが，条例に基づいて課税をすることも許される。

2　国費を支出するには，国会の議決に基づくことを必要とするが，国が債務を負担するには国会の議決に基づかなくてもよい。

3　内閣は，予算を作成し，国会の議決を経なければならないとされているが，歳入は予算に含まれない。

4　予見し難い予算の不足に充てるため，国会の議決に基づいて予備費を設けなければならない。

5　決算は，会計検査院の検査報告とともに，国会の承認を得なければならない。

問題8　行政行為の種類に関する次の記述のうち，妥当なものはどれか。

1　行政行為は，相手方に対する法効果の観点から授益処分と侵害処分に分けることができるが，営業の免許，違法建築物の除却命令，税金の更正処分は侵害処分に当たる。

2　行政行為の内容の観点からは，人の自然の自由に対する規律である命令的行為と人に新たな権利・能力を付与する形成的行為に分けることができるが，免除は，形成的行為の一つである。

3　営業の許可を要する場合において，その許可を受けないで営業を行ったときは，罰則等の制裁を受けることがあるが，営業上の取引行為自体は無効とならない。

4　認可の対象となる私人間の行為は，法律行為に限られるものではなく，事実行為もこれに含まれる。

5　行政庁の認可を要する場合において，その認可を欠く当事者間の法律行為は，その効力を生じるが，罰則の制裁がある。

問題9　行政立法に関する次の記述のうち，最高裁判所の判例に照らし，妥当なものはどれか。

1　14歳未満の者が在監者と接見することを禁止している監獄法施行規則は，事物を弁別する能力の未発達な幼年者の心情を害することがないようにという合理的配慮の下に設けられたものであり，監獄法の委任の範囲を超えるものではない。

2　国家公務員法は，国家公務員がすることを禁止される「政治的行為」の定めを人事院規則に委任しているが，同法が人事院規則に委任しているのは，公務員の職務の遂行の政治的中立性を損なうおそれが実質的に認められる政治的行為の行為類型を規制の対象として具体的に定めることであるから，同法が懲戒処分の対象と刑罰の対象とで殊更に区別することなく規制の対象となる政治的行為の定めを人事院規則に委任していることは，憲法上禁止される白紙委任に当たる。

3　銃砲刀剣類所持等取締法は，「美術品として価値のある刀剣類」等の鑑定基準について，その基準の制定を文部省令に委任し，これを受けて文部省令が，登録の対象となる文化財的価値のある刀剣類の鑑定基準として，美術品として文化財的価値を有する日本刀に限る旨を定めたことは，銃砲刀剣類所持等取締法の趣旨を逸脱する違法なものである。

4　裁判所は，法令の解釈適用に当たっては，通達に示された法令の解釈とは異なる独自の解釈をすることはできない。

5　下級行政機関が通達の趣旨に反する処分をした場合は，裁判所は，そのことを理由として，処分を取り消すことはできない。

問題10　行政罰に関する次の記述のうち，法令の規定および最高裁判所の判例に照らし，妥当なものはどれか。

1　行政刑罰と行政上の秩序罰は，いずれも行政上の義務違反に対して制裁として科される罰である。

2　行政上の秩序罰は，非代替的作為義務または不作為義務の不履行がある場合に科される。

3　行政刑罰または行政上の秩序罰を科す場合には，いずれも刑事訴訟法の手続によらなければならない。

4　従業者が業務に関して違法行為をした場合に，その従業者とともに事業主をも処罰する旨の規定である両罰規定は，行政上の取締りの見地から科されるものであるから，事業主が無過失であることを立証したとしても，その責任を免れることができない。

5　行政刑罰と行政上の秩序罰は，いずれも刑罰であるから，併科することができない。

問題11　行政手続法の用語に関する次の記述のうち，同法の定義に照らし，正しいものは
　　　　どれか。

　　1　「不利益処分」とは，行政庁が，法令に基づき，特定または不特定の者を名あて
　　　人として，直接に，これに義務を課し，またはその権利を制限する処分をいい，許
　　　認可等の効力を失わせる処分であって，当該許認可等の基礎となった事実が消滅し
　　　た旨の届出があったことを理由としてされるものは含まれない。
　　2　「行政指導」とは，行政機関がその任務または所掌事務の範囲内において一定の
　　　行政目的を実現するため特定または不特定の者に一定の作為または不作為を求める
　　　指導，勧告，助言その他の行為であって処分に該当しないものをいう。
　　3　「審査基準」とは，不利益処分をするかどうかまたはどのような不利益処分とす
　　　るかについてその法令の定めに従って判断するために必要とされる基準をいう。
　　4　「届出」とは，行政庁に対し一定の事項の通知をする行為であって，法令により
　　　直接に当該通知が義務付けられているものを除いたものをいう。
　　5　「行政指導指針」とは，同一の行政目的を実現するため一定の条件に該当する複
　　　数の者に対し行政指導をしようとするときにこれらの行政指導に共通してその内容
　　　となるべき事項をいう。

問題12　申請に対する処分について定める行政手続法の規定に関する次の記述のうち，妥
　　　　当でないものはどれか。

　　1　行政庁は，審査基準を定めるに当たっては，許認可等の性質に照らしてできる限
　　　り具体的なものとしなければならない。
　　2　行政庁は，行政上特別の支障があるときを除き，法令により申請の提出先とされ
　　　ている機関の事務所における備付けその他の適当な方法により審査基準を公にして
　　　おかなければならない。
　　3　行政庁は，申請により求められた許認可等を拒否する処分をする場合であって
　　　も，当該理由を示さないで処分をすべき差し迫った必要があるときは，申請者に対
　　　し，同時に，当該処分の理由を示さなくてもよい。
　　4　行政庁は，申請により求められた許認可等を拒否する処分を書面でするときは，
　　　当該処分の理由は，書面により示さなければならない。
　　5　行政庁は，申請の処理をするに当たり，他の行政庁において同一の申請者からさ
　　　れた関連する申請が審査中であることをもって自らすべき許認可等をするかどうか
　　　についての審査または判断を殊更に遅延させるようなことをしてはならない。

問題13 行政手続法に関する次の記述のうち，正しいものはどれか。

1 法令に違反する行為の是正を求める処分で，その根拠となる規定が法律に置かれているものが当該法律に規定する要件に適合しないと思料するときは，当該処分の相手方は，行政庁に対し，その旨を申し出て，当該処分の中止その他必要な措置をとることを求めることができる。

2 何人も，法令に違反する事実がある場合において，その是正のためにされるべき行政指導がされていないと思料するときは，当該行政指導をする権限を有する行政機関に対し，その旨を申し出て，当該行政指導をすることを求めることができる。

3 地方公共団体の機関が国の行政機関から委任を受けて行政指導を行う場合，行政手続法の定める行政指導手続に関する規定は，この行政指導の手続に適用される。

4 法令に違反する行為の是正を求める行政指導が口頭でされた場合，相手方は，当該行政指導が法律に規定する要件に適合しないと思料するときであっても，当該行政指導をした行政機関に対し，行政指導の中止その他必要な措置をとることを求めることができない。

5 法令に違反する事実がある場合において，その是正のためにされるべき処分がされていないと思料するときは，当該処分をする権限を有する行政庁に対し，口頭によりその旨を申し出て，当該処分をすることを求めることができる。

問題14 次のア～オの記述のうち，行政不服審査法の規定が適用されないものは，いくつあるか。

ア 都市計画法に基づく開発許可処分
イ 外国人の帰化に関する処分
ウ 行政不服審査法の規定に基づいてする審査請求に対する裁決
エ 地方公共団体の機関がする処分で，その根拠となる規定が条例に置かれているもの
オ 地方公共団体その他の公共団体の機関に対する処分で，これらの機関がその固有の資格において当該処分の相手方となるもの

1 一つ
2 二つ
3 三つ
4 四つ
5 五つ

問題15　行政不服審査法が定める参加人に関する次の行為のうち，妥当なものはどれか。

1　審査請求人以外の者であって審査請求に係る処分または不作為に係る処分の根拠となる法令に照らし当該処分につき利害関係を有するものと認められる者は，審理員の許可を得て，当該審査請求に参加することができる。

2　審理員は，審査請求人以外の者であって審査請求に係る処分または不作為に係る処分の根拠となる法令に照らし当該処分につき利害関係を有するものと認められる者について，当該審査請求に参加することを求めることはできない。

3　審理員は，処分庁等から弁明書の提出があったときは，これを審査請求人に送付しなければならないが，参加人にこれを送付することを要しない。

4　審査請求人および参加人は，弁明書に記載された事項に対する反論を記載した書面を提出することができる。

5　参加人には，証拠書類・証拠物を提出し，物件の提出要求の申立てをし，検証の申立てをするなどの権利が保障されているが，口頭で審査請求に係る事件に関する意見を述べる機会を与えるべき旨の申立てをする権利は保障されていない。

問題16　行政不服審査法が定める不作為についての審査請求に関する次の記述のうち，妥当なものはどれか。

1　行政庁が一定の処分をすべきであるにかかわらずこれがされないとき，または行政庁が法令に基づく申請に対し，当該申請から相当の期間が経過したにもかかわらず処分をしないときは，不作為についての審査請求をすることができる。

2　行政庁の不作為につき不作為庁以外の行政庁に対して審査請求をすることができる場合には，当該不作為に不服がある者は，不作為庁に対して再調査の請求をすることができる。

3　審査庁がした不作為についての審査請求の裁決に不服がある者は，再審査請求をすることができる。

4　行政庁に対して請願法に基づく請願をした者は，当該請願から相当の期間が経過したにもかかわらず，行政庁の不作為がある場合には，当該不作為についての審査請求をすることができる。

5　不作為についての審査請求が理由がある場合には，審査庁は，裁決で，当該不作為が違法または不当である旨を宣言するが，その場合において，不作為庁の上級行政庁である審査庁は，当該申請に対して一定の処分をすべきものと認めるときは，当該処分をすべき旨を命ずることができる。

問題17　原告適格に関する次のア～オの記述のうち，最高裁判所の判例の趣旨に照らし，妥当でないものの組合せはどれか。

ア　取消訴訟の原告適格について規定する行政事件訴訟法９条にいう当該処分の取消しを求めるにつき「法律上の利益を有する者」とは，当該処分により自己の権利もしくは法律上保護された利益を侵害されまたは必然的に侵害されるおそれのある者をいうのであるが，当該処分を定めた行政法規が，不特定多数者の具体的利益をもっぱら一般的公益の中に吸収解消させるにとどめず，それが帰属する個々人の個別的利益としてもこれを保護すべきものとする趣旨を含むと解される場合には，かかる利益は法律上保護された利益に当たらない。

イ　都市計画法上の開発許可について開発区域外であるが，崖崩れ等により生命身体に直接被害を受けることが想定される住民には，都市計画法上の開発許可の取消しを求める原告適格がある。

ウ　里道の廃止処分について，それにより生活に著しい支障が生ずるような特段の事情がある場合にのみ，里道近くの居住者には取消しを求める原告適格がある。

エ　原子炉から約58キロメートル以内に居住している者は事故等により直接的かつ重大な被害を受けることが想定される範囲に居住する者であるから，原子炉設置許可無効確認訴訟の原告適格がある。

オ　風俗営業許可の不許可事由に関する風営法に基づく風営法施行令の基準に従って規定された条例による風俗営業制限地域における風俗営業について，規制地域に居住する住民には，風俗営業の許可の取消しを求める原告適格がある。

　　1　ア・ウ
　　2　ア・オ
　　3　イ・エ
　　4　イ・オ
　　5　ウ・エ

問題18　取消訴訟の審理に関する次の記述のうち，誤っているものはどれか。

1　取消訴訟の提起後になされた国または公共団体に対する損害賠償請求への訴えの変更について，訴えの変更を許さない決定に対しては，即時抗告をすることができる。

2　取消訴訟において，原告が故意または重大な過失によらないで被告とすべき者を誤ったときは，裁判所は，原告の申立てにより，決定をもって，被告を変更することを許すことができる。

3　裁判所は，訴訟関係を明瞭にするため，必要があると認めるときは，被告である国等に所属する行政庁または被告である行政庁に対し，処分または裁決の内容，処分または裁決の根拠となる法令の条項，処分または裁決の原因となる事実その他処分または裁決の理由を明らかにする資料であって当該行政庁が保有するものの全部または一部の提出を求めることができる。

4　裁判所は，訴訟の結果により権利を害される第三者があるときは，当事者もしくはその第三者の申立てによりまたは職権で，決定をもって，その第三者を訴訟に参加させることができる。

5　裁判所は，必要があると認めるときは，職権で，証拠調べをすることができるが，その証拠調べの結果について，当事者の意見をきかなければならない。

問題19　行政事件訴訟法が定める差止訴訟に関する次の記述のうち，法令または最高裁判所の判例に照らし，妥当でないものはどれか。

1　差止訴訟は，公共の福祉に重大な影響を及ぼすおそれがあるときは，提起することができない。

2　差止訴訟は，一定の処分または裁決がされることにより重大な損害を生ずるおそれがある場合に限り，提起することができるが，その損害を避けるため他に適当な方法があるときは，提起することができない。

3　差止訴訟の訴訟要件である，処分がされることにより「重大な損害を生ずるおそれ」があると認められるためには，処分がされることにより生ずるおそれのある損害が，処分がされた後に取消訴訟等を提起して執行停止の決定を受けることなどにより容易に救済を受けることができるものではなく，処分がされる前に差止めを命ずる方法によるのでなければ救済を受けることが困難なものであることを要する。

4　差止訴訟は，行政庁が一定の処分または裁決をしてはならない旨を命ずることを求めるにつき法律上の利益を有する者に限り，提起することができる。

5　差止訴訟に係る処分または裁決につき，行政庁がその処分もしくは裁決をすべきでないことがその処分もしくは裁決の根拠となる法令の規定から明らかであると認められまたは行政庁がその処分もしくは裁決をすることがその裁量権の範囲を超えもしくはその濫用となると認められるときは，裁判所は，行政庁がその処分または裁決をしてはならない旨を命ずる判決をする。

問題20　国家賠償法1条による賠償責任（公権力の行使に基づく損害の賠償責任）に関する次のア～オの記述のうち，最高裁判所の判例に照らし，妥当なものの組合せはどれか。

ア　公立学校における教師の教育活動は，事実行為にすぎないから，公立学校の水泳の授業中にプールへの飛込みをさせる方法により事故が起きた場合には，国家賠償責任を問うことはできない。

イ　裁判官がした争訟の裁判に上訴等の訴訟法上の救済方法によって是正されるべき瑕疵が存在したとしても，これによって当然に国家賠償法1条1項の規定にいう違法な行為があったものとして国の損害賠償責任の問題が生ずるわけではない。

ウ　公務員による一連の職務上の行為の過程において他人に被害を生ぜしめた場合において，それが具体的にどの公務員のどのような違法行為によるものであるかを特定することができないときは，国家賠償責任を問うことはできない。

エ　国家賠償法1条による賠償責任を生ずるためには，公務員が主観的に権限行使の意思をもってしなければならない。

オ　公立図書館の図書館職員である公務員が，図書の廃棄について，基本的な職務上の義務に反し，著作者または著作物に対する独断的な評価や個人的な好みによって不公正な取扱いをしたときは，当該図書の著作者の人格的利益を侵害するものとして国家賠償法1条1項の規定の適用上，違法の評価を受ける。

1　ア・ウ
2　ア・オ
3　イ・エ
4　イ・オ
5　ウ・エ

問題21　国家賠償法2条による賠償責任（公の営造物の設置管理の瑕疵に基づく損害の賠償責任）に関する次の記述のうち，妥当なものはどれか。

1　北海道内の高速道路にキツネが侵入し，自動車の運転者が，そのキツネとの衝突を避けようとして自損事故を起こした場合に，当該道路へのキツネ等の小動物の侵入防止対策が講じられていなかったからといって，直ちに当該道路に設置または管理の瑕疵があるということはできない。

2　故障車が国道上に87時間にわたって放置され，道路の安全性を著しく欠如する状態であったにもかかわらず，道路管理者が必要な措置を全く講じていなかった場合において，道路管理者が故障車の存在を知らなかったときは，道路管理者には，道路管理の瑕疵が認められない。

3　公の営造物の設置または管理の瑕疵とは，公の営造物が通常有すべき安全性を欠いていることをいうが，営造物の管理者に管理上の過失が一切認められない場合には免責される。

4　道路に防護柵を設置することとした場合，これに要する工事費用が膨大な額にのぼり，直ちに予算措置を講ずることが諸般の事情から困難であると客観的に認められるときには，国または公共団体は，当該道路の管理の瑕疵によって生じた損害に対する賠償責任を免れる。

5　公の営造物の設置または管理の瑕疵とは，公の営造物が通常有すべき安全性を欠いていることをいい，その安全性の有無は，本来の用法に従って使用する場合に限らず，幼児等が通常予測し得ない異常な方法で使用する場合も考慮に入れて決せられる。

問題22　普通地方公共団体の住民に関する次のア～オの記述のうち，妥当でないものの組合せはどれか。

ア　市町村の区域内に住所を有する者は，その市町村およびこれを包括する都道府県の住民とされる。

イ　ある市町村およびこれを包括する都道府県の住民となるためには，住民登録が必要である。

ウ　住民は，法律の定めるところにより，その属する普通地方公共団体の役務の提供をひとしく受ける権利を有し，その負担を分任する義務を負う。

エ　都市公園法に違反して都市公園内に不法に設置されたテントを起居の場所としている者であっても，当該公園施設である水道設備等を利用して日常生活を営んでいるなどの事実関係の下においては，この者は，テントの所在地に住所を有する。

オ　就学のため，寮，下宿等に居住する学生の公職選挙法上の住所は，生活の本拠たるその寮，下宿等にある。

1　ア・ウ
2　ア・エ
3　イ・エ
4　イ・オ
5　ウ・オ

問題23　普通地方公共団体の議会に関する次の記述のうち，妥当でないものはどれか。

1　普通地方公共団体は，条例で普通地方公共団体に関する事件につき議会の議決すべきものを定めることができるが，この事件には，自治事務に係るもののみならず，法定受託事務に係るものが含まれる。

2　普通地方公共団体の議会は，当該普通地方公共団体の事務に関する書類および計算書を検閲することができない。

3　普通地方公共団体の議会は，監査委員に対し，その団体の事務に関する監査を求めることができるが，法定受託事務にあっては，国の安全を害するおそれがあることその他の事由により監査の対象とすることが適当でないものは除かれている。

4　普通地方公共団体の議会は，原則として，定例会および臨時会とされているが，条例で定めるところにより，定例会および臨時会とせず，毎年，条例で定める日から翌年の当該日の前日までを会期とすることができる。

5　普通地方公共団体の議会は，国会と異なり，自主的にその議会を解散することができる。

問題24　普通地方公共団体の執行機関に関する次の記述のうち，妥当でないものはどれか。

1　普通地方公共団体の委員会は，法律の定めるところにより，法令または普通地方公共団体の条例もしくは規則に違反しない限りにおいて，その権限に属する事務に関し，規則その他の規程を定めることができる。
2　普通地方公共団体の長は，その地方公共団体の住民により直接選挙され，その任期は，4年である。
3　普通地方公共団体の長は，予算を調製した上でこれを定め，これを執行する事務を担任する。
4　都道府県には副知事が，市町村には副市町村長が置かれるが，条例によりこれを置かないことができる。
5　普通地方公共団体の委員会または委員は，法律に特別の定めがある場合を除き，過料を科することはできない。

問題25　国家公務員に関する次の記述のうち，妥当でないものはどれか。

1　国家公務員法は，国家公務員の職を一般職と特別職に区別し，国家公務員法の規定は，原則として，一般職に属する職を占める者にのみ適用するとしている。
2　公務員の争議行為およびそのあおり行為等を禁止するのは，勤労者をも含めた国民全体の共同利益の見地からするやむを得ない制約であるから，憲法28条に違反しない。
3　国家公務員法等により一般職の国家公務員の政治的行為を禁止することは，民主的政治過程を支える政治的表現の自由を侵害するものであるから，憲法の許容するところではない。
4　国家公務員の人事行政に関する事務をつかさどるため，内閣の所轄の下に人事院を置かなければならない。
5　国家公務員が，営利企業等のうち，職員の職務に利害関係を有するものとして政令で定めるものに対して求職活動を行うことは禁止されている。

問題26　国家行政組織法に関する次のア～オの記述のうち，妥当なものの組合せはどれか。

ア　国家行政組織法に基づいて行政組織のために置かれる国の行政機関は，省，委員会および庁であり，その設置および廃止は，別に政令に定めるところによっている。

イ　各省大臣，各委員会の委員長および各庁の長官は，その機関の事務を統括し，職員の服務について，これを統督する。

ウ　各省大臣，各委員会の委員長および各庁の長官は，主任の行政事務またはその機関の所掌事務について，法律または政令の制定，改正または廃止を必要と認めるときは，案をそなえて，内閣総理大臣に提出して，閣議を求めなければならない。

エ　各省大臣は，主任の行政事務について，法律または政令を施行するためであっても，法律または政令の特別の委任に基づかなければ，その機関の命令として省令を発することはできない。

オ　各省大臣は，その機関の所掌事務について，命令または示達するため，所管の諸機関および職員に対し，訓令または通達を発することができる。

　　1　ア・ウ
　　2　ア・オ
　　3　イ・エ
　　4　イ・オ
　　5　ウ・エ

問題27 代理に関する次の記述のうち，妥当なものはどれか。

1 CがAの代理人Bに対し，Aのためにすることを示してした意思表示であっても，そのような意思表示があった事実をAが知るまでは，Aに対してその効力を生じない。

2 Aの代理人BがAのためにすることを示さないでした意思表示であっても，Cが，BがAのためにすることを知っている場合に限り，Aに対してその効力を生ずる。

3 AからC所有建物を購入する代理権を与えられたBが，Cから当該建物を購入した場合において，その当時，Bが未成年者であるときは，Aに対してその効力を生じない。

4 Aの任意代理人Bが，Aの許諾またはやむを得ない事由なしにDを復代理人に選任した場合において，DがBの権限内において第三者Cとの間で代理行為をしたときでも，Aに対してその効力を生じない。

5 AからA所有建物を売却する代理権を与えられたBが，自らその買主となった場合は，A・B間の売買契約について，Aに対して当然にその効力を生ずる。

問題28 民法が定める条件および期限に関する次のア～オの記述のうち，妥当なものの組合せはどれか。

ア 解除条件付法律行為は，その条件が成就するまでは，有効な法律行為として扱われる。

イ 条件が成就することによって不利益を受ける当事者が故意にその条件の成就を妨げたときは，相手方は，その条件が成就したものとみなすことができる。

ウ 条件が成就しないことが法律行為の時に既に確定していた場合において，その条件が停止条件であるときはその法律行為は無条件となり，その条件が解除条件であるときはその法律行為は無効となる。

エ 期限は，債権者の利益のために定めたものと推定される。

オ 期限の利益は，放棄することができない。

1 ア・イ
2 ア・オ
3 イ・ウ
4 ウ・エ
5 エ・オ

問題29　不動産物権変動に関する次の記述のうち，法律の規定または判例に照らし，妥当でないものはどれか。

1　Aから建物を譲り受けたBがその登記を移転しない間に，Cが建物を不法に占有した場合，Bは，登記がなくてもCに対して所有権の取得を対抗することができる。

2　不動産がAからB，BからCへと順次譲渡されたが，なお登記はAにある場合であっても，Aは，Cに登記のないことを理由として，CがBに代位して行う移転登記請求を拒むことはできない。

3　A所有の土地について，まったくの無権利者Bが登記を勝手にB名義に変更した場合において，これに気づいたAが遅滞なく名義を回復する前に，Bが無権利であることにつき善意であるCに不動産を譲渡したときでも，Aは，登記がなくてもCに対して所有権を対抗することができる。

4　BがAに賃貸している家屋をCに売却したとき，Cは，登記がなくてもAに対して所有権に基づく明渡請求をすることができる。

5　AとBが共有している土地について，Bが自己の持分をCに譲渡したときは，Cは，登記がなければ，Aに対して持分の取得を対抗することができない。

問題30　物上代位に関する次の記述のうち，民法の規定および判例に照らし，妥当でない
　　　　ものはどれか。

1　Bは，Aのために自己の所有する家屋に抵当権を設定した後，その家屋をCに賃
　　貸した。この場合に，Bの債務不履行後であれば，Aは，Bが取得する賃料債権に
　　ついて物上代位権を行使することができる。

2　Bは，Aのために自己の所有する家屋に抵当権を設定した後，その家屋をCに賃
　　貸し，さらにCは，Dに当該家屋を転貸した。この場合に，Aは，原則として，C
　　が取得する転貸賃料債権について物上代位権を行使することができない。

3　Bは，CからC所有の家屋を買戻特約付売買により取得した後，Aのために当該
　　家屋に抵当権を設定した。この場合に，Aは，Bが買戻権の行使により取得した買
　　戻代金債権について物上代位権を行使することができる。

4　Bは，Aのために自己の所有する家屋に抵当権を設定した後，その家屋をCに売
　　却した。そして，Bは，この家屋の売却代金債権をDに譲渡し，Cは，確定日付あ
　　る証書をもってこれを承諾した。この場合に，Aは，自ら当該債権を差し押さえ
　　て，物上代位権を行使することはできない。

5　Bは，Aのために自己の所有する家屋に抵当権を設定した後，その家屋をCに売
　　却したところ，Bの債権者Dがこの家屋の売却代金債権を差し押さえた。この場合
　　に，当該家屋の売却代金債権に対するDの差押えとAの物上代位権に基づく差押え
　　が競合したときは，両者の優劣は，Dの申立てによる差押命令のCへの送達と抵当
　　権設定登記の先後によって決すべきである。

問題31　債権者代位権に関する次の記述のうち，民法の規定および判例に照らし，妥当でないものはどれか。

1　AがBに対する貸金債権を保全するため，AがBにかわってBのCに対する貸金債権の消滅時効の更新の手続をとるためには，債権者の被保全債権の履行期が到来していなければならない。

2　AがBに対する貸金債権を保全するため，AがBにかわってBのCに対する貸金債権の取立ての手続をとるためには，Aの被保全債権が被代位権利よりも前に成立していることを要しない。

3　AがBに対する貸金債権を保全するため，AがBにかわってBのCに対する貸金債権の取立ての手続をとる場合において，Aの被保全債権の債権額より被代位権利の債権額が大きいときは，債権者代位権の行使は，被保全債権の債権額の範囲に限定される。

4　AがBに対する貸金債権を保全するため，AがBにかわってBのCに対する貸金債権の取立ての手続をとるときには，Aは，自己の名をもってBの権利を行使する。

5　AがBに対する貸金債権を保全するため，AがBにかわってBのCに対する貸金債権の取立ての手続をとるときには，Aは，Cに対して直接自己に金銭の支払を請求することができる。

問題32　AがBに対して有する債権をCに譲渡した場合に関する次の記述のうち，民法の規定および判例に照らし，妥当なものはどれか。

1　債権に譲渡禁止の特約が付されている場合において，Cがこれを重大な過失によって知らずに譲り受けたときは，Bは，Cに対してその債務の履行を拒むことができる。

2　債権が将来発生すべきものである場合において，A・C間の債権譲渡契約の締結時においてその債権の発生の可能性が低いときは，当該契約は当然に効力を生じない。

3　Aがこの債権を譲渡した旨をBに通知しない場合には，Cは，Aに代位してBに対し自ら通知することができる。

4　債権がCに譲渡された後，さらにAが当該債権をDに譲渡した場合において，Cへの譲渡については単なる通知がなされ，Dへの譲渡については確定日付のある証書によって通知がなされたときは，Dは，その債権の取得をCに対抗することができず，Cが唯一の債権者となる。

5　債権がCに譲渡された後，さらにAが当該債権をDに譲渡した場合において，CおよびDへの譲渡について，いずれも確定日付のある証書による通知がなされているときは，譲受人相互の間の優劣は，通知に付された確定日付の先後によって定められる。

問題33　Bは，Aから腕時計を購入する契約を締結した。この場合についての次の記述の
　　　　うち，民法の規定および判例に照らし，妥当なものはどれか。

　　1　腕時計の所有者がAの知り合いのCである場合において，Aがその旨を明かして
　　　　Bに売却したときは，Cがその腕時計を譲渡する意思がなければ，A・B間の売買
　　　　契約は，無効となる。
　　2　腕時計の所有者がAの知り合いのCである場合において，Aがその旨を明かして
　　　　Bに売却したときは，その後，Aがその腕時計の所有権をCから取得すれば，B
　　　　は，契約の時にさかのぼってその腕時計の所有権を取得する。
　　3　引き渡された腕時計の所有者がAである場合において，その腕時計の品質が契約
　　　　の内容に適合しないものであっても，これについてAに過失がないときは，Bは，
　　　　Aに対して，腕時計の修理を請求することができない。
　　4　引き渡された腕時計の所有者がAである場合において，その腕時計の品質が契約
　　　　の内容に適合しないものであっても，その不適合がBの責めに帰すべき事由による
　　　　ものであるときは，Bは，Aに対して，腕時計の修理を請求することができない。
　　5　引き渡された腕時計の所有者がAである場合において，その腕時計の品質が契約
　　　　の内容に適合しないものであっても，Bがその不適合を知った時から1年以内に損
　　　　害賠償の請求をしない限り，Bは，Aに対して，損害賠償の請求をすることができ
　　　　ない。

問題34　Bは，Aからバイオリンの製作を請け負い，Aは，その対価として100万円を支
　　　　払う契約をした。この場合についての次の記述のうち，民法の規定に照らし，妥当
　　　　でないものはどれか。ただし，担保責任に関する特約はないものとする。

　　1　Bから引渡しを受けたバイオリンの品質に契約不適合があるとしても，その不適
　　　　合が軽微であるときは，Aは，そのバイオリンの修補を請求することができない。
　　2　Bから引渡しを受けたバイオリンの品質に契約不適合があるとしても，その不適
　　　　合がAの与えた指図によって生じたときは，Aは，契約不適合責任を追及すること
　　　　ができない。
　　3　Bから引渡しを受けたバイオリンの品質に重大な契約不適合があり，そのため演
　　　　奏会で使用するという契約をした目的を達することができないときは，Aは，無催
　　　　告で契約を解除することができる。
　　4　Bから引渡しを受けたバイオリンの品質に契約不適合がある場合において，Aが
　　　　その不適合を知った時から1年以内にその旨をBに通知しないときは，Aは，その
　　　　不適合を理由として，契約不適合責任を追及することができない。
　　5　バイオリンの製作が完成しない間は，Aは，いつでも損害を賠償して契約の解除
　　　　をすることができる。

問題35 特別養子に関する次の記述のうち，民法の規定に照らし，妥当でないものはどれか。

1 養親となる者は，配偶者のある者でなければならないのみならず，原則として，夫婦がともに養親となることを要する。

2 養親となる者は，原則として，25歳以上でなければならないが，養親となる夫婦の一方が25歳に達していない場合においても，その者が20歳に達しているときは，養親となることができる。

3 養子となる者は，原則として，特別養子縁組を成立させるための養親となる者の請求の時に15歳未満でなければならないが，その者が15歳に達する前から引き続き養親となる者に監護されている場合において，15歳に達するまでに当該請求がされなかったことについてやむを得ない事由があるときは，その例外が認められている。

4 特別養子縁組を成立させるためには，養子となる者の父母の同意は不要であるが，家庭裁判所の審判は必要である。

5 特別養子縁組の成立によって，養子は，縁組の日から養親の嫡出子たる身分を取得する。

問題36 商法上の支配人に関する次の記述のうち，商法の規定に照らし，誤っているものはどれか。

1 支配人は，商人の許可を受けなければ，自己または第三者のためにその商人の営業の部類に属する取引をしてはならない。

2 支配人は，商人に代わってその営業に関する一切の裁判外の行為をする権限を有すが，裁判上の行為をする権限は有しない。

3 支配人は，商人の許可を受けなければ，自ら営業を行ってはならない。

4 支配人の代理権の消滅については，その登記をしなければならない。

5 商人の営業所の営業の主任者であることを示す名称を付した使用人は，当該営業所の営業に関し，一切の裁判外の行為をする権限を有するものとみなす。

問題37　種類株式に関する次の記述のうち，会社法の規定に照らし，誤っているものはどれか。

1　種類株式発行会社が公開会社である場合において，議決権制限株式の数が発行済株式の総数の2分の1を超えるに至ったときは，株式会社は，直ちに，議決権制限株式の数を発行済株式の総数の2分の1以下にするための必要な措置をとらなければならない。

2　内容の異なる2以上の種類の株式を発行する株式会社は，一方の種類の株式を取得条項付株式とし，その内容として，当該種類の株式一株を取得するのと引換えに他の種類の株式を交付することを定めることができる。

3　株主総会において決議をすることができる事項の全部について議決権を行使することができない種類の株式の株主であっても，当該種類の株式の種類株主を構成員とする種類株主総会においては議決権を行使することができる。

4　内容の異なる2以上の種類の株式を発行する株式会社は，一方の種類の株式については株券を発行し，他の種類の株式については株券を発行しない旨を定款で定めることはできない。

5　種類株主総会は，毎事業年度の終了後一定の時期に招集しなければならない。

問題38　取締役に関する次の記述のうち，会社法の規定に照らし，誤っているものはどれか。

1　取締役が自己のために株式会社と取引をした場合において，当該取引をした取締役の株式会社に対する損害賠償責任は，任務を怠ったことが当該取締役の責めに帰することができない事由によるものであることをもって免れることができない。

2　成年被後見人および被保佐人は，取締役となることができない。

3　取締役会設置会社では，取締役が競業取引を行う場合には，その取引について重要な事実を開示して取締役会の事前の承認を得なければならない。

4　公開会社でない株式会社においては，取締役が株主でなければならない旨を定款で定めることができる。

5　取締役がその職務を行うについて悪意または重大な過失があったときは，当該取締役は，これによって第三者に生じた損害を賠償する責任を負う。

問題39　監査役に関する次のア～オの記述のうち，会社法の規定に照らし，誤っているものの組合せはどれか。

ア　監査役は，取締役会に出席し，必要があると認めるときは，意見を述べなければならない。

イ　監査等委員会設置会社および指名委員会等設置会社を除く公開会社である大会社は，監査役会を置かなければならない。

ウ　監査役は，公認会計士または監査法人でなければならない。

エ　監査役設置会社においては，株主総会に提出する会計監査人の選任および解任ならびに会計監査人を再任しないことに関する議案の内容は，監査役が決定する。

オ　監査役は，いつでも，株主総会の普通決議によって解任することができる。

　　　1　ア・イ
　　　2　ア・エ
　　　3　イ・オ
　　　4　ウ・エ
　　　5　ウ・オ

問題40　株式会社を存続会社および消滅会社とする吸収合併に関する次の記述のうち，会社法の規定に照らし，正しいものはどれか。

　　1　反対株主として株式買取請求をすることができる株主は，合併についての株主総会決議につき議決権を行使することができる株主に限られない。

　　2　反対株主として株式買取請求をした株主は，その後いつでも自由にその請求を撤回することができる。

　　3　吸収合併の効力は，合併の登記の日に生じる。

　　4　合併により消滅会社の権利義務は存続会社に包括的に承継されるので，消滅会社が発行していた新株予約権を，存続会社が承継しないものとすることはできない。

　　5　合併当事者の一方が特別支配会社であるいわゆる略式合併において，合併についての株主総会決議が不要とされる会社の株主の一定数が異議を申し出た場合には，株主総会決議を不要とすることはできない。

〔問題41〜問題43は択一式（多肢選択式）〕

問題41　次の文章は，ある最高裁判所判決の一節である。空欄　ア　〜　エ　に当てはまる語句を，枠内の選択肢（1〜20）から選びなさい。

　　憲法20条1項後段にいう「宗教団体」，憲法89条にいう「宗教上の組織若しくは団体」とは，宗教と何らかのかかわり合いのある行為を行っている組織ないし団体のすべてを意味するものではなく，　ア　が当該組織ないし団体に対し特権を付与したり，また，当該組織ないし団体の使用，便益若しくは維持のため，公金その他の公の財産を支出し又はその利用に供したりすることが，　イ　の宗教に対する援助，助長，促進又は圧迫，干渉等になり，憲法上の　ウ　の原則に反すると解されるものをいうのであり，換言すると，　イ　の宗教の信仰，礼拝又は普及等の宗教的活動を行うことを　エ　とする組織ないし団体を指すものと解するのが相当である。

（最三小判平成5年2月16日民集47巻3号1687頁）

1	本質	2	国家	3	政教分離	4	政治家	5	本来の目的
6	目的	7	指定	8	国民主権	9	個人	10	租税法律
11	性質	12	賛成	13	立憲主義	14	首長	15	主たる目的
16	政治	17	反対	18	令状主義	19	特定	20	間接的事情

問題42 次の文章は，ある最高裁判所判決の一節である。空欄 ア ～ エ に当てはまる語句を，枠内の選択肢（1 ～ 20）から選びなさい。

　　・・・先行する行政行為があり，これを前提として後行の行政処分がされた場合には，後行行為の取消訴訟において先行行為の違法を理由とすることができるかどうかが問題となるが，一般に，先行行為が ア を有するものでないときはこれが許されるのに対し，先行行為が ア を有する行政処分であるときは，その ア が排除されない限り，原則として，先行行為の イ は後行行為に ウ されず，これが許されないと解されている・・・。

　　したがって，土地区画整理事業の事業計画の決定についてその エ を否定していた本判決前の判例の下にあっては，仮換地の指定や換地処分の取消訴訟において，これらの処分の違法事由として事業計画の決定の違法を主張することが許されると解されていた。これに対し，本判決のようにその エ を肯定する場合には，先行行為たる事業計画の決定には ア があるから，たとえこれに イ があったとしても，それ自体の取消訴訟などによって ア が排除されない限り，その イ は後行行為たる仮換地の指定や換地処分に ウ されず・・・，もはや後行処分の取消事由として先行処分たる事業計画の決定の違法を主張することは許されないと解すべきことになろう。

　　そうすると，事業計画の決定の エ を肯定する結果，その違法を主張する者は，その段階でその取消訴訟を提起しておかなければ，後の仮換地や換地の段階ではもはや事業計画自体の適否は争えないことになる。しかし，土地区画整理事業のように，その事業計画に定められたところに従って，具体的な事業が段階を踏んでそのまま進められる手続については，むしろ，事業計画の適否に関する争いは早期の段階で決着させ，後の段階になってからさかのぼってこれを争うことは許さないとすることの方に合理性があると考えられるのである。

（最大判平成20年９月10日民集62巻８号2019頁以下・裁判官近藤崇晴の補足意見）

1	一般性	2	公定力	3	訴えの利益	4	治癒
5	管轄	6	出訴期間	7	自力執行力	8	原告適格
9	不可変更力	10	処分性	11	適法性	12	不可争力
13	転換	14	追加	15	承継	16	不当性
17	被告適格	18	違法性	19	既判力	20	影響

問題43　次の文章は，ある最高裁判所判決の一節である（なお，一部表現を修正している。）。空欄　ア　～　エ　に当てはまる語句を，枠内の選択肢（1 ～ 20）から選びなさい。

　本件の確認請求に係る訴えは，公法上の　ア　のうち公法上の法律関係に関する　イ　と解することができるところ，その内容をみると，公職選挙法附則8項につき所要の改正がされないと，在外国民である上告人らが，今後直近に実施されることになる衆議院議員の総選挙における小選挙区選出議員の選挙及び参議院議員の通常選挙における選挙区選出議員の選挙において投票をすることができず，選挙権を行使する権利を侵害されることになるので，そのような事態になることを防止するために，同上告人らが，同項が違憲無効であるとして，当該各選挙につき選挙権を行使する権利を有することの確認をあらかじめ求める訴えであると解することができる。

　選挙権は，これを行使することができなければ意味がないものといわざるを得ず，侵害を受けた後に争うことによっては権利行使の実質を回復することができない性質のものであるから，その権利の重要性にかんがみると，　ウ　選挙につき選挙権を行使する権利の有無につき争いがある場合にこれを有することの確認を求める訴えについては，それが有効適切な手段であると認められる限り，　エ　を肯定すべきものである。そして，本件の確認請求に係る訴えは，公法上の法律関係に関する　イ　として，上記の内容に照らし，　エ　を肯定することができるものに当たるというべきである。なお，この訴えが法律上の争訟に当たることは論をまたない。

　そうすると，本件の確認請求に係る訴えについては，引き続き在外国民である同上告人らが，次回の衆議院議員の総選挙における小選挙区選出議員の選挙及び参議院議員の通常選挙における選挙区選出議員の選挙において，在外選挙人名簿に登録されていることに基づいて投票をすることができる地位にあることの確認を請求する趣旨のものとして適法な訴えということができる。

（最大判平成17年9月14日民集59巻7号2087頁以下）

1	当事者訴訟	2	不作為の違法確認の訴え	3	確認の利益
4	将来の	5	義務付けの訴え	6	事物管轄
7	給付の訴え	8	処分性	9	抽象的な
10	具体的な	11	一般的な	12	形成の訴え
13	機関訴訟	14	確認の訴え	15	民衆訴訟
16	無効等確認の訴え	17	差止めの訴え	18	過去の
19	被告適格	20	公職選挙法上の選挙訴訟		

解答は，必ず答案用紙の解答欄（マス目）に記述すること。なお，字数には，句読点も含む。

問題44　A県公安委員会は，A県内においてパチンコ店の営業をしていたXが当該営業に関して法令の規定に違反し，著しく善良の風俗を害するおそれがあると認めたことから，Xに対するパチンコ店の営業の許可を取り消すため，聴聞の通知を行った。これに対し，Xは，聴聞期日の当日に出頭することができないため，BおよびCを選任した。このようなBおよびCは，行政手続法上どのような名称で呼ばれ，どのような行為をすることができるか。40字程度で記述しなさい。

（下書用）

						10					15

問題45　Aは，従業員Bが勤務中に起こした交通事故の被害者であるCに対して，損害賠償金の支払を行った。Aは，Bに対して求償することができるか，できるとすればどの限度か，民法の規定および判例に照らし，40字程度で記述しなさい。

（下書用）

						10					15

問題46　被相続人Aには，相続人B，CおよびDがいた。相続人らは，Aとはしばらく音
　　　　信がなくその資産状況を知らないものの，居住している家はAの所有であったこと
　　　　から，一定の遺産があると考えており，その相続を希望している。しかし，Aの資
　　　　産状況が不明なため，Bは相続したとしても負債の方が多くなる事態は避けたいと
　　　　考えている。この場合，いつまでに，誰がどのような制度を利用する必要がある
　　　　か，民法の規定に照らし，40字程度で記述しなさい。

（下書用）

基礎知識 〔問題47〜問題60は択一式（５肢択一式）〕

問題47 現在，世界では，ある領土がどの国家（自治政府等を含む。）に属するかをめぐって，国家間で争われている事例が多数存在する。この領土問題について，争われている領土と争っている国家とを組み合わせた場合に，妥当でないものはどれか。

	争われている領土	争っている国家
1	尖閣諸島	日本・中国・韓国
2	竹島	日本・韓国
3	東エルサレム	イスラエル・パレスチナ自治政府
4	フォークランド諸島	イギリス・アルゼンチン
5	クリミア半島	ウクライナ・ロシア

問題48 多国間の枠組みに関する次の記述のうち，妥当なものはどれか。

1 ウクライナがＮＡＴＯに加盟したことを契機としてロシアによるウクライナ侵攻が始まった。

2 ＱＵＡＤは，日本，韓国，インドおよびアメリカの４か国によって戦略的対話を行うものであり，主にインド・太平洋地域における中国進出に対抗する目的を有している。

3 上海協力機構は，中国およびロシアが主導する安全保障や経済協力の枠組みであり，この上海協力機構にインドは参加していない。

4 ＡＵＫＵＳは，アメリカ，イギリスおよびオーストラリアの３か国による軍事同盟であり，アメリカとイギリスは，オーストラリアによる原子力潜水艦の開発等を支援することなどにより，太平洋地域における自国の影響力を増すことを目指している。

5 ＲＣＥＰ協定は，主に東アジア地域の貿易・投資の促進を目的とする多角的なＥＰＡであるが，署名国15か国で，ＧＤＰの約１割，日本の貿易総額の約３割を占めている。

問題49　租税に関する次の記述のうち，妥当なものはどれか。

1　租税とは，国家が，特別の給付に対する反対給付としてではなく，公共サービスの提供に必要な資金を調達するため，法律の定めに基づいて私人に課す金銭的負担をいう。

2　第二次世界大戦後のシャウプ勧告により間接税中心の税制が採用され，それにより現在に至る税体系の基礎が築かれた。

3　法律上の納税義務者と租税を実際に負担する者とが一致する租税を直接税といい，これが一致しないものを間接税というが，日本における国税および地方税の直間比率は，おおよそ3：7である。

4　税収が総税収（国税および地方税）に占める割合は，おおよそ所得課税が50％，資産課税が35％，消費課税が15％となっている。

5　国民負担率とは，国税と地方税を合わせた租税負担の国民所得に対する比率である租税負担率と年金，医療保険等の社会保障負担の国民所得に対する比率である社会保障負担率とを合わせたものをいい，2020年度の実績で租税負担率は19.8％，社会保障負担率は28.2％となっている。

問題50　国際収支に関する次の記述のうち，妥当でないものはどれか。

1　国際収支は，主に経常収支，資本収支および外貨準備高増減の三つで構成されている。

2　経常収支には，海外との財貨およびサービスの取引に限らず，投資などによって生じる利子・配当金等の受取りと支払いが含まれる。

3　貿易収支とは，財貨の輸出量と輸入量との差額をいい，輸出量が輸入量を上回る状況になると，一般的には，円高となる。

4　日本は，1980年の貿易赤字を最後に，2021年まで，貿易黒字が続いた。

5　2022年度の日本の貿易収支は，ロシアによるウクライナ侵攻等により，過去最大の貿易赤字となった。

問題51　外国人材の受入れに関する次の記述のうち，妥当なものはどれか。

1　2022年10月末時点の外国人労働者数は182万人を超えているが，このうち技能移転を通じた開発途上国への国際協力を目的とする在留資格「技能実習」の在留外国人数は，10万人を割っている。

2　2018年に入管法*が改正され，特定産業分野に属する相当程度の知識または経験を必要とする技能を要する業務に従事する外国人向けの在留資格である「特定技能1号」が創設されたが，この在留資格には一定期間ごとの更新があり，かつ，在留期間は，通算で上限10年までとされている。

3　2018年に入管法*が改正され，特定産業分野に属する熟練した技能を要する業務に従事する外国人向けの在留資格である「特定技能2号」が創設されたが，この在留資格には一定期間ごとの更新があるものの，通算での上限は設けられていない。

4　2022年12月末時点における在留資格「特定技能1号」の在留外国人数は10万人を超え，在留資格「特定技能2号」の在留外国人数は1万人を超えている。

5　日本における出入国の管理，外国人の在留，難民の認定等の事務をつかさどるため，法務省に入国管理局が設けられていたが，外国人の出入国および在留の公正な管理に関する施策を総合的に推進するため，内閣府の外局として出入国在留管理庁が新設された。

（注）　＊　出入国管理及び難民認定法

問題52　災害・防災に関する次のア～オの記述のうち，妥当なものの組合せはどれか。

ア　1961年に制定された災害対策基本法は，防災計画の作成，災害予防，災害応急対策，災害復旧および防災に関する財政金融措置その他必要な災害対策の基本を定めることにより，総合的かつ計画的な防災行政の整備および推進を図ることを目的としている。

イ　災害対策基本法は，災害予防および災害応急対策に関する費用の負担等については，原則として，国が負担することとしている。

ウ　1998年に被災者生活再建支援法が制定され，自然災害によりその生活基盤に著しい被害を受けた者に対し，国が拠出した基金を活用して被災者生活再建支援金を支給することとされている。

エ　気象庁は，従来から，大雨，地震，津波，高潮等により重大な災害の起こるおそれがある時に，警報を発表して警戒を呼びかけていたが，2013年より，これに加え，その警報の発表基準をはるかに超える大雨や大津波等が予想され，重大な災害の起こるおそれが著しく高まっている場合に，最大級の警戒を呼びかける特別警報の運用を開始した。

オ　2019年に「避難勧告等に関するガイドライン」が改定され，住民は「自らの命は自らが守る」意識を持ち，自らの判断で避難行動をとるとの方針が示され，この方針に沿って気象庁等が出す防災気象情報と市町村または気象庁が出す避難情報等が10段階に整理された。

1　ア・ウ
2　ア・エ
3　イ・エ
4　イ・オ
5　ウ・オ

問題53　行政書士の業務に関する次のア～オの記述のうち，妥当なものの組合せはどれか。

ア　行政書士は，会計帳簿の記帳をすることを業として行うことができる。

イ　行政書士は，賃貸借契約書を作成することを業として行うことができる。

ウ　行政書士は，農地の所有権移転登記の申請書を作成することを業として行うことができる。

エ　行政書士は，訴額が100万円の訴訟に際し，簡易裁判所に提出する訴状を業として作成することができる。

オ　行政書士ではない者が，報酬の有無にかかわらず，他人の依頼を受けて官公署に提出する書類を作成することは禁止されている。

　　1　ア・イ
　　2　ア・オ
　　3　イ・ウ
　　4　ウ・エ
　　5　エ・オ

問題54　戸籍法が定める届出に関する次の記述のうち，妥当なものはどれか。

1　国内で出生があったときの届出は，10日以内に，これをしなければならない。

2　出生の届出は，本人の本籍地または届出人の所在地のほか，出生地でこれをすることができる。

3　嫡出子出生の届出は，父がこれをし，子の出生前に父母が離婚した場合には，母がこれをしなければならない。

4　嫡出子否認の訴えを提起したときは，出生の届出をすることはできない。

5　胎内にある子を認知する場合には，届書にその旨，母の氏名および本籍を記載し，父または母の本籍地でこれを届け出なければならない。

問題55　個人情報保護法*に関する次のア～オの記述のうち，妥当でないものの組合せはどれか。

ア　個人情報取扱事業者は，個人情報を取り扱うに当たっては，緊急に個人情報を取得する必要がある場合を除き，その利用目的をできる限り特定しなければならない。

イ　個人情報取扱事業者は，あらかじめ本人の同意を得ないで，特定された利用目的の達成に必要な範囲を超えて，個人情報を取り扱ってはならない。

ウ　個人情報取扱事業者は，合併その他の事由により他の個人情報取扱事業者から事業を承継することに伴って個人情報を取得した場合は，あらかじめ本人の同意を得ないで，承継前における当該個人情報の利用目的の達成に必要な範囲を超えて，当該個人情報を取り扱ってはならない。

エ　個人情報取扱事業者は，常に個人データを正確かつ最新の内容に保つよう努めなければならない。

オ　個人関連情報取扱事業者は，第三者が個人関連情報を個人データとして取得することが想定されるときは，当該第三者が個人関連情報取扱事業者から個人関連情報の提供を受けて本人が識別される個人データとして取得することを認める旨の当該本人の同意が得られていることについて，あらかじめ確認することをしないで，当該個人関連情報を当該第三者に提供してはならない。

1　ア・ウ
2　ア・エ
3　イ・エ
4　イ・オ
5　ウ・オ

（注）　＊　個人情報の保護に関する法律

問題56　情報通信用語に関する次のア～オの記述のうち，妥当なものの組合せはどれか。

　　ア　デジタルタトゥーとは，犯罪捜査等の目的で，パソコンやサーバー，携帯電話等を対象として，それらのデジタルデバイスに記録された情報を収集・分析し，その法的な証拠性を明らかにする技術をいう。

　　イ　デジタルフォレンジックとは，個人情報がインターネット上への書込みや画像の公開により拡散してしまうと，その情報は完全に削除することが不可能であるため，半永久的にインターネット上に残されることをいう。

　　ウ　コモディティ化とは，コストの削減，効率化等を目的として，製品のサイズを小さくしたり，より小型のものを用いたりすることをいう。

　　エ　SaaSとは，アプリケーションソフトウェアを利用するにあたって，ソフトウェアを提供者側のコンピュータで稼働させ，ユーザーはそのソフトウェア機能をインターネット等のネットワーク経由でサービスとして使用し，そのサービス料を支払うものである。

　　オ　アドホックネットワークとは，複数の端末が基地局を介さずに端末同士で通信することができるネットワークをいう。

　　　　1　ア・イ
　　　　2　ア・オ
　　　　3　イ・ウ
　　　　4　ウ・エ
　　　　5　エ・オ

問題57　不正アクセス禁止法*に関する次の記述のうち，妥当でないものはどれか。

1　この法律は，電気通信回線を通じて行われる電子計算機に係る犯罪の防止およびアクセス制御機能により実現される電気通信に関する秩序の維持を図ることを目的としている。

2　この法律は，不正アクセス行為等の禁止・処罰という行為者に対する規制と，不正アクセス行為を受ける立場にあるアクセス管理者に防御措置を求め，アクセス管理者がその防御措置を的確に講じられるよう行政が援助するという防御側の対策という2つの側面から，不正アクセス行為の防止を図ろうとしている。

3　この法律は，不正アクセス行為の用に供する目的で，アクセス制御機能に係る他人のID・パスワードを取得する行為を禁止し，これに違反してなされた行為を処罰の対象としている。

4　この法律は，他人のID・パスワードがどのウェブサイトのサービスに対するID・パスワードであるかを明らかにして，無断で第三者に提供する行為については禁止しているが，他人のID・パスワードがどのウェブサイトのサービスに対するID・パスワードであるかを明らかにしないで提供する行為については禁止していない。

5　この法律は，たとえばフィッシング行為のような他人のID・パスワードの入力を不正に要求する行為を禁止し，これに違反してなされた行為を処罰の対象としている。

（注）　＊　不正アクセス行為の禁止等に関する法律

問題58　本文中の空欄 [Ⅰ] ～ [Ⅴ] に入る語句の組合せとして，妥当なものはどれか。

　　通常，多くの野生動物は大なり小なり群れを成して生活をしています。群れを離れることはとても危険なことになります。元の群れの [Ⅰ] になることを意味するからです。一度群れを離れた個体が別の群れに [Ⅱ] した場合もそうですし，元の群れに戻ろうとした場合も [Ⅰ] とみなされ，威嚇や攻撃，排除の対象とされます。

　　人間の場合は違います。人間にとっての群れは日常の生活圏ですが，そこから離れて他の集団の生活圏と [Ⅱ] しても，基本的には [Ⅰ] とみなされ威嚇されることはありません。また，元の生活圏へ戻って来た場合でも，威嚇や攻撃をされたり，排除されることはありません。

　　日常の生活圏から離れることを「旅」とするのなら，旅は人間だけの特権，特徴と考えられます。それは，互いの群れ——日常の生活圏——の間に [Ⅲ] と [Ⅳ] があると考えられているからです。

　　旅は [Ⅴ] な立場での移動でなければなりません。この立場であることが大前提となります。そのことによって旅の過程で出会う他の集団は，見知らぬ他者を理解しようとします。[Ⅴ] な他者との出会いは，少なくとも外敵との遭遇ではないと判断するからです。それが [Ⅲ] です。

　　こうした態度には，他者を理解しようとする欲求が含まれています。敵でも味方でもない他者に対する「意思疎通の欲求」が発生するからです。この時に重要となるのが [Ⅳ] です。通常，互いの群れが離れていれば離れているほど，その差異は大きく意思疎通には困難が伴います。しかし，他言語との比較や，類似の言語からの推測など，膨大な労力をかけてでも困難を克服し，意思疎通を確立しようとする原動力が許容的態度には含まれています。

（出典　牟田毅「都市の発展と文化発信力」から）

	Ⅰ	Ⅱ	Ⅲ	Ⅳ	Ⅴ
1	異端者	遭遇	許容	言語	中立的
2	敵対者	対峙	友好	好奇心	友好的
3	外敵	遭遇	友好	言語	友好的
4	異端者	敵対	許容	好奇心	中立的
5	外敵	遭遇	許容	言語	中立的

問題59　本文中の空欄　Ⅰ　～　Ⅴ　には，それぞれあとのア～オのいずれかの文が入る。その組合せとして妥当なものはどれか。

　　伝えるには，言葉が重要になる。身振り手振り，表情でもある程度は伝わるかもしれないが，なかなか難しい。　　Ⅰ　　。しかし「アイコンタクト」と呼ばれる伝達方法もある。眼と眼で瞬時に行われるコミュニケーションである。

　　　Ⅱ　　。しかし非常に高度なコミュニケーションではあるものの，例外的あるいは特別な場合であると素通りしてしまってはコミュニケーションの考察にはならない。なぜ，高度なのかを解明してみることが考察になる。

　　まず，それが眼と眼で行われる点である。つまり言葉を使わないからである。つぎに，瞬時に行われる点である。多くの場合，一瞬の間隙を突いて交わされる意思伝達であるからだ。　　Ⅲ　　。

　　この「瞬時に」もコミュニケーションの難しさのポイントになる。短時間で意思疎通が可能であること自体，高度なコミュニケーションといっていい。

　　　Ⅳ　　。しかし，瞬間的に意思の疎通が行われなければ無意味な場合もある。その場で「今」という瞬間に意思疎通できるかどうかである。なかでも複数の人間が同時進行的に何かを行っているときには，瞬時の意思疎通は最も重要なことである。　　Ⅴ　　。意思疎通に時間をかけて，後になって伝わっても意味がないからである。

　　　　　　　　　　　　　　　　　　　　（出典　工藤真「瞬時の背景」から）

ア　アイコンタクトが，主にスポーツの場面で用いられることが多いのもその理由だ

イ　こちらの意思や意図を正確に，しかも短時間で伝えるのは難しい

ウ　これは非常に高度なコミュニケーションであるといえる

エ　アイコンタクトが例外的，特別だと感じる理由でもある

オ　もちろん言葉を使わなくても，身振り手振りであってもある程度時間をかければ，意思の伝達は不可能ではない

	Ⅰ	Ⅱ	Ⅲ	Ⅳ	Ⅴ
1	ア	イ	エ	オ	ウ
2	イ	ア	エ	ウ	オ
3	イ	ウ	エ	オ	ア
4	エ	ウ	イ	オ	ア
5	オ	ウ	エ	イ	ア

問題60　本文中の空欄 ☐☐☐☐☐ に入る文章を，あとのア～オを並べ替えて作る場合，その順序として妥当なものはどれか。

　絵本に出てくる物語りの中心となる二人が，一人は青い服，もう一人は赤い服だったとします。青い服は男の子，赤い服は女の子。服装はどうでしょう。ズボンを履いているのは男の子，スカートを履いているのは女の子。なぜそう感じるのでしょうか。それとも，そう感じない人もいるかもしれません。そう感じた人に「なぜ？」と問うても，多くの場合答えは明確ではありません。「なぜかわからないが，そうだから」であったり，中には「そもそも質問の意味がわかりません」との答えが返ってきたりします。

　お花が喋ったり，ネズミが大冒険をしたり，絵本の世界では当たり前に起きますが，そんなことは現実の世界では起こりません。もし街を歩いていて，お花が喋りかけてきたり，ネズミが冒険の準備をしていたり，現実の世界もそうした世界だったとしたらややこしいことになります。しかし，絵本の世界では何の疑問もなく，そういう世界が広がっています。

　この「何の疑問もなく」というのは，絵本に触れる子どもたちの気持ちです。子どもたちにとっては，お花が喋ったり，ミツバチがお友達だったりするのは，何の疑問も持たずに触れている世界といえるでしょう。子どもたちは絵本の世界の中で，さまざまなものに出会っています。

ここで言う刷り込みとは「理由もなく，そうだと思うこと」です。

　「青い服は男の子。赤い服は女の子。」と，何の不思議もなく何の疑問もなくそう感じたとすれば，それは幼少期の絵本の中に答えがあるかもしれません。絵本だけではないかもしれませんが，いずれにしてもどこかの時点で「刷り込み」として刷り込まれているのです。ですから「理由はわからないが，そう感じる」となるのです。

　服の色で性別を判断する，判断してしまうというのは，実は怖いことかもしれません。良し悪しではありません。しかし，刷り込みによって判断してしまうことがあり得るということは常に意識しておかなくてはなりません。

（出典　藤田はるみ「絵本再評価～隠されたメッセージ～」から）

ア　そこから徐々に外界との接触が始まります。

イ　絵本の中の世界も子どもたちにとっては「外界との接触」のひとつです。

ウ　その様子を大人たちは微笑ましく眺めていますが，一方では「刷り込み」と呼ばれる現象も起きています。

エ　まず最初に目にするのは主に母親。次に父親。いずれにしても身近にいる大人たちが最初の世界です。

オ　子どもたちにとっての世界の広がり方は――もちろん例外もありますが多くの場合――次のように考えられています。

1　ア　→　イ　→　ウ　→　オ　→　エ

2　ウ　→　ア　→　イ　→　オ　→　エ

3　エ　→　ウ　→　ア　→　イ　→　オ

4　オ　→　ウ　→　ア　→　イ　→　エ

5　オ　→　エ　→　ア　→　イ　→　ウ

2

回

| 本試験形式問題 法　令　等 46問 |
| 基 礎 知 識 14問 |

◆解答に際しては，別紙の解答用紙に
　記入してください。
◆問題（1回〜3回）の後に解説（1
　回〜3回）があります。
◆間違えた箇所は解説をよく読み，必
　ず法令集にあたって確認してくださ
　い。

| 制限時間 | 3時間 |

氏名 _____

良い例	悪い例			

法令等

問題 1	① ② ③ ④ ⑤	問題21	① ② ③ ④ ⑤
問題 2	① ② ③ ④ ⑤	問題22	① ② ③ ④ ⑤
問題 3	① ② ③ ④ ⑤	問題23	① ② ③ ④ ⑤
問題 4	① ② ③ ④ ⑤	問題24	① ② ③ ④ ⑤
問題 5	① ② ③ ④ ⑤	問題25	① ② ③ ④ ⑤
問題 6	① ② ③ ④ ⑤	問題26	① ② ③ ④ ⑤
問題 7	① ② ③ ④ ⑤	問題27	① ② ③ ④ ⑤
問題 8	① ② ③ ④ ⑤	問題28	① ② ③ ④ ⑤
問題 9	① ② ③ ④ ⑤	問題29	① ② ③ ④ ⑤
問題10	① ② ③ ④ ⑤	問題30	① ② ③ ④ ⑤
問題11	① ② ③ ④ ⑤	問題31	① ② ③ ④ ⑤
問題12	① ② ③ ④ ⑤	問題32	① ② ③ ④ ⑤
問題13	① ② ③ ④ ⑤	問題33	① ② ③ ④ ⑤
問題14	① ② ③ ④ ⑤	問題34	① ② ③ ④ ⑤
問題15	① ② ③ ④ ⑤	問題35	① ② ③ ④ ⑤
問題16	① ② ③ ④ ⑤	問題36	① ② ③ ④ ⑤
問題17	① ② ③ ④ ⑤	問題37	① ② ③ ④ ⑤
問題18	① ② ③ ④ ⑤	問題38	① ② ③ ④ ⑤
問題19	① ② ③ ④ ⑤	問題39	① ② ③ ④ ⑤
問題20	① ② ③ ④ ⑤	問題40	① ② ③ ④ ⑤

問題41	ア	① ② ③ ④ ⑤ ⑥ ⑦ ⑧ ⑨ ⑩ ⑪ ⑫ ⑬ ⑭ ⑮ ⑯ ⑰ ⑱ ⑲ ⑳
	イ	① ② ③ ④ ⑤ ⑥ ⑦ ⑧ ⑨ ⑩ ⑪ ⑫ ⑬ ⑭ ⑮ ⑯ ⑰ ⑱ ⑲ ⑳
	ウ	① ② ③ ④ ⑤ ⑥ ⑦ ⑧ ⑨ ⑩ ⑪ ⑫ ⑬ ⑭ ⑮ ⑯ ⑰ ⑱ ⑲ ⑳
	エ	① ② ③ ④ ⑤ ⑥ ⑦ ⑧ ⑨ ⑩ ⑪ ⑫ ⑬ ⑭ ⑮ ⑯ ⑰ ⑱ ⑲ ⑳
問題42	ア	① ② ③ ④ ⑤ ⑥ ⑦ ⑧ ⑨ ⑩ ⑪ ⑫ ⑬ ⑭ ⑮ ⑯ ⑰ ⑱ ⑲ ⑳
	イ	① ② ③ ④ ⑤ ⑥ ⑦ ⑧ ⑨ ⑩ ⑪ ⑫ ⑬ ⑭ ⑮ ⑯ ⑰ ⑱ ⑲ ⑳
	ウ	① ② ③ ④ ⑤ ⑥ ⑦ ⑧ ⑨ ⑩ ⑪ ⑫ ⑬ ⑭ ⑮ ⑯ ⑰ ⑱ ⑲ ⑳
	エ	① ② ③ ④ ⑤ ⑥ ⑦ ⑧ ⑨ ⑩ ⑪ ⑫ ⑬ ⑭ ⑮ ⑯ ⑰ ⑱ ⑲ ⑳
問題43	ア	① ② ③ ④ ⑤ ⑥ ⑦ ⑧ ⑨ ⑩ ⑪ ⑫ ⑬ ⑭ ⑮ ⑯ ⑰ ⑱ ⑲ ⑳
	イ	① ② ③ ④ ⑤ ⑥ ⑦ ⑧ ⑨ ⑩ ⑪ ⑫ ⑬ ⑭ ⑮ ⑯ ⑰ ⑱ ⑲ ⑳
	ウ	① ② ③ ④ ⑤ ⑥ ⑦ ⑧ ⑨ ⑩ ⑪ ⑫ ⑬ ⑭ ⑮ ⑯ ⑰ ⑱ ⑲ ⑳
	エ	① ② ③ ④ ⑤ ⑥ ⑦ ⑧ ⑨ ⑩ ⑪ ⑫ ⑬ ⑭ ⑮ ⑯ ⑰ ⑱ ⑲ ⑳

業務に関する基礎知識

問題47	① ② ③ ④ ⑤	問題54	① ② ③ ④ ⑤
問題48	① ② ③ ④ ⑤	問題55	① ② ③ ④ ⑤
問題49	① ② ③ ④ ⑤	問題56	① ② ③ ④ ⑤
問題50	① ② ③ ④ ⑤	問題57	① ② ③ ④ ⑤
問題51	① ② ③ ④ ⑤	問題58	① ② ③ ④ ⑤
問題52	① ② ③ ④ ⑤	問題59	① ② ③ ④ ⑤
問題53	① ② ③ ④ ⑤	問題60	① ② ③ ④ ⑤

問題44　　　　　　　　　　　　　　　　　　　　　10　　　　　　　　　15

問題45　　　　　　　　　　　　　　　　　　　　　10　　　　　　　　　15

問題46　　　　　　　　　　　　　　　　　　　　　10　　　　　　　　　15

第2回　問題

（注意事項）
1　問題は60問あり，時間は3時間です。
2　解答は，別紙の解答用紙に記入してください。
3　解答用紙への記入及びマークは，次のようにしてください。
　ア　氏名は必ず記入してください。
　イ　択一式（5肢択一式）問題は，1から5までの答えのうち正しいと思われるものを一つ選び，マークしてください。二つ以上の解答をしたもの，判読が困難なものは誤りとなります。

　　　＜択一式（5肢択一式）問題の解答の記入例＞
　　　問題1　日本の首都は，次のうちどれか。
　　　　　　　1　札幌
　　　　　　　2　東京　　　　　（正解）　　→
　　　　　　　3　名古屋
　　　　　　　4　京都
　　　　　　　5　大阪

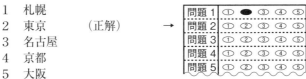

　ウ　択一式（多肢選択式）問題は，枠内（1～20）の選択肢から空欄 ［ア］ ～ ［エ］ に当てはまる語句を選び，マークしてください。二つ以上の解答をしたもの，判読が困難なものは誤りとなります。

　　　＜択一式（多肢選択式）問題の解答の記入例＞
　　　問題41　次の文章の空欄 ［ア］ ～ ［エ］ に当てはまる語句を，枠内の選択肢（1～20）から選びなさい。

　　……………… ［ア］ ………………………………… ［イ］ …………………
　　……………………… ［ウ］ ………… ［エ］ 　　　　。

　　　　1……2……3……4……5……6……7……8……9……10……
　　　　11……12……13……14……15……16……17……18……19……20

↓

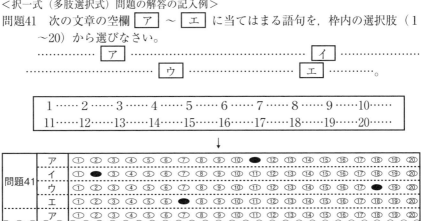

　　エ　記述式問題は，記述式解答用紙の解答欄（マス目）に記述してください。

第2回　法令等 〔問題1から問題40は択一式（5肢択一式）〕

問題1　法の解釈に関する次の記述の空欄　ア　～　エ　に入る語句の組合せとして正しいものはどれか。

A　民法177条の「不動産に関する物権の得喪及び変更は，不動産登記法その他の登記に関する法律の定めるところに従いその登記をしなければ，第三者に対抗することができない。」と規定しているが，ここにいう「第三者」とは，当事者およびその包括承継人以外の者であって，登記の欠缺を主張するにつき正当な利益を有するものをいうとする解釈は，　ア　である。

B　債務不履行に基づく損害賠償の範囲を「通常生ずべき損害」に限定する民法416条の規定は，不法行為に基づく損害賠償の場合にも適用することができるとする解釈は，　イ　である。

C　民法3条1項は，「私権の享有は，出生に始まる。」と規定しているから，胎児は，この法律に特段の規定のない限り，私権を享有することはできないとする解釈は　ウ　である。

D　刑法175条1項前段の「わいせつな文書，図画，電磁的記録に係る記録媒体その他の物を頒布し，又は公然と陳列した者は，2年以下の懲役若しくは250万円以下の罰金若しくは科料に処し，又は懲役及び罰金を併科する。」と規定しているが，ここにいう「陳列」とは，映画を映写することを含むとする解釈は，　エ　である。

	ア	イ	ウ	エ
1	縮小解釈	類推解釈	反対解釈	類推解釈
2	反対解釈	拡張解釈	文理解釈	類推解釈
3	縮小解釈	類推解釈	反対解釈	拡張解釈
4	文理解釈	反対解釈	文理解釈	類推解釈
5	縮小解釈	拡張解釈	類推解釈	拡張解釈

問題2　近年の法改正に関する次のア〜オの記述のうち，妥当なものの組合せはどれか。
なお，法令における用語の文言は当時のものである。

ア　1993年に行政手続法が制定され，処分，行政指導および届出に関する手続ならび
に命令等を定める手続に関し，共通する事項を定める規定が置かれた。

イ　1999年に民法が改正され，従来の禁治産・準禁治産の制度にかわって，成年後見
制度が創設された。

ウ　2004年に裁判外紛争解決手続の利用の促進に関する法律が制定され，裁判外紛争
解決手続についての基本理念および国等の責務に関する規定ならびに民間紛争解決
手続の業務に関する認証の制度に関する規定は置かれたものの，時効の中断等に係
る特例の定めなどの裁判外紛争解決手続についての具体的規定は置かれなかった。

エ　2014年に行政不服審査法が全面改正され，審理員制度，行政不服審査会等への諮
問制度等が導入された。

オ　2021年に個人情報保護法が改正され，個人情報保護法，行政機関個人情報保護法
および独立行政法人等個人情報保護法の三つの法律が統合され，1本の法律となっ
たが，地方公共団体における個人情報の取扱いについての全国的な共通ルールの設
定は見送られた。

1　ア・ウ
2　ア・エ
3　イ・エ
4　イ・オ
5　ウ・オ

問題3　次の文章は，最高裁判所の判例の一節である。空欄　□　に当てはまる文章として，妥当なものはどれか。

　　外国人の在留の許否は国の裁量にゆだねられ，わが国に在留する外国人は，憲法上わが国に在留する権利ないし引き続き在留することを要求することができる権利を保障されているものではなく，ただ，出入国管理令上法務大臣がその裁量により更新を適当と認めるに足りる相当の理由があると判断する場合に限り在留期間の更新を受けることができる地位を与えられているにすぎないものであり，したがつて，外国人に対する憲法の基本的人権の保障は，右のような外国人在留制度のわく内で与えられているにすぎないものと解するのが相当であつて，在留の許否を決する国の裁量を拘束するまでの保障，すなわち，在留期間中の憲法の基本的人権の保障を受ける行為を在留期間の更新の際に消極的な事情としてしんしやくされないことまでの保障が与えられているものと解することはできない。□

(最大判昭和53年10月4日民集32巻7号1223頁)

1　在留中の外国人の行為が合憲合法な場合，法務大臣がその行為を当不当の面から日本国にとつて好ましいものとはいえないと評価し，また，右行為から将来当該外国人が日本国の利益を害する行為を行うおそれがある者であると推認することは，右行為が上記のような意味において憲法の保障を受けるものであるから認められない。

2　当時の内外の情勢にかんがみ，上告人の活動を日本国にとつて好ましいものではないと評価し，また，上告人の活動から同人を将来日本国の利益を害する行為を行うおそれがある者と認めて，在留期間の更新を適当と認めるに足りる相当の理由があるものとはいえないと判断したことは，その事実の評価が明白に合理性を欠き，その判断が社会通念上著しく妥当性を欠くことが明らかである。

3　政治活動の自由についても，わが国の政治的意思決定又はその実施に影響を及ぼす活動等外国人の地位にかんがみこれを認めることが相当でないと解されるものであつても，その保障が及ぶものと解するのが，相当である。

4　在留中の外国人の行為が合憲合法な場合でも，法務大臣がその行為を当不当の面から日本国にとつて好ましいものとはいえないと評価し，また，右行為から将来当該外国人が日本国の利益を害する行為を行うおそれがある者であると推認することは，右行為が上記のような意味において憲法の保障を受けるものであるからといつてなんら妨げられるものではない。

5　上告人の一連の政治活動は，在留期間内は外国人にも許される表現の自由の範囲内にあるものとして格別不利益を強制されるものではないから，法務大臣が，在留期間の更新の許否を決するについてこれを日本国及び日本国民にとつて望ましいものではないとし，更新を適当と認めるに足りる相当な理由がないと判断することは，法務大臣に任された裁量の範囲をこえ又はその濫用があつたものとして違法である。

問題4　市長が市の管理する都市公園内に孔子等を祀った施設を所有する一般社団法人に対して同施設の敷地の使用料の全額を免除した行為は，憲法の定める政教分離原則に違反し，無効であり，使用料を請求しないことが違法に財産の管理を怠るものであると主張して，市の住民が住民訴訟を提起した。この問題に関する最高裁判所の判決の趣旨として，妥当でないものはどれか。

1　憲法は，20条1項後段，3項，89条において，いわゆる政教分離の原則に基づく諸規定（政教分離規定）を設けているところ，一般に，政教分離原則とは，国家（地方公共団体を含む。）の非宗教性ないし宗教的中立性を意味するものとされている。

2　我が国においては，各種の宗教が多元的，重層的に発達，併存してきているのであって，このような宗教事情の下で信教の自由を確実に実現するためには，単に信教の自由を無条件に保障するのみでは足りず，国家といかなる宗教との結び付きをも排除するため，政教分離規定を設ける必要性が大であった。

3　国家と宗教との関わり合いには種々の形態があり，およそ国家が宗教との一切の関係を持つことが許されないというものではなく，政教分離規定は，その関わり合いが我が国の社会的，文化的諸条件に照らし，信教の自由の保障の確保という制度の根本目的との関係で相当とされる限度を超えるものと認められる場合に，これを許さないとするものであると解される。

4　免除が，政教分離規定に違反するか否かを判断するに当たっては，当該施設の性格，当該免除をすることとした経緯，当該免除に伴う当該国公有地の無償提供の態様，これらに対する一般人の評価等，諸般の事情を考慮し，社会通念に照らして総合的に判断すべきものと解するのが相当である。

5　本件施設について，今日的な宗教性を否定する相応の主張，理由があって，もはや宗教性がないか，既に希薄化していると考えられる中で，外観のみで，宗教性を肯定し，これを前提に政教分離規定違反とすることは，いわば「牛刀をもって鶏を割く」の類というべきものである。

問題5　選挙権等に関する次の記述のうち，最高裁判所の判例に照らし，妥当でないものはどれか。

1　参議院比例代表選出議員の選挙制度は，政党等にあらかじめ候補者の氏名および特定枠の候補者を定める場合にはその氏名等を記載した名簿を届け出させた上，選挙人が名簿登載者または政党等を選択して投票を行い，各政党等の得票数（当該政党等に係る各参議院名簿登載者の得票数を含む。）に基づきその当選人数を決定した上，各政党等の名簿に記載された特定枠の順位および各候補者の得票数の多寡に応じて当選人を決定する選挙制度であるから，投票の結果すなわち選挙人の総意により当選人が決定されるとはいえず，選挙人が候補者個人を直接選択して投票する方式と異なるが，憲法の規定に違反するものではない。

2　名簿式比例代表制は，政党の選択という意味を持たない投票を認めない制度であるから，本件非拘束名簿式比例代表制の下において，参議院名簿登載者個人には投票したいが，その者の所属する参議院名簿届出政党等には投票したくないという投票意思が認められないことをもって，国民の選挙権を侵害し，憲法15条に違反するものとまでいうことはできない。

3　投票価値の平等は，常にその絶対的な形における実現を必要とするものではないけれども，国会がその裁量によって決定した具体的な選挙制度において現実に投票価値に不平等の結果が生じている場合には，それは，国会が正当に考慮することのできる重要な政策的目的ないしは理由に基づく結果として合理的に是認することができるものでなければならない。

4　自ら選挙の公正を害する行為をした者等の選挙権について一定の制限をすることは別として，国民の選挙権またはその行使を制限することは原則として許されず，国民の選挙権またはその行使を制限するためには，そのような制限をすることがやむを得ないと認められる事由がなければならない。

5　最高裁判所裁判官の国民審査にかかる国民の審査権またはその行使を制限することは原則として許されず，審査権またはその行使を制限するためには，そのような制限をすることがやむを得ないと認められる事由がなければならない。

問題6　次の日本国憲法の規定のうち，議院内閣制に関するものとして，最も妥当でない
　　　ものはどれか。

　1　内閣は，行政権の行使について，国会に対し連帯して責任を負ふ（憲法66条3
　　　項）。
　2　内閣総理大臣は，国会議員の中から国会の議決で，これを指名する（憲法67条1
　　　項前段）。
　3　内閣総理大臣は，国務大臣を任命する。但し，その過半数は，国会議員の中から
　　　選ばれなければならない（憲法68条1項）。
　4　内閣は，衆議院で不信任の決議案を可決し，又は信任の決議案を否決したとき
　　　は，10日以内に衆議院が解散されない限り，総辞職をしなければならない（憲法69
　　　条）。
　5　国務大臣は，その在任中，内閣総理大臣の同意がなければ，訴追されない（憲法
　　　75条本文）。

問題7　次の文章の空欄　ア　～　エ　に当てはまる語句の組合せとして，妥当なものは
　　　どれか。

　　憲法は，近代民主主義国家の採る　ア　を採用している。その中で，司法は，法律
上の紛争について，紛争当事者から　イ　した第三者である裁判所が，中立・公正な
立場から法を適用し，具体的な法が何であるかを宣言して紛争を解決することによっ
て，国民の自由と権利を守り，法秩序を維持することをその任務としている。このよ
うな司法権の担い手である裁判官は，中立・公正な立場に立つ者でなければならず，
その良心に従い　イ　してその職権を行い，憲法と法律にのみ拘束されるものとされ
（憲法76条3項），また，その　イ　を保障するため，裁判官には手厚い身分保障がさ
れている（憲法78条ないし80条）のである。裁判官は，　イ　して中立・公正な立場
に立ってその職務を行わなければならないのであるが，　ウ　上も中立・公正を害さ
ないように自律，自制すべきことが要請される。司法に対する国民の信頼は，具体的
な裁判の内容の公正，裁判運営の適正はもとより当然のこととして，　ウ　的にも中
立・公正な裁判官の態度によって支えられるからである。したがって，裁判官は，い
かなる勢力からも影響を受けることがあってはならず，とりわけ　エ　的な勢力との
間には一線を画さなければならない。そのような要請は，司法の使命，本質から当然
に導かれるところであり，現行憲法下における我が国の裁判官は，違憲立法審査権を
有し，法令や処分の憲法適合性を審査することができ，また，行政事件や国家賠償請
求事件などを取り扱い，立法府や行政府の行為の適否を判断する権限を有しているの
であるから，特にその要請が強いというべきである。職務を離れた私人としての行為
であっても，裁判官が　エ　的な勢力にくみする行動に及ぶときは，当該裁判官に中
立・公正な裁判を期待することはできないと国民から見られるのは，避けられないと
ころである。

（最大判平成10年12月1日民集52巻9号1761頁）

	ア	イ	ウ	エ
1	三権分立主義	独立	外見	政治
2	議院内閣制	協調	外見	反社会
3	三権分立主義	独立	内面	政治
4	議院内閣制	独立	外見	宗教
5	陪審制	協調	内面	反社会

問題 8　行政機関相互の関係に関する次の記述のうち，妥当なものはどれか。

1　権限の委任をするためには，法律の根拠が必要であるが，授権代理では，法律の根拠は不要である。

2　権限の委任が行われた場合でも，委任行政機関はその権限を失わず，受任行政機関は委任行政機関の名でその権限を行使する。

3　上級行政庁がその指揮監督下にある下級行政庁に一定の権限を委任した場合には，上級行政庁であっても，下級行政庁の権限行使につき指揮監督をすることができない。

4　授権代理においては，被代理行政機関は，代理行政機関を指揮監督することができない。

5　専決とは，法律によって付与された行政庁の権限を補助機関が決裁することをいい，対外的には補助機関の決定として表示される。

問題 9　行政行為の附款に関する次のア～オの記述のうち，妥当でないものの組合せはどれか。

ア　本体である行政行為に付加して，法律効果の発生を一部除外する意思表示を法律効果の一部除外というが，このような附款を付するためには，法律の根拠が必要である。

イ　行政行為の附款に瑕疵がある場合には，当該附款だけの取消しを求めることはできない。

ウ　準法律行為的行政行為であっても，行政行為の性質を有しているから，行政行為の附款を付すことができる。

エ　法律によって行政行為に附款を付すことができると定められていない場合でも，本体である行政行為に裁量が認められれば，その範囲で附款を付すことができる。

オ　行政行為の附款を付し得るとしても，その内容は，行政行為の目的に照らして必要な限度にとどまらなくてはならない。

1　ア・イ
2　ア・オ
3　イ・ウ
4　ウ・エ
5　エ・オ

問題10　行政裁量に関する次の記述のうち，最高裁判所の判例に照らし，妥当でないものはどれか。

1　行政庁がその裁量に任された事項について裁量権行使の準則を定めた場合において，行政処分がその準則に違背して行われたとしても，原則として当不当の問題を生ずるにとどまり，当然に違法となるものではない。

2　個室付浴場業の開業を阻止することを主たる目的としてなされた知事の児童遊園設置認可処分は，たとえ当該児童遊園がその設置基準に適合しているものであるとしても，行政権の著しい濫用によるものとして，違法な公権力の行使にあたる。

3　公務員につき，法律に定められた懲戒事由がある場合に，懲戒処分を行うかどうか，懲戒処分を行うときにいかなる処分を選ぶかは，懲戒権者の裁量に任されている。

4　裁判所が懲戒権者の裁量権の行使としてされた公務員に対する懲戒処分の適否を審査するにあたっては，懲戒権者と同一の立場に立って懲戒処分をすべきであったかどうかまたはいかなる処分を選択すべきであったかについて判断し，その結果と当該処分とを比較してその軽重を論ずべきである。

5　公立学校の学校施設の目的外使用を許可するか否かの管理者の判断の適否に関する司法審査は，その判断が裁量権の行使としてされたことを前提とした上で，その判断要素の選択や判断過程に合理性を欠くところがないかを検討し，その判断が，重要な事実の基礎を欠くか，または社会通念に照らし著しく妥当性を欠くものと認められる場合に限って，裁量権の逸脱または濫用として違法となる。

問題11　行政手続法が定める行政庁の義務（必ず行わなければならない法令上の義務）と
　　　努力義務に関する次の記述のうち，正しいものはどれか。

1　審査基準を定めるに当たっては，許認可等の性質に照らしてできる限り具体的な
　ものとしなければならないことは，行政庁の努力義務にとどまり，義務とはされて
　いない。

2　標準処理期間を定めたときは，当該申請の提出先とされている機関の事務所にお
　ける備付けその他の適当な方法により公にしておかなければならないことは，行政
　庁の努力義務にとどまり，義務とはされていない。

3　法令に定められた申請の形式上の要件に適合しない申請については，速やかに，
　申請をした者に対し相当の期間を定めて当該申請の補正を求め，または当該申請に
　より求められた許認可等を拒否しなければならないことは，行政庁の努力義務にと
　どまり，義務とはされていない。

4　処分基準を定め，かつ，公にしておくことは，行政庁の努力義務にとどまり，義
　務とはされていない。

5　申請の処理をするに当たり，他の行政庁において同一の申請者からされた関連す
　る申請が審査中であることをもって自らすべき許認可等をするかどうかについての
　審査または判断を殊更に遅延させるようなことをしてはならないことは，行政庁の
　努力義務にとどまり，義務とはされていない。

問題12　聴聞についての行政手続法の規定に関する次のア〜オの記述のうち，誤っている
　　　　ものの組合せはどれか。

　　ア　当事者は，代理人を選任しなければならない。
　　イ　当事者は，聴聞の通知があった時から聴聞が終結する時までの間，行政庁に対
　　　　し，当該事案についてした調査の結果に係る調書その他の当該不利益処分の原因と
　　　　なる事実を証する資料の閲覧を求めることができる。
　　ウ　当事者は，聴聞の期日に出頭して，意見を述べ，および証拠書類等を提出し，な
　　　　らびに主宰者の許可を得て行政庁の職員に対し質問を発することができる。
　　エ　当事者の一部が出頭しないときは，主宰者は，聴聞の期日における審理を行うこ
　　　　とができない。
　　オ　当事者は，聴聞の期日への出頭に代えて，主宰者に対し，聴聞の期日までに陳述
　　　　書および証拠書類等を提出することができる。

　　　　1　ア・エ
　　　　2　ア・オ
　　　　3　イ・ウ
　　　　4　イ・エ
　　　　5　ウ・オ

問題13　行政手続法が定める意見公募手続に関する次の記述のうち，誤っているものはど
　　　　れか。

　　　1　命令等制定機関は，命令等を定めようとする場合において，30日以上の意見提出
　　　　期間を定めることができないやむを得ない理由があるときは，30日を下回る意見提
　　　　出期間を定めることができる。
　　　2　命令等制定機関は，提出意見を公示しまたは公にすることにより第三者の利益を
　　　　害するおそれがあるとき，その他正当な理由があるときは，当該提出意見の全部ま
　　　　たは一部を除くことができる。
　　　3　命令等制定機関は，意見公募手続を実施しないで命令等を定めた場合には，当該
　　　　命令等の公布と同時期に，命令等の題名および趣旨を公示しなければならないが，
　　　　意見公募手続を実施しなかった旨およびその理由を公示する必要はない。
　　　4　命令等制定機関は，意見公募手続を実施して命令等を定めるに当たっては，必要
　　　　に応じ，当該意見公募手続の実施について周知するよう努めるとともに，当該意見
　　　　公募手続の実施に関連する情報の提供に努めるものとする。
　　　5　命令等制定機関は，行政指導指針を定めるに当たって，意見公募手続を実施しな
　　　　ければならない。

問題14 行政不服審査に関する次の記述のうち，妥当でないものはどれか。

1 処分についての審査請求の不服申立適格は，行政庁の処分に不服がある者について認められている。

2 不作為についての審査請求の不服申立人適格は，法令に基づき行政庁に対して処分についての申請をした者について認められている。

3 審査請求の代理人は，各自，審査請求人のために，当該審査請求に関する一切の行為をすることができるが，審査請求の取下げは，特別の委任を受けた場合に限り，することができる。

4 審査庁となるべき行政庁は，審査請求がその事務所に到達してからその審査請求に対する裁決をするまでに通常要すべき標準的な期間を定めるよう努めなければならない。

5 処分の取消しの訴えと当該処分についての審査請求とを提起することができる場合には，当該処分についての審査請求を経た後でなければ，その訴えを提起することができない。

問題15　行政不服審査法が定める執行停止に関する次のア～オの記述のうち，妥当なものの組合せはどれか。

ア　処分庁の上級行政庁または処分庁である審査庁は，必要があると認める場合には，審査請求人の申立てによりまたは職権で，処分の効力，処分の執行または手続の続行の全部または一部の停止その他の措置をとることができる。

イ　処分庁の上級行政庁または処分庁のいずれでもない審査庁は，必要があると認める場合には，審査請求人の申立てにより，処分庁の意見を聴取した上，処分の効力，処分の執行または手続の続行の全部または一部の停止その他の措置をとることができる。

ウ　審査庁は，審査請求人の執行停止の申立てがあった場合において，処分，処分の執行または手続の続行により生ずる重大な損害を避けるために緊急の必要があると認めるときであっても，公共の福祉に重大な影響を及ぼすおそれがあるとき，または本案について理由がないとみえるときは，執行停止をすることを要しない。

エ　処分の執行の停止は，処分の執行の停止以外の措置によって目的を達することができるときは，することができない。

オ　審査請求人の執行停止の申立てがあった場合には，内閣総理大臣は，審査庁に対し，異議を述べることができ，このことは，執行停止の決定があった後においても，同様である。

　　1　ア・ウ
　　2　ア・エ
　　3　イ・エ
　　4　イ・オ
　　5　ウ・オ

問題16　行政不服審査法が定める再調査の請求および再審査請求に関する次の記述のうち，妥当でないものはどれか。

1　行政庁の処分について審査請求と再調査の請求とをすることができる場合において，審査請求をしたときは，再調査の請求をすることはできない。

2　行政庁の処分について再調査の請求をしたときは，当該再調査の請求についての決定を経る前であれば，審査請求をすることができる。

3　行政庁の処分について再調査の請求をしたにもかかわらず，当該再調査の請求をした日の翌日から起算して3月を経過しても，処分庁が当該再調査の請求につき決定をしない場合は，審査請求をすることができ，当該審査請求がされたときは，当該再調査の請求は，取り下げられたものとみなされる。

4　再審査請求ができる場合，審査請求の裁決に不服がある者は，再審査請求において，当該裁決を争ってもよいし，当該審査請求に係る処分を争ってもよい。

5　審査請求を却下し，または棄却した裁決が違法または不当である場合において，当該審査請求に係る処分が違法または不当のいずれでもないときは，再審査庁は，裁決で，当該再審査請求を棄却しなければならない。

問題17　処分性に関する次の記述のうち，最高裁判所の判例に照らし，妥当でないものは
　　　どれか。

　　1　関税定率法に基づき税関長が行う輸入禁制品該当の通知につき，輸入業者に対し
　　　申告した貨物を適法に輸入することができなくなるという法律上の効果を及ぼすか
　　　ら，処分性はある。
　　2　第二種市街地再開発事業の事業計画の決定・公告について，近い将来確実に収用
　　　される地位に立たされ土地収用法の事業認定と同一の法律効果が生じるから，処分
　　　性はある。
　　3　通達が従来とられていた法律の解釈や取扱いを変更するものである場合，国民は
　　　直接これに拘束されることはないとしても，知事以下の行政機関は通達に反する行
　　　為をすることはできないことから，通達により新たに埋葬の受忍義務が課されるこ
　　　とになるといえるため，本件通達の取消しを求める訴えを提起することができる。
　　4　住民票に特定の住民と世帯主との続柄がどのように記載されるかは，その者が選
　　　挙人名簿に登録されるか否かには何らの影響も及ぼさないことが明らかであり，住
　　　民票に続柄を記載する行為が何らかの法的効果を有すると解すべき根拠はないか
　　　ら，住民票に世帯主との続柄を記載する行為は，抗告訴訟の対象となる行政処分に
　　　は当たらない。
　　5　医療法の規定に基づく病院開設中止の勧告は，医療法上は当該勧告を受けた者が
　　　任意にこれに従うことを期待してされる行政指導として定められているけれども，
　　　当該勧告を受けた者に対し，これに従わない場合には，相当程度の確実さをもっ
　　　て，病院を開設しても保険医療機関の指定を受けることができなくなるという結果
　　　をもたらすことから，抗告訴訟の対象となる行政処分に当たる。

問題18　仮の救済に関する次の記述のうち，妥当でないものはどれか。

　　1　仮の義務付けの申立てをするためには，義務付けの訴えの提起をしていなければ
　　　ならない。
　　2　本案について理由があるとみえるときであることは，仮の義務付けおよび仮の差
　　　止めの要件である。
　　3　仮の義務付けおよび仮の差止めの決定は，裁判所が職権で行うことができない。
　　4　仮の義務付けまたは仮の差止めの決定は，裁判所が疎明に基づいて行い，口頭弁
　　　論を経ないですることができる。
　　5　執行停止は，公共の福祉に重大な影響を及ぼすおそれがあるとき，または本案に
　　　ついて理由があるとみえるときは，することができない。

問題19 取消訴訟の規定の準用に関する次の記述のうち，妥当でないものはどれか。

1 取消訴訟については，処分が違法ではあるが，これを取り消すことにより公の利益に著しい障害を生ずる場合において，原告の受ける損害の程度，その損害の賠償または防止の程度および方法その他一切の事情を考慮したうえ，処分を取り消すことが公共の福祉に適合しないと認めるときは，裁判所は，請求を棄却することができるが，この規定は無効等確認訴訟に準用される。

2 処分または裁決を取り消す判決は，その事件について，処分または裁決をした行政庁その他の関係行政庁を拘束するが，この規定は差止訴訟に準用される。

3 取消訴訟において，処分または裁決を取り消す判決は，第三者に対しても効力を有するが，この規定は無効等確認訴訟に準用されない。

4 取消訴訟は，処分または裁決の取消しを求めるにつき法律上の利益を有する者に限り，提起することができるが，この規定は無効等確認訴訟に準用されない。

5 処分の取消しの訴えの提起があった場合において，処分，処分の執行または手続の続行により生ずる重大な損害を避けるため緊急の必要があるときは，裁判所は，申立てにより，決定をもって，執行停止をすることができるが，この規定は無効等確認訴訟に準用される。

問題20　国家賠償法1条が定める賠償責任（公権力の行使に基づく損害の賠償責任）に関する次の記述のうち，最高裁判所の判例に照らし，妥当でないものはどれか。

1　国家賠償法1条1項の規定する「職務を行うについて」とは，公務員が主観的に権限行使の意思をもってする場合に限られ，客観的に職務執行の外形を備える行為をして他人に損害を加えた場合であってもその意思を欠くときは，国または公共団体は，国家賠償責任を負わない。

2　国会議員が国会で行った質疑等において，個別の国民の名誉や信用を低下させる発言があった場合に，国家賠償法1条1項の損害賠償責任が肯定されるためには，国会議員が，その職務とはかかわりなく違法または不当な目的をもって事実を摘示し，あるいは，虚偽であることを知りながらあえてその事実を摘示するなど，国会議員がその付与された権限の趣旨に明らかに背いてこれを行使したものと認め得るような特別の事情があることを必要とする。

3　国または公共団体の公務員による規制権限の不行使は，その権限を定めた法令の趣旨，目的や，その権限の性質等に照らし，具体的事情の下において，その不行使が許容される限度を逸脱して著しく合理性を欠くと認められるときは，その不行使により被害を受けた者との関係において，国家賠償法1条1項の適用上違法となる。

4　鉱山労働者を保護するための省令が制定当時の科学的知見に従った適切なものであったとしても，後に科学的知見に適合しない不十分な内容となったときは，省令を改正しないことが，被害を受けた者との関係において国家賠償法1条1項の適用上違法となる。

5　国家賠償法1条1項の規定に基づく損害賠償請求に憲法29条3項の規定に基づく損失補償請求を予備的，追加的に併合することが申し立てられた場合において，予備的請求が，主位的請求と被告を同じくする上，その主張する経済的不利益の内容が同一で請求額もこれに見合うものであり，同一の行為に起因するものとして発生原因が実質的に共通するなど，相互に密接な関連性を有するものであるときは，当該予備的請求の追加的併合は許される。

問題21　損失補償制度に関する次の記述のうち，最高裁判所の判例に照らし，妥当でない
　　　ものはどれか。

1　損失補償をすべき制限を規定している法律に損失補償に関する規定が置かれてい
　ないときであっても，憲法29条3項に違反しない。

2　奈良県ため池の保全に関する条例は，ため池の堤とうを使用する財産上の権利の
　行使を著しく制限するものではあるが，それは，災害を防止し公共の福祉を保持す
　る上で社会生活上やむを得ないものであり，そのような制約は，ため池の堤とうを
　使用しうる財産権を有する者が当然受忍しなければならない責務というべきもので
　あって，憲法29条3項の損失補償はこれを必要としない。

3　道路工事として地下横断歩道が設置された結果，消防法違反の状態となったガソ
　リンタンクを移設しなければならなくなった場合，その移設にかかった費用は，道
　路法に基づく損失補償の範囲に含まれる。

4　古戦場等のように，それによって国の歴史を理解し，往時の生活，文化等を知り
　得るという意味での歴史的・学術的な価値は，土地収用法上，損失補償の対象とな
　らない。

5　土地収用法による補償金の額は，「相当な価格」等の不確定概念をもって定めら
　れているが，通常人の経験則および社会通念に従って，客観的に認定され得るもの
　であり，かつ，認定すべきものであって，補償の範囲およびその額の決定につき収
　用委員会に裁量権が認められるものと解することはできない。

問題22 普通地方公共団体の住民の直接請求に関する次の記述のうち，妥当なものはどれか。

1 普通地方公共団体の議会の議員および長の選挙権を有する者は，その総数の50分の1以上の者の連署をもって，その代表者から，当該普通地方公共団体の長に対し，地方税の賦課徴収に関する条例の制定の請求をすることができる。

2 普通地方公共団体の議会の議員および長の選挙権を有する者は，原則として，その総数の3分の1以上の者の連署をもって，その代表者から，当該普通地方公共団体の監査委員に対し，当該普通地方公共団体の事務の執行に関し，監査の請求をすることができる。

3 普通地方公共団体の議会の議員および長の選挙権を有する者は，原則として，その総数の3分の1以上の者の連署をもって，その代表者から，当該普通地方公共団体の選挙管理委員会に対し，当該普通地方公共団体の議会の解散の請求をすることができる。

4 普通地方公共団体の議会の議員および長の選挙権を有する者は，その総数の50分の1以上の者の連署をもって，その代表者から，当該普通地方公共団体の選挙管理委員会に対し，当該普通地方公共団体の長の解職の請求をすることができる。

5 普通地方公共団体の議会の議員および長の選挙権を有する者は，原則として，その総数の3分の1以上の者の連署をもって，その代表者から，当該普通地方公共団体の選挙管理委員会に対し，副知事または副市町村長の解職の請求をすることができる。

問題23 長の専決処分に関する次の記述のうち，妥当でないものはどれか。

1 普通地方公共団体の長は，各執行機関を通じて組織および運営の合理化を図り，その相互の間に権衡を保持するため，必要があると認めるときは，その議会の議決すべき事件を処分することができる。

2 普通地方公共団体の議会が成立しない場合，その長は，その議会の議決すべき事件だけでなく，議会の決定すべき事件についても処分することができる。

3 普通地方公共団体の議会が成立しない場合において，その長が専決処分をしたときは，これを議会に報告し，その承認を求めなければならない。

4 普通地方公共団体の議会の権限に属する軽易な事項について，その議決により特に指定したものは，普通地方公共団体の長において，これを専決処分にすることができる。

5 長が議会の委任による専決処分をしたときは，これを議会に報告をしなければならないが，その承認を受けることを要しない。

問題24　地方自治法が定める監査制度に関する次の記述のうち，妥当でないものはどれか。

1　監査委員の定数は，都道府県および政令で定める市にあっては4人，その他の市および町村にあっては2人とされ，条例でその定数を増加することはできない。

2　監査委員は，普通地方公共団体の財務に関する事務の執行のほか，普通地方公共団体の経営に係る事業の管理を監査する。

3　監査委員は，必要があると認めるときは，普通地方公共団体の事務の執行について監査をすることができるが，法定受託事務にあっては国の安全を害するおそれがあることその他の事由により監査委員の監査の対象とすることが適当でないものとして政令で定めるものは除かれる。

4　監査委員に常設または臨時の監査専門委員を置くことができ，監査専門委員は，専門の学識経験を有する者の中から，代表監査委員が，代表監査委員以外の監査委員の意見を聴いて，これを選任する。

5　監査専門委員は，監査委員の委託を受け，その権限に属する事務に関し必要な事項を調査する。

問題25　下記の〔設例〕に関する次のア〜オの記述のうち，妥当でないものの組合せはどれか。

　　〔設例〕　Xは，A県内においてぱちんこ屋の営業をすることとし，A県公安委員会に風俗営業適正化法*に基づく風俗営業の許可を申請した。A県公安委員会は，当該申請に対し，Xのぱちんこ店の営業所予定地から法令所定の範囲内に患者の収容施設を有する診療所が存在することを理由に当該申請を不許可とする処分（以下「本件処分」という。）をした。Xは，本件処分が違法または不当であると考え，不服申立ておよび訴訟を検討している。

ア　この場合，Xが本件処分についての審査請求をしようとするときは，A県公安委員会を被告として，しなければならない。

イ　この場合，Xが本件処分についての審査請求をしようとするときは，A県公安委員会のした本件処分があったことを知った日の翌日から起算して60日以内にしなければならない。

ウ　この場合，Xが本件処分についての審査請求をしようとするときは，書面を提出してしなければならない。

エ　この場合，Xは，申請に応じた許可処分の義務付けの訴えのみを提起することができる。

オ　この場合，Xが本件処分についての審査請求をした後に本件処分の取消しの訴えを提起するときは，当該審査請求に対する裁決があったことを知った日の翌日から起算して6か月以内にしなければならない。

　　1　ア・ウ
　　2　ア・エ
　　3　イ・エ
　　4　イ・オ
　　5　ウ・オ

（注）　＊　風俗営業等の規制及び業務の適正化等に関する法律

問題26　道路に関する次の記述のうち，最高裁判所の判例に照らし，妥当でないものはどれか。

1　里道の近くに居住し，その通行による利便を享受することができる者であれば，当該里道の用途廃止により各方面への交通が妨げられるなどその生活に著しい支障が生ずるような特段の事情があるといえないときでも，当該用途廃止処分の取消しを求める原告適格を有する。

2　道路管理者において設置した工事標識板，バリケードおよび赤色灯標柱が道路上に倒れたまま放置されていたことにより事故が発生した場合でも，それが夜間，しかも事故発生の直前に先行した他車によって惹起されたものであり，時間的に道路管理者において遅滞なくこれを原状に復し道路を安全良好な状態に保つことは不可能であったときには，道路管理者の道路管理に瑕疵がなかったといえる。

3　村民各自は，地方公共団体が開設している村道に対して，他の村民がその道路に対して有する利益ないし自由を侵害しない程度において，自己の生活上必須の行動を自由に行いうるという意味での使用の自由権を有しており，これに対しては，民法の保護が与えられる。

4　道路を隣接する私有地の一部として隣接地の所有者から買い受けた者が，当該道路と隣接地にまたがって二棟の建物を建築し，その後も当該道路を建物の敷地の一部として平穏かつ公然に占有を継続してきたが，そのために実際公の目的が害されるようなこともなく，もはや道路として維持すべき理由がなくなったという事情のもとでは，当該道路を時効により取得することができる。

5　道路法所定の手続を経て道路の供用が開始された場合，道路管理者が対抗要件を欠くため当該道路敷地の使用権原をもって後に当該敷地の所有権を取得した第三者に対抗しえないこととなっても，当該道路の廃止がされない限り，敷地所有権に加えられた当該制限は消滅しない。

問題27　行為能力に関する次の記述のうち，民法の規定に照らし，妥当なものはどれか。

1　精神上の障害により事理を弁識する能力を欠く常況にある者は，自ら後見開始の審判を請求することができない。
2　成年被後見人が認知をする場合，成年後見人の同意が必要である。
3　代理人が保佐開始の審判を受けた場合，代理権は消滅する。
4　未成年者の相手方が，未成年者が行為能力者とならない間に，その法定代理人に対し，その権限内の行為について1か月以上の期間を定めて，その期間内にその取り消すことができる行為を追認するかどうかを確答すべき旨の催告をした場合において，期間内に確答を発しないときは，その行為を取り消したものとみなされる。
5　20歳のBが被保佐人であった場合において，Bがその子Aの親権者としてした代理行為は，行為能力の制限を理由に取り消すことができる。

問題28　無効，取消しおよび追認に関する次の記述のうち，民法の規定および判例に照らし，誤っているものはどれか。

1　無権代理行為について本人が追認を拒絶した後であっても，本人であれば追認によってその行為を有効とすることができる。
2　事実上の夫婦の一方が他方の意思に基づかないで婚姻届を作成提出した場合において，その当時，両名に夫婦としての実質的生活関係が存在しており，かつ，のちに他方の配偶者が届出の事実を知ってこれを追認したときは，その婚姻は追認によりその届出の当初にさかのぼって有効となる。
3　無効な行為に基づく債務の履行として給付を受けた者が，行為の時に制限行為能力者であった場合，その行為によって現に利益を受けている限度において，返還の義務を負う。
4　取り消すことができる行為の追認は，取消しの原因となっていた状況が消滅し，かつ，取消権を有することを知った後にしなければ，その効力を生じない。
5　追認をすることができる時以後に，異議をとどめることなく，取り消すことができる行為について，取消権者が債権者として相手方の履行を受けた場合は，追認をしたものとみなされる。

問題29　Aが所有する甲不動産をBが占有し，取得時効が完成した場合に関する次の記述のうち，民法の規定および判例に照らし，誤っているものはどれか。

1　Bの取得時効完成前に，AがCに抵当権の設定をして登記を経由した場合，Bは時効完成後，登記なくしてCに抵当権設定登記の抹消を請求できる。
2　Bの取得時効完成後これについて登記をしない間に，Aが死亡し，Aの相続人であるCが相続登記をした場合において，BはCに対して，登記なくして時効による甲不動産の取得を主張することができる。
3　Bによる甲不動産の取得時効の完成後，所有権移転登記がされることのないまま，CがAから抵当権の設定を受けて抵当権設定登記をした場合において，Bが，その後引き続き時効取得に必要な期間占有を継続したときは，Bが抵当権の存在を容認していたなど抵当権の消滅を妨げる特段の事情がない限り，Bは，甲不動産を時効取得し，その結果，Cの抵当権は消滅する。
4　Bの取得時効完成後これについて登記をしない間に，AがCに甲不動産を贈与し登記を移転した場合，BはCに対して，登記なくして時効による甲不動産の取得を主張することができない。
5　Bの取得時効完成前に，Aから甲不動産を譲り受けたCが，Bの取得時効完成後に移転登記をなした場合，BはCに対して，登記なくして時効による甲不動産の取得を主張することはできない。

問題30　留置権，質権に関する次の記述のうち，民法の規定および判例に照らし，妥当でないものはどれか。

1　AがBに甲土地を売却し引き渡したが，甲土地の真の所有者であるCがBに対して所有権に基づく返還請求をしてきた場合，BはAに対する債務不履行による損害賠償請求権を被担保債権として甲土地を留置することはできない。
2　AがBから乙建物を賃借し，Bに敷金を交付していた場合において，その賃貸借契約が終了したときは，Aは敷金の返還がないことを理由として乙建物を留置することはできない。
3　留置物の所有権が譲渡により第三者に移転した場合において，第三者が対抗要件を具備するよりも前に留置権者が留置物の使用または賃貸についての承諾を受けていたときには，留置権者は当該承諾の効果を新所有者に対し対抗することができ，新所有者は留置権者の使用等を理由に留置権の消滅請求をすることができない。
4　質物の所有者は，被担保債権を弁済しなければ，目的物の返還請求をすることができない。
5　債務者は，相当の担保を供して，質権の消滅を請求することができる。

問題31　詐害行為取消権に関する次の記述のうち，民法の規定に照らし，誤っているもの
　　　　はどれか。

　1　詐害行為取消しの効果として受益者に対して金銭の支払を請求するときは，債権
　　　者は直接自己へ引き渡すように求めることができる。
　2　詐害行為取消権によって保全される債権の額には，詐害行為の前に成立していた
　　　債権の他，詐害行為後に当該債権について発生した遅延損害金も含まれる。
　3　詐害行為取消訴訟では，詐害行為をした債務者は被告とならない。
　4　債権者は，受益者に対して詐害行為取消請求をすることができない場合において
　　　も，受益者に移転した財産を転得した者が，転得の当時，債務者がした行為が債権
　　　者を害することを知っていたときは，その転得者に対して，詐害行為取消請求をす
　　　ることができる。
　5　詐害行為取消請求に係る訴えは，債務者が債権者を害することを知って行為をし
　　　たことを債権者が知った時から2年を経過したとき，および行為の時から10年を経
　　　過したときは，提起することができない。

問題32 保証に関する次のア～オの記述のうち，民法の規定に照らし，正しいものの組合せはどれか。

ア 個人であるＡが，Ｂの委託を受けて，Ｂの事業に係る債務を保証しようとする場合，Ｂは，保証契約の締結に当たり，Ａに対し，Ｂの財産および収支の状況について情報を提供しなければならない。

イ 主たる債務者であるＢが期限の利益を有する場合において，その利益を喪失したときは，債権者Ｃは，法人である保証人Ａに対し，その利益の喪失を知った時から2か月以内に，その旨を通知しなければならない。

ウ 個人根保証契約は，極度額を定めなければ，その効力を生じない。

エ 保証人が主たる債務者の委託を受けて保証をした場合において，主たる債務の弁済期前に債務の消滅行為をしたときは，その保証人は，主たる債務者に対し，求償権を有しない。

オ 主たる債務者が債権者に対して相殺権を有するときは，相殺権の行使によって主たる債務者がその債務を免れるべき限度において，保証人は，債権者に対して主たる債務者の相殺権を行使することができる。

    1 ア・ウ
    2 ア・エ
    3 イ・エ
    4 イ・オ
    5 ウ・オ

問題33　弁済に関する次の記述のうち，民法の規定および判例に照らし，妥当でないものはどれか。

1　弁済をする者は，弁済と引換えに，弁済を受領する者に対して受取証書の交付を請求することができる。

2　債権に関する証書がある場合において，弁済をした者が全部の弁済をしたときは，その証書の返還を請求することができる。

3　弁済をするについて正当な利益を有する第三者は，当事者が第三者の弁済を禁止したときであっても，弁済をすることができる。

4　債務者が，債権者との合意によって，債権者に対し本来の債務の弁済に代えて自己が所有する不動産の所有権を譲渡することを約した場合，この契約による債務消滅の効果は，移転登記が完了するまで生じない。

5　弁済をすべき場所について別段の意思表示がないときは，特定物の引渡しは債権発生の時にその物が存在した場所において，その他の弁済は債権者の現在の住所において，それぞれしなければならない。

問題34　不法行為に関する次の記述のうち，民法の規定および判例に照らし，誤っているものはどれか。

1　人の生命または身体を害する不法行為による損害賠償請求権は，被害者またはその法定代理人が損害および加害者を知った時から5年間行使しないときには，時効によって消滅する。

2　保育園の保母が当該保育園の被用者として被害者たる幼児を監護していたにすぎないときは，保育園と被害者たる幼児の保護者との間に，幼児の監護について保育園側においてその責任を負う旨の取り決めがされていたとしても，保母の監護上の過失は，過失相殺について定めた民法第722条第2項にいう被害者の過失にあたらない。

3　胎児の父が他人の不法行為によって死亡した場合，胎児の母は子の出生前であっても，胎児の代理人として子の固有の慰謝料請求権を行使することができる。

4　他人の生命を侵害した者は，被害者の父母，配偶者および子に対しては，その財産権が侵害されなかった場合においても，損害の賠償をしなければならない。

5　複数の加害者の過失および被害者の過失が競合する一つの交通事故において，その交通事故の原因となったすべての過失の割合（絶対的過失割合）を認定することができるときには，絶対的過失割合に基づく被害者の過失による過失相殺をした損害賠償額について，加害者らは連帯して共同不法行為に基づく賠償責任を負う。

問題35　相続人に関する次の記述のうち，民法の規定に照らし，誤っているものはどれか。

1　Aが死亡した場合，Aの兄Bの子CがAの代襲相続人になることはある。
2　Aが死亡した場合，Aの祖父BがAの相続人となることはある。
3　Aの子Bが相続人の欠格事由に該当し，その相続権を失った場合において，その後，Aの死亡前にBがCを養子とする養子縁組をしたときは，CはAの代襲相続人となることはできない。
4　Aが妻Bの懐胎中に死亡した場合において，その後，出生した子CはAの相続人となる。
5　Aが死亡した場合において，Aの子Bが相続を放棄したときは，Bの子CはAの代襲相続人となることはない。

問題36　商号に関する次のア～オの記述のうち，商法の規定および判例に照らし，誤っているものの組合せはどれか。

ア　個人商人は，その氏，氏名その他の名称をもってその商号とすることができ，商号については登記をしなければならない。
イ　譲受人が譲渡人の商号を引き続き使用しない場合においても，譲渡人の営業によって生じた債務を引き受ける旨の広告をしたときは，譲渡人の債権者は，その譲受人に対して弁済の請求をすることができる。
ウ　営業を譲り受けた商人が譲渡人の商号を引き続き使用する場合には，その譲受人も，譲渡人の営業によって生じた債務を弁済する責任を負う。
エ　商人の商号は，営業を廃止する場合に限り，譲渡することができる。
オ　自己の商号を使用して営業または事業を行うことを他人に許諾した商人は，当該商人が当該営業を行うものと誤認して当該他人と取引をした者に対し，当該他人と連帯して，当該取引によって生じた債務を弁済する責任を負う。

　　1　ア・エ
　　2　ア・オ
　　3　イ・ウ
　　4　イ・エ
　　5　ウ・オ

問題37 株式会社の設立に関する次のア〜オの記述のうち，会社法の規定に照らし，誤っているものの組合せはどれか。

ア　募集設立の場合，発起人でない設立時募集株式の引受人は，割当てを受けた設立時募集株式について，現物出資をすることはできない。

イ　法人および未成年者は，発起人になることはできない。

ウ　発起人は，募集設立の場合，払込取扱機関に対し，払い込まれた金額に相当する金銭の保管に関する証明書の交付を請求することができる。

エ　株式会社は，その本店の所在地において設立の登記をすることによって成立する。

オ　株式会社の設立時の資本金の額は，300万円を下回ることはできない。

1　ア・イ
2　ア・エ
3　イ・オ
4　ウ・エ
5　ウ・オ

問題38 会計監査人に関する次のア〜オの記述のうち，会社法の規定に照らし，誤っているものの組合せはどれか。

ア　公開会社でない大会社は，会計監査人を置かなければならない。

イ　監査役は，会計監査人を解任することができる。

ウ　会計監査人は，株主総会の決議によって選任する。

エ　会計監査人は，公認会計士もしくは監査法人または税理士もしくは税理士法人でなければならない。

オ　会計監査人は，取締役会に出席し，必要があると認めるときは，意見を述べなければならない。

1　ア・イ
2　ア・ウ
3　イ・エ
4　ウ・オ
5　エ・オ

問題39　募集株式の発行に関する次の記述のうち，会社法の規定に照らし，妥当でないものはどれか。

1　募集株式の引受人は，払込みを仮装した場合には，株式会社に対し，払込みを仮装した払込金額の全額の支払をする義務を負う。

2　株式会社は，申込者の中から募集株式の割当てを受ける者を定め，かつ，その者に割り当てる募集株式の数を定めなければならず，この場合，株式会社は，当該申込者に割り当てる募集株式の数を，申込者が引き受けようとする募集株式の数よりも減少することはできない。

3　株式の発行が著しく不公正な方法により行われる場合において，株主が不利益を受けるおそれがあるときは，株主は，株式会社に対し，募集に係る株式の発行をやめることを請求することができる。

4　株式会社は，その発行する株式またはその処分する自己株式を引き受ける者の募集ごとに，募集事項を均等に定めなければならない。

5　公開会社である株式会社は，その発行する株式を引き受ける者の募集をしようとするときは，取締役会の決議により，その都度，募集株式の数，募集株式の払込金額またはその算定方法等を定めなければならない。

問題40　持分会社に関する次の記述のうち，会社法の規定に照らし，誤っているものはどれか。なお，問題文に記載されているもののほか定款に別段の定めはないものとする。

1　持分会社は，総社員の3分の2以上に当たる多数によって，定款の変更をすることができる。

2　合同会社の債権者は，当該合同会社の営業時間内は，いつでも，その計算書類について，計算書類が書面をもって作成されているときは，当該書面の閲覧または謄写の請求をすることができる。

3　持分会社において，利益または損失の一方についてのみ分配の割合についての定めを定款で定めたときは，その割合は利益および損失の分配に共通であるものと推定される。

4　持分会社は，会計帳簿の閉鎖の時から10年間，その会計帳簿およびその事業に関する重要な資料を保存しなければならない。

5　持分会社の社員は，当該持分会社の営業時間内は，いつでも，計算書類が書面をもって作成されているときは，当該書面の閲覧または謄写の請求をすることができる。

問題41　次の文章は，ある最高裁判所判決の一節である。空欄 ｱ ～ ｴ に当てはまる語句を，枠内の選択肢（1～20）から選びなさい。

　　政党は， ｱ 上の信条，意見等を共通にする者が任意に結成する ｱ 結社であつて，内部的には，通常， ｲ 的規範を有し，その成員である党員に対して ｱ 的忠誠を要求したり，一定の統制を施すなどの ｳ を有するものであり，国民がその ｱ 的意思を国政に反映させ実現させるための最も有効な媒体であつて，議会制民主主義を支える上においてきわめて重要な存在であるということができる。したがつて，各人に対して，政党を結成し，又は政党に加入し，若しくはそれから脱退する自由を保障するとともに，政党に対しては，高度の自主性と ｲ 性を与えて自主的に組織運営をなしうる自由を保障しなければならない。他方，右のような政党の性質，目的からすると，自由な意思によつて政党を結成し，あるいはそれに加入した以上，党員が政党の存立及び組織の秩序維持のために，自己の権利や自由に ｴ を受けることがあることもまた当然である。

（最三小判昭和63年12月20日集民155号405頁）

1	思想	2	団体	3	自治権能	4	根本	5	公共の福祉
6	宗教	7	良心	8	裁判権	9	自律	10	統治行為
11	営利	12	学問	13	懲罰権	14	独立	15	一定の制約
16	社団	17	政治	18	内部	19	単独	20	社会的相当

問題42　次の文章は，ある最高裁判所判決の一節である。空欄　ア　〜　エ　に当てはまる語句を，枠内の選択肢（1 〜 20）から選びなさい。

　本件訴えは，本件職務命令への不服従を理由とする懲戒処分の予防を目的として，本件職務命令に基づく公的義務の不存在確認を求める　ア　訴訟であると解されるところ，このような将来の　イ　の予防を目的として当該処分の前提となる公的義務の不存在確認を求める　ア　訴訟は，当該処分に係る　ウ　訴えと目的が同じであり，請求が認容されたときには行政庁が当該処分をすることが許されなくなるという点でも，　ウ　訴えと異ならない。また，　ウ　訴えについては，行政庁がその処分をすべきでないことがその処分の根拠となる法令の規定から明らかであると認められること等が本案要件（本案の判断において請求が認容されるための要件をいう。以下同じ。）とされており（行政事件訴訟法37条の４第５項），　ウ　訴えに係る請求においては，当該処分の前提として公的義務の存否が問題となる場合には，その点も審理の対象となることからすれば，上記　ア　訴訟は，確認の訴えの形式で，　ウ　訴えに係る本案要件の該当性を審理の対象とするものということができる。そうすると，同法の下において，上記　ア　訴訟につき　ウ　訴えよりも　エ　訴訟要件により，これが許容されているものとは解されない。そして，　ウ　訴えの訴訟要件については，救済の必要性を基礎付ける前提として，一定の処分がされようとしていること（同法３条７項），すなわち，行政庁によって一定の処分がされる蓋然性があることとの要件（以下「蓋然性の要件」という。）を満たすことが必要とされている。したがって，将来の　イ　の予防を目的として当該処分の前提となる公的義務の不存在確認を求める　ア　訴訟は，蓋然性の要件を満たさない場合には不適法というべきである。

（最一小判令和元年７月22日民集73巻３号245頁以下）

1	取消しの	2	当事者	3	義務付け	4	緩やかな
5	不利益処分	6	差止めの	7	行政立法	8	抗告
9	主観	10	民衆	11	義務付けの	12	審査請求
13	厳しい	14	行政指導	15	民事	16	無効等確認の
17	裁決	18	無名抗告	19	機関	20	客観

問題43　次の文章は，ある最高裁判所判決の一節である。空欄 ア ～ エ に当てはまる語句を，枠内の選択肢（1～20）から選びなさい。

　　国家賠償法1条1項は，国又は公共団体の公権力の行使に当たる公務員が個別の国民に対して負担する ア に違背して当該国民に イ を加えたときに，国又は公共団体がこれを賠償する責任を負うことを規定するものである。したがって，国会議員の立法行為又は立法不作為が同項の適用上 ウ となるかどうかは，国会議員の立法過程における行動が個別の国民に対して負う ア に違背したかどうかの問題であって，当該立法の内容又は立法不作為の エ 性の問題とは区別されるべきであり，仮に当該立法の内容又は立法不作為が憲法の規定に違反するものであるとしても，そのゆえに国会議員の立法行為又は立法不作為が直ちに ウ の評価を受けるものではない。しかしながら，立法の内容又は立法不作為が国民に憲法上保障されている権利を ウ に侵害するものであることが明白な場合や，国民に憲法上保障されている権利行使の機会を確保するために所要の立法措置を執ることが必要不可欠であり，それが明白であるにもかかわらず，国会が正当な理由なく長期にわたってこれを怠る場合などには，例外的に，国会議員の立法行為又は立法不作為は，国家賠償法1条1項の規定の適用上， ウ の評価を受けるものというべきである。

（最大判平成17年9月14日民集59巻7号2087頁以下）

1　手続	2　注意義務	3　権利	4　違憲
5　故意	6　損害	7　一般的義務	8　適法
9　忠実義務	10　過失	11　加害	12　傷害
13　求償	14　職務	15　義務	16　違法
17　実体	18　政治道徳	19　行政上の義務	20　職務上の法的義務

〔問題44 〜問題46は記述式〕 解答は，必ず答案用紙の解答欄（マス目）に記述すること。なお，字数には，句読点も含む。

問題44　起業者Aは，公共の利益となる事業の用に供するため，X所有の土地が必要となったが，Xは，これに応じようとしなかった。そこで，起業者Aは，B県収用委員会に対して，当該土地の収用裁決の申請をし，当該収用委員会は，権利取得裁決を行った。これに対し，Xは，当該収用委員会による裁決において示された損失補償額に満足することができず，訴えを提起することにした。この場合，Xは，誰を被告として，どのような内容の訴えを提起しなければならないか。また，このような訴訟類型は，どのような名称で呼ばれるか。40字程度で記述しなさい。

(下書用) 　　　　　　　　　　　　　　　　　　　10　　　　　　　　15

問題45　甲社の運行する船が沈没する事故が起き，懸命な捜索活動にもかかわらず生存者を発見することができなかった。Aは乗組員としてこの船に乗っていたが，行方不明となり死亡の確認をされていない。Aの子Bは，家庭裁判所にAの失踪宣告の申立てを行った。この場合において，家庭裁判所が失踪宣告をすることができるのは，どのようなときであり，また，宣告を受けた者は，どの時点でどのような効力が生じるのか，40字程度で記述しなさい。

(下書用) 　　　　　　　　　　　　　　　　　　　10　　　　　　　　15

問題46　Aは，15年以上前に甲土地をCから購入してその上の建物に居住していた。甲土地は隣接する乙土地上を通って小川の水を取り込む形になっていたが，購入の際にAはCから乙土地に甲土地のための引水地役権が無償で設定されているものと聞いていた。ところが最近になって突然，乙土地所有者Bはそのような事実はないとして水路が通過する部分の地代相当額を請求してきた。Aは，地役権があると認識していたが，仮に設定されていなかったとしても地役権を時効取得したものとして，Bの請求を拒絶したいと考えている。地役権の時効取得が認められるために，地役権に特有の要件として，Aは，本件の地役権がどのようなものであることを主張する必要があるのか，民法の規定に照らし，40字程度で記述しなさい。

（下書用）

								10					15

基礎知識 〔問題47〜問題60は択一式（5肢択一式）〕

問題47　近代の政治思想である社会契約説に関する次のア〜オの記述のうち，妥当なものの組合せはどれか。

　　ア　イギリスの哲学者ホッブズは，主著『リヴァイアサン』において，国家や法律の無い自然状態では「万人の万人に対する戦い」が生じるため，人びとは相互の自由を制限し，国家に権力を譲渡しなければならないと，社会契約説を唱えた。
　　イ　イギリスの政治思想家ロックは，主著『社会契約論』において，自然権を保障するため，人びとは契約を結び国家をつくると考え，政府が権力を不当に行使した場合，人民は政府に対して抵抗権を持つとし，イギリス名誉革命を擁護した。
　　ウ　フランスの政治思想家ルソーは，主著『市民政府二論』において，本来自由・平等に生まれた人間が，国家を形成しながらも自由であるためには，自己とその権利を一般意思のもとにゆだねる社会契約を結ぶべきと主張し，フランス革命に影響を与えた。
　　エ　ルソーは，主権とは人びとの一般意思の行使であり，他人によって代表され得ないと説き，全人民が集会に参加して直接に意思を表明する直接民主主義を唱えた。
　　オ　日本の明治時代の思想家である福沢諭吉は，ルソーの著作を翻訳，出版し，ルソーの思想を日本へ紹介して自由民権運動の理論的指導者となったことで知られ，「東洋のルソー」と評される。

　　　1　ア・ウ
　　　2　ア・エ
　　　3　イ・エ
　　　4　イ・オ
　　　5　ウ・オ

問題48　戦後の日本の政治・外交に関する次のア～オの記述のうち，正しいものの組合せはどれか。

ア　1960年代の岸信介内閣は，所得倍増計画を打ち出し，高度経済成長の基礎を築くとともに，ＯＥＣＤ（経済協力開発機構）に加盟する一方，1964（昭和39）年に，アジア初の夏季オリンピック東京大会を開催するなど，先進国の仲間入りを果たした。

イ　1965（昭和40）年，池田勇人内閣の下で日韓基本条約が調印され，批准書を交換し，日本と大韓民国との間で国交が正常化した。

ウ　1971（昭和46）年に佐藤栄作内閣の下で「琉球諸島及び大東諸島に関する日本国とアメリカ合衆国との間の協定」（沖縄返還協定）が調印され，1972（昭和47）年に，同協定が発効し，沖縄の施政権が日本に返還された。

エ　1970年代の田中角栄内閣では，田中の訪中により日中共同声明が発表され，中華民国（台湾）との外交関係は断絶した。一方，国内では，工業地帯の再配置や交通・情報通信網の整備を内容とする日本列島改造論を唱えて，高度成長の促進を図った。

オ　1985（昭和60）年から1987（昭和62）年にかけて，中曽根康弘内閣の行政改革によって，日本専売公社，日本電信電話公社，日本国有鉄道，日本郵政公社の公共企業体（四公社）が相次いで民営化された。

1　ア・イ
2　ア・ウ
3　イ・オ
4　ウ・エ
5　エ・オ

問題49　日本銀行および日本銀行の金融政策に関する次の記述のうち，妥当なものはどれか。

1　日本銀行は，中央銀行として政府から独立した立場での運営が必要であることから，2001（平成13）年４月に創設された独立行政法人制度に基づく独立行政法人とされる。

2　日本銀行は，金融調節機能の１つとして，近年，量的金融引締政策を行っている。

3　景気が過熱してインフレが生じている時は，日本銀行は公開市場操作を通じて短期の市場金利を低下させようとして，国債や手形を銀行から購入する。

4　日本銀行には，役員として，総裁，副総裁，審議委員，監事，理事，参与が置かれ，このうち，総裁，副総裁および審議委員が，最高意思決定機関である政策委員会を構成する。

5　金融政策の独立性を維持するため，日本銀行の総裁の任命については，国会の同意は必要とされない。

問題50　地域経済統合の動きに関する次のア～オの記述のうち，妥当なものの組合せはどれか。

ア　EPAは，貿易の自由化に加え，投資，人の移動，知的財産の保護や競争政策におけるルール作り，様々な分野での協力の要素等を含む，幅広い経済関係の強化を目的とする協定のことである。

イ　APECは，アジア太平洋地域の21の国と地域が参加する経済協力の枠組みであるが，中国は参加していない。

ウ　TPP（環太平洋戦略的経済連携協定）は，アジア太平洋地域において非関税分野や新しい分野を含む包括的な自由貿易協定であり，アメリカ，日本を含む12か国により，2018年12月に発効した。

エ　地域的な包括的経済連携（RCEP）は，東南アジア諸国連合加盟10か国に，アメリカ，日本，中国，韓国，オーストラリアの5か国を含めた計15か国よる自由貿易協定であり，2020年11月，第4回RCEP首脳会議の機会に署名行われた。

オ　北米では2020年，アメリカ・カナダ・メキシコの北米3か国により，従来の北米自由貿易協定（NAFTA）に代わり，米国・メキシコ・カナダ協定（USMCA）が発効した。

1　ア・イ
2　ア・オ
3　イ・エ
4　ウ・オ
5　エ・ウ

問題51　環境問題に関する次の記述のうち，妥当なものはどれか。

1　公害対策基本法は，それまでの環境基本法や自然環境保全法では対応に限界があるとの認識から，地球化時代の環境政策の新たな枠組を示す基本的な法律として，1993年に制定された。

2　海を漂う大きさ5ミリメートル以下のプラ粒子であるマイクロプラスチック等，プラスチックごみによる海洋汚染が国際的な問題となっていることから，2018年に，プラスチックの排出抑制を盛り込んだ「美しく豊かな自然を保護するための海岸における良好な景観及び環境の保全に係る海岸漂着物等の処理等の推進に関する法律の一部を改正する法律」（海岸漂着物処理推進法）が施行された。

3　一定の有害廃棄物の国境を越える移動等の規制について国際的な枠組みおよび手続等を規定した「有害廃棄物の国境を越える移動及びその処分の規制に関するバーゼル条約」については，国内措置が決まっていないことから，我が国は条約を批准していない。

4　低炭素社会の実現に向け，再生可能エネルギーの導入や省エネ対策をはじめとする地球温暖化対策（エネルギー起源CO_2排出抑制対策）を強化するため，環境省では「地球温暖化対策のための税」の導入の検討を行っている。

5　2016年に発効したパリ協定は，京都議定書に代わる，2020年以降の温室効果ガス排出削減等のための新たな国際枠組みであるが，アメリカ，中国等の大国が参加しておらず，すべての国が参加していないという点が課題である。

問題52　雇用に関連する法律に関する次のア～オの記述のうち，妥当なものの組合せはどれか。

ア　労働契約についての基本的なルールを定める労働契約法が改正され，2013年4月から，有期労働契約が繰り返し更新されて通算5年を超えたときは，労働者の申込みにより，無期労働契約への転換が必要となった。

イ　最低賃金法では支払うべき賃金の最低水準が定められているが，この水準は物価等を考慮して，都道府県ごとに規定されている。

ウ　男女雇用機会均等法の改正により，2007年4月から，事業主が，職場における男女の均等な機会及び待遇の確保の支障となっている事情を改善することを目的として女性労働者を有利に取扱う措置（ポジティブ・アクション）が義務付けられた。

エ　急速な高齢化の進行に対応し，高年齢者が少なくとも年金受給開始年齢までは意欲と能力に応じて働き続けられる環境の整備を目的として，高年齢者雇用安定法が改正され，2013年4月から，定年の65歳以上への引上げが事業主に義務付けられた。

オ　企業に対して雇用する労働者の一定比率に相当する障害者を雇用することを義務付ける障害者雇用促進法が改正され，民間企業における障害者雇用率は，2024年4月から1.5％，2025年4月から1.7％に引き上げられる予定となった。

1　ア・イ
2　ア・ウ
3　イ・エ
4　ウ・オ
5　エ・オ

問題53　行政書士法が定める登録に関する次の記述のうち，妥当なものはどれか。

1　行政書士となる資格を有する者が，行政書士となるには，行政書士名簿に，住所，氏名，生年月日，事務所の所在地その他都道府県知事が定める事項の登録を受けなければならない。
2　行政書士名簿の登録は日本行政書士会連合会が行い，その行政書士名簿は全国の行政書士会に備える。
3　行政書士の登録を受けようとする者は，行政書士となる資格を有することを証する書類を添えて，日本行政書士会連合会に対し，直接に，登録の申請をしなければならない。
4　日本行政書士会連合会は，行政書士の登録を受けた者が死亡したときは，その登録を取り消さなければならない。
5　行政書士は，たとえ廃業した場合でも，業務に関する帳簿をその関係書類とともに帳簿閉鎖の時から2年間保存しなければならない。

問題54　戸籍法に関する次の記述のうち，妥当でないものはどれか。

1　戸籍法は，昭和23年の改正民法の施行に伴って全面改正され，従来「家」を編製単位としていた戸籍から，夫婦とその間の同氏の子を編製単位とする戸籍に改められた。
2　戸籍に関する事務は，戸籍法に別段の定めがあるものを除き，市町村長がこれを管掌し，当該事務は，第一号法定受託事務とされている。
3　市町村長は，自己またはその配偶者，直系尊属もしくは直系卑属に関する戸籍事件については，その職務を行うことができない。
4　総務大臣は，市町村長が戸籍事務を処理するに当たり，よるべき基準を定めることができる。
5　市役所又は町村役場の所在地を管轄する法務局または地方法務局の長は，戸籍事務の処理に関し必要があると認めるときは，市町村長に対し，報告を求め，または助言もしくは勧告をすることができる。

問題55　個人情報の保護に関する法律が定める用語の定義に関する次の記述のうち，正しいものはどれか。

1　「個人情報」とは，生存する個人に関する情報であって，当該情報に含まれる氏名，生年月日その他の記述等により特定の個人を識別することができるものをいい，他の情報と容易に照合することができ，それにより特定の個人を識別することができることとなるものを含むが，個人識別符号が含まれるものは除かれる。

2　「要配慮個人情報」とは，本人の人種，信条，社会的身分，年齢，病歴，犯罪の経歴，犯罪により害を被った事実その他本人に対する不当な差別，偏見その他の不利益が生じないようにその取扱いに特に配慮を要するものとして政令で定める記述等が含まれる個人情報をいう。

3　「匿名加工情報」とは，個人情報に含まれる記述等の一部を削除する措置を講じて他の情報と照合しない限り特定の個人を識別することができないように個人情報を加工して得られる個人に関する情報をいう。

4　「仮名加工情報」とは，個人情報に含まれる記述等の一部を削除する措置を講じて特定の個人を識別することができないように個人情報を加工して得られる個人に関する情報であって，当該個人情報を復元することができないようにしたものをいう。

5　「個人関連情報」とは，生存する個人に関する情報であって，個人情報，仮名加工情報および匿名加工情報のいずれにも該当しないものをいう。

問題56　個人情報の保護に関する法律に定める行政機関等の義務に関する次の記述のうち，誤っているものはどれか。

1　行政機関等は，個人情報を保有するに当たっては，法令（条例を含む。）の定める所掌事務または業務を遂行するため必要な場合に限り，かつ，その利用目的をできる限り特定しなければならない。

2　行政機関等は，本人から直接書面（電磁的記録を含む。）に記録された当該本人の個人情報を取得するときは，取得の状況からみて利用目的が明らかであると認められるときであっても，あらかじめ，本人に対し，その利用目的を明示しなければならない。

3　行政機関の長等は，偽りその他不正の手段により個人情報を取得してはならない。

4　行政機関の長等は，利用目的の達成に必要な範囲内で，保有個人情報が過去または現在の事実と合致するよう努めなければならない。

5　保有個人情報の漏えい，滅失，毀損その他の保有個人情報の安全の確保に係る事態であって個人の権利利益を害するおそれが大きいものとして個人情報保護委員会規則で定めるものが生じた場合には，原則として，行政機関の長等は，本人に対し，個人情報保護委員会規則で定めるところにより，当該事態が生じた旨を通知しなければならない。

問題57　情報通信用語に関する次のア～オの記述のうち，妥当でないものの組合せはどれか。

ア　デジタルトランスフォーメーションとは，ＩＴ（情報技術）の浸透が，人々の生活をあらゆる面で良い方向に変化させることをいう。

イ　デジタイゼーションとは，業務等をデジタル化することだけにとどまらず，デジタルを活用してビジネスモデルを変革するなどの新たな事業価値を創造することをいい，いわばデジタルトランスフォーメーション実現に向けた第一歩目に位置づけられる。

ウ　デジタルディバイドとは，情報通信技術の恩恵を受けることのできる人とできない人の間に生ずる格差をいう。

エ　デジタライゼーションとは，業務等をデジタル化することをいい，たとえば，情報を伝達する手段としてするＦＡＸ送信をインターネット経由によるＰＤＦの送信に変えるなどをあげることができる。

オ　デジタルコンテンツは，複製が容易であり，かつ，複製による劣化がほとんどないことから，著作者に無断で音楽・映像等の著作物の複製が行われることにより，著作権侵害が問題となっている。

　　1　ア・ウ
　　2　ア・エ
　　3　イ・エ
　　4　イ・オ
　　5　ウ・オ

問題58　本文中の空欄 [＿＿＿＿] に入る文章として，妥当なものはどれか。

　伝統文化と呼ばれるものの中で，現代でも生き残っているものと，そうでないものの違いはなんであろうか。後継者不足や市場価値の変化も，もちろん一因として考えられるが，それだけではない。それらすべてに共通する原因となるものがある。
　伝統文化にはさまざまあるが基本的な構図として考えられることがあるとすれば，それは先代，先々代から「何か」を受け継いでいることであろう。技術であったり，形式であったり，心意気であったり，「何か」の内容はさまざまであるが，それを受け継ぎ，代々継承することは共通した構図である。
　技術であっても形式であっても，その継承は言語化できなければ伝わらない。言語化できるか否かが，そのまま生き残れるか否かに直結している。生き残れるか，生き残れないかの原因である。[＿＿＿＿＿＿＿＿＿＿＿＿＿＿＿＿＿]。名詞であっても動詞であっても形容詞，形容動詞であっても，文法的な分類はともかくとしてお互いが共通に認識し理解している言語でなければならない。共通認識があれば，専門用語はもとより，その世界でしか使われていない特殊な言語であっても構わない。一般性，普遍性は問われない。
　しかし共通認識言語が使える前提が整ったとしても，十分ではない。伝えるためには技術を論理的に解明する必要があるからだ。ところが論理的に解明できるかどうかは技術とは別の次元の話になるから難しい。技術者が一流であるのはもちろんだが，一流であることとそれが両立するとは限らないのである。超一流の名人の「独自の感覚」や「長年の勘」は，ここでは無意味になる。感覚や勘に頼っていては伝わらないのである。一代限りの超一流よりも，「感覚」や「勘」を論理的に言語化して説明できる共通認識言語を持った一流の方が生き残ることになる。

（出典　上野恒雄「街に生きる匠たち」から）

1　言語化するためには，技術を論理的に解明し，それを言語化する必要がある。ここでの言語とは「普遍性を持った言語」である
2　言語化するためには，技術を感覚的に理解し，それを言語化する必要がある。ここでの言語とは「技術的に確立されている方法」である
3　言語化するためには，技術を論理的に解明し，それを言語化する必要がある。ここでの言語とは「共通に認識されている言語」である
4　言語化するためには，技術を段階的に解明し，それを言語化する必要がある。ここでの言語とは「共通に認識されている言語」である
5　言語化するためには，技術を論理的に解明し，それを言語化する必要がある。ここでの言語とは「段階的に継承されている技術」である

問題59　本文中の空欄 □□□□□ に入る文章を，あとのア〜オを並べ替えて作る場合，その順序として妥当なものはどれか。

　同じことの繰り返しに意味があるのか，無いのか。あるとすればどのような意味があるのか。この疑問に答えるために，一つの例として「歌」を挙げてみよう。例としての歌は歌謡曲でも童謡でもフォークソングでも何でも構わないが，１番から３番まで歌詞があって，１番・間奏・２番・間奏・３番と，それぞれ間奏があるような曲が望ましい。要するに最もオーソドックスな構成の歌詞のある曲である。

　同じことの繰り返しには，大いなる意味がある。

（出典　中山美奈夫「音楽は歩く」から）

ア　ここで「間奏」に注目してみる。１回目の後の間奏と，２回目の後の間奏では，同じ間奏でも，その聴こえ方，受ける印象が違うのではないだろうか。１回目の間奏では，何も感じなかったとしても，２回目の後の間奏では，すでに一度聞いた間奏がまたここで演奏され，次に３回目，３番の歌詞が始まるという，前提条件が変わってきている。言い換えれば「経験」が加わっているのである。「同じことの繰り返し」なのに，その同じことが「経験」となって積み重なり，経験のない１回目の間奏と，すでに経験した２回目の間奏では，同じ間奏であっても違うものになっている。印象が変化するのである。これこそが「同じことの繰り返し」が持つ意味である。

イ　さて，その「歌」が始まったとする。まず１番の歌詞があり，間奏があり，２番の歌詞が始まる。そしてまた間奏があり，３番が始まる。そして３番まで歌詞が歌われ，曲が終わった時，我々は「同じことの繰り返し」の「経験」をしたことになる。

ウ　歌詞の全部は「同じことの繰り返し」でないとしても，我々は同じ旋律の３回の
　繰り返しは経験している。正確には１回目と間奏，２回目と間奏，３回目となる。
　一方旋律は「同じことの繰り返し」であり，「間奏」も「同じことの繰り返し」で
　ある。

エ　もし，繰り返しに意味が「無い」とすればこうした変化は何も起きないはずだ。
　しかし，変化は起きている。歌詞に「サビ」の繰り返しがあれば，その部分は歌詞
　における「同じことの繰り返し」であり，同様の変化はもっと明確になるだろう。
　繰り返されるたびに，経験が積み重ねられ，同じ歌詞であっても，その意味合いが
　変わってくる。

オ　何が起きたかといえば，１番，２番，３番は歌詞は違うが，歌う旋律，メロディ
　ーは同じである。同じ旋律の繰り返しがここでは起きている。「しかし，歌詞は同
　じことの繰り返しではないのでは？」という疑問があるかもしれない。確かに歌詞
　は１番，２番，３番と違う内容だが，旋律だけに着目すれば同じ旋律を繰り返して
　いることになり「同じことの繰り返し」がここでは起きている。歌詞も，いわゆる
　「サビ」の部分が繰り返されているとすれば，そこでも「同じことの繰り返し」が
　起きている。

　　1　イ　→　ア　→　オ　→　ウ　→　エ
　　2　イ　→　エ　→　ウ　→　ア　→　オ
　　3　イ　→　オ　→　ウ　→　ア　→　エ
　　4　ウ　→　イ　→　オ　→　ア　→　エ
　　5　ウ　→　オ　→　ア　→　イ　→　エ

問題60　本文中の空欄　Ⅰ　および　Ⅱ　には，それぞれあとのア～カのいずれかの文が
　　　　入る。その組合せとして妥当なものはどれか。

　「日本語は奇妙である」とは，知り合いの留学生の感想だ。奇妙の裏側には文化的
な違いによる大前提となる暗黙の了解事項があるからだ。最近では，現金での支払い
の場面は少なくなっているが，それでも紙幣で支払う場面がないわけではない。留学
生によれば「一万円札で支払うのに，なぜ謝るのか」が奇妙であり，疑問だと感じる
そうだ。これは文化的な違いである。店のレジでの支払いの際「すいません。大きい
のしかないのですが」「いいですよ」というやり取りは，我々にとってはさほど奇妙
でも，疑問でもない。しかし，なぜ「すいません」と謝るのか疑問だそうだ。いざ支
払いの場面で「すいません」「ごめんなさい」と謝罪の言葉から切り出すのは，その
留学生からすれば「お金を持っていないのか？」「財布でも落としたのか？」「支払い
以外に何か謝るべきことがあったのか？」など，何かトラブルが発生したのではない
かと感じるそうだ。
　しかし，そうではないことを我々は知っている。「すいません。大きいのしかない
のですが」は「釣銭を貰うという煩雑なことになるが」「数百円という金額に対して，
千円札ではなく一万円という高額な紙幣での支払いは，若干不釣り合いだと感じては
いるのだが，あいにく小額な紙幣も小銭も持ち合わせていないので」あるいは「両替
はご遠慮くださいと表示してあるが，どうしても小銭が必要になる理由があるので」
など様々な理由があったにせよ，あるいは無かったにせよ，「支払いう意思もあるし，
一万円という金銭も持っているのであるから，ここでは不問にして頂きたい」という
暗黙の了解がある。その結果として「すいません。大きいのしかないのですが」とい
う言い方になるのである。＿＿＿＿Ⅰ＿＿＿＿。そのことを説明すれば，さきほどの
留学生も納得するはずである。
　ところが同じ「一万円」でも「一万円からお預かりします」となると「日本語とし
て，おかしいのではないか？」ということになる。「～から」は「誰から」なら理解
できる。しかし「一万円から」では「お札は二人称なのか？」あるいは「その人の名
前が一万円なのか？」となるがそうではない。ここでの暗黙の了解は「一万円からお
預かりします」の言葉の中に「一万円という高額な紙幣であることを確認しました」
という意味が含まれていることになる。「高額紙幣の確認」が大前提にあり，その了
解事項は双方にとって重要なことである。＿＿＿＿Ⅱ＿＿＿＿。無用なトラブル（一
万円札を千円札と誤認されることなど）を事前に回避するという実務的な面を優先さ
せた結果，奇妙な日本語がまかり通っていることになる。

（出典　楜谷敦「日本語発見伝」から）

ア　この暗黙の了解というのは，日本語のニュアンスというより，日本の習慣的な了解事項であろう

イ　これは暗黙の了解ではなく，日本の文化的な了解事項であろう

ウ　この暗黙の了解というのは，日本語のニュアンスというより，日本の文化的な了解事項であろう

エ　これも暗黙の了解であるが，こちらは日本語のニュアンスというより，有益的な了解事項であろう

オ　これも暗黙の了解であるが，日本語のニュアンスというより，実務的な了解事項であろう

カ　これは暗黙の了解ではないが，日本語のニュアンスというより，実務的な了解事項であろう

	I	II
1	ア	オ
2	イ	エ
3	イ	カ
4	ウ	オ
5	ウ	カ

3

回

本試験形式問題 法　令　等 46問
　　　　　　　基 礎 知 識 14問

◆解答に際しては，別紙の解答用紙に
　記入してください。
◆問題（1回～3回）の後に解説（1
　回～3回）があります。
◆間違えた箇所は解説をよく読み，必
　ず法令集にあたって確認してくださ
　い。

制限時間　　　　　　　　　3時間

氏名 _____

良い例	悪い例			
●				

法令等

	①	②	③	④	⑤		①	②	③	④	⑤
問題1	①	②	③	④	⑤	問題21	①	②	③	④	⑤
問題2	①	②	③	④	⑤	問題22	①	②	③	④	⑤
問題3	①	②	③	④	⑤	問題23	①	②	③	④	⑤
問題4	①	②	③	④	⑤	問題24	①	②	③	④	⑤
問題5	①	②	③	④	⑤	問題25	①	②	③	④	⑤
問題6	①	②	③	④	⑤	問題26	①	②	③	④	⑤
問題7	①	②	③	④	⑤	問題27	①	②	③	④	⑤
問題8	①	②	③	④	⑤	問題28	①	②	③	④	⑤
問題9	①	②	③	④	⑤	問題29	①	②	③	④	⑤
問題10	①	②	③	④	⑤	問題30	①	②	③	④	⑤
問題11	①	②	③	④	⑤	問題31	①	②	③	④	⑤
問題12	①	②	③	④	⑤	問題32	①	②	③	④	⑤
問題13	①	②	③	④	⑤	問題33	①	②	③	④	⑤
問題14	①	②	③	④	⑤	問題34	①	②	③	④	⑤
問題15	①	②	③	④	⑤	問題35	①	②	③	④	⑤
問題16	①	②	③	④	⑤	問題36	①	②	③	④	⑤
問題17	①	②	③	④	⑤	問題37	①	②	③	④	⑤
問題18	①	②	③	④	⑤	問題38	①	②	③	④	⑤
問題19	①	②	③	④	⑤	問題39	①	②	③	④	⑤
問題20	①	②	③	④	⑤	問題40	①	②	③	④	⑤

		① ② ③ ④ ⑤ ⑥ ⑦ ⑧ ⑨ ⑩ ⑪ ⑫ ⑬ ⑭ ⑮ ⑯ ⑰ ⑱ ⑲ ⑳
問題41	ア	① ② ③ ④ ⑤ ⑥ ⑦ ⑧ ⑨ ⑩ ⑪ ⑫ ⑬ ⑭ ⑮ ⑯ ⑰ ⑱ ⑲ ⑳
	イ	① ② ③ ④ ⑤ ⑥ ⑦ ⑧ ⑨ ⑩ ⑪ ⑫ ⑬ ⑭ ⑮ ⑯ ⑰ ⑱ ⑲ ⑳
	ウ	① ② ③ ④ ⑤ ⑥ ⑦ ⑧ ⑨ ⑩ ⑪ ⑫ ⑬ ⑭ ⑮ ⑯ ⑰ ⑱ ⑲ ⑳
	エ	① ② ③ ④ ⑤ ⑥ ⑦ ⑧ ⑨ ⑩ ⑪ ⑫ ⑬ ⑭ ⑮ ⑯ ⑰ ⑱ ⑲ ⑳
問題42	ア	① ② ③ ④ ⑤ ⑥ ⑦ ⑧ ⑨ ⑩ ⑪ ⑫ ⑬ ⑭ ⑮ ⑯ ⑰ ⑱ ⑲ ⑳
	イ	① ② ③ ④ ⑤ ⑥ ⑦ ⑧ ⑨ ⑩ ⑪ ⑫ ⑬ ⑭ ⑮ ⑯ ⑰ ⑱ ⑲ ⑳
	ウ	① ② ③ ④ ⑤ ⑥ ⑦ ⑧ ⑨ ⑩ ⑪ ⑫ ⑬ ⑭ ⑮ ⑯ ⑰ ⑱ ⑲ ⑳
	エ	① ② ③ ④ ⑤ ⑥ ⑦ ⑧ ⑨ ⑩ ⑪ ⑫ ⑬ ⑭ ⑮ ⑯ ⑰ ⑱ ⑲ ⑳
問題43	ア	① ② ③ ④ ⑤ ⑥ ⑦ ⑧ ⑨ ⑩ ⑪ ⑫ ⑬ ⑭ ⑮ ⑯ ⑰ ⑱ ⑲ ⑳
	イ	① ② ③ ④ ⑤ ⑥ ⑦ ⑧ ⑨ ⑩ ⑪ ⑫ ⑬ ⑭ ⑮ ⑯ ⑰ ⑱ ⑲ ⑳
	ウ	① ② ③ ④ ⑤ ⑥ ⑦ ⑧ ⑨ ⑩ ⑪ ⑫ ⑬ ⑭ ⑮ ⑯ ⑰ ⑱ ⑲ ⑳
	エ	① ② ③ ④ ⑤ ⑥ ⑦ ⑧ ⑨ ⑩ ⑪ ⑫ ⑬ ⑭ ⑮ ⑯ ⑰ ⑱ ⑲ ⑳

業務に関する基礎知識

問題47	①	②	③	④	⑤	問題54	①	②	③	④	⑤
問題48	①	②	③	④	⑤	問題55	①	②	③	④	⑤
問題49	①	②	③	④	⑤	問題56	①	②	③	④	⑤
問題50	①	②	③	④	⑤	問題57	①	②	③	④	⑤
問題51	①	②	③	④	⑤	問題58	①	②	③	④	⑤
問題52	①	②	③	④	⑤	問題59	①	②	③	④	⑤
問題53	①	②	③	④	⑤	問題60	①	②	③	④	⑤

問題44

10   15

問題45

10   15

問題46

10   15

第3回　問題

（注意事項）
1　問題は60問あり，時間は3時間です。
2　解答は，別紙の解答用紙に記入してください。
3　解答用紙への記入及びマークは，次のようにしてください。

　ア　氏名は必ず記入してください。
　イ　択一式（5肢択一式）問題は，1から5までの答えのうち正しいと思われるものを一つ選び，マークしてください。二つ以上の解答をしたもの，判読が困難なものは誤りとなります。

　　＜択一式（5肢択一式）問題の解答の記入例＞
　　問題1　日本の首都は，次のうちどれか。

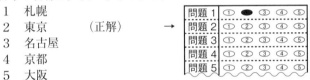

　　　　　1　札幌
　　　　　2　東京　　　　　（正解）
　　　　　3　名古屋
　　　　　4　京都
　　　　　5　大阪

　ウ　択一式（多肢選択式）問題は，枠内（1～20）の選択肢から空欄 ア ～ エ に当てはまる語句を選び，マークしてください。二つ以上の解答をしたもの，判読が困難なものは誤りとなります。

　　＜択一式（多肢選択式）問題の解答の記入例＞
　　問題41　次の文章の空欄 ア ～ エ に当てはまる語句を，枠内の選択肢（1～20）から選びなさい。

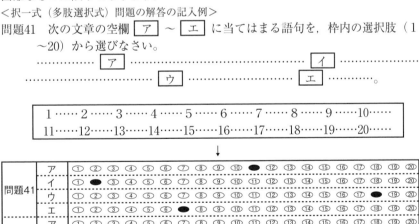

　エ　記述式問題は，記述式解答用紙の解答欄（マス目）に記述してください。

第3回　法令等〔問題1から問題40は択一式（5肢択一式）〕

問題1　法の効力およびその適用範囲に関する次の記述のうち，妥当なものはどれか。

1　教育基本法，環境基本法等のような基本法という名称をもつ法律は，他の法律に優越する効力を有している。

2　わが国は，成文法主義を採用しており，慣習法について成文法に優越する効力が認められることはない。

3　公法とは国家と国民との関係を規律する法であり，私法は私人相互の関係を規律する法であるから，1つの事件に対し，公法と私法が同時に適用されることはない。

4　ある行為を犯罪とし，これに刑罰を科するためには，その行為の時に，成文の法律が存在しなければならないから，慣習法は，刑法の直接の法源とはなりえない。

5　わが国の法令は，わが国の領域内においてのみ効力を有するから，わが国に属する船舶または航空機内であっても，それがわが国の領域外にあるときは，わが国の法令は効力を有しない。

問題2　判例に関する次の記述のうち，妥当なものはどれか。

1　判例が法としての拘束力を持つのは，判決で述べられた判断部分のすべてである。

2　司法裁判所の判例は，成文法と同様の効力を有する法源となる。

3　上級審の裁判所の裁判における判断は，その事件について下級審の裁判所を拘束しない。

4　刑事裁判において，高等裁判所がした第一審または第二審の判決に対しては，最高裁判所の判例と相反する判断をしたことを理由として上告の申立てをすることができる。

5　行為当時の最高裁判所の判例の示す法解釈に従えば無罪となるべき行為について，これを処罰することは，事後法の禁止に反する。

問題3　平等原則に関する次の記述のうち，最高裁判所の判例に照らし，妥当でないものはどれか。

1　地方公共団体の職員が管理職に昇任するための資格要件として当該職員が日本の国籍を有する職員であることを定めた規定は，管理職任用制度構築における合理的な理由に基づくものであり，憲法第14条に反しない。

2　出生届において嫡出子または嫡出でない子の別を記載すべきとする戸籍法の規定は，嫡出でない子について嫡出子との関係で不合理な差別的取扱いを定めたものではなく，憲法第14条に反しない。

3　普通殺のほかに尊属殺という特別の罪を設け，その法定刑を普通殺に比して加重することは，刑の加重の程度にかかわらず，憲法第14条に違反する。

4　非嫡出子の法定相続分を嫡出子の2分の1とする民法の規定は，立法府の裁量権を考慮しても，嫡出子と嫡出でない子の法定相続分を区別する合理的な根拠が失われており，憲法第14条に反する。

5　女性にのみ半年間の再婚禁止期間を設ける民法の規定は，父性の推定の重複を回避し，父子関係をめぐる紛争の発生を未然に防ぐという合理的理由に基づくものであるが，100日を超える期間については合理的理由はなく憲法第14条に反する。

問題4　甲税理士会は政治団体に寄付をするために特別会費の徴収を決定した。甲税理士会の会員であるＸは，政治団体に対する寄付は税理士会の権限の範囲外であると考えている。この問題に関する最高裁判所の判決の趣旨として，妥当でないものはどれか。

1　税理士会は強制加入の団体であり，その会員である税理士に実質的には脱退の自由が保障されていないことからすると，その目的の範囲を判断するに当たっては，会員の思想・信条の自由との関係で考慮が必要である。

2　税理士会は，法人として，法及び会則所定の方式による多数決原理により決定された団体の意思に基づいて活動し，その構成員である会員は，これに従い協力する義務を負い，その一つとして会則に従って税理士会の経済的基礎を成す会費を納入する義務を負う。

3　政党などの政治団体に対して金員の寄付をするかどうかは，選挙における投票の自由と表裏を成すものとして，会員各人が市民としての個人的な政治的思想，見解，判断等に基づいて自主的に決定すべき事柄である。

4　法が税理士会を強制加入の法人としている以上，その構成員である会員には，様々の思想・信条及び主義・主張を有する者が存在することが当然に予定されており，税理士会の活動にも，そのために会員に要請される協力義務にも，おのずから限界がある。

5　税理士会に許容された活動を推進することを存立の本来的目的とする政治団体は，その活動が税理士会の目的に沿った活動の範囲に限定されているため，当該団体へ金員を寄付することも税理士会の目的の範囲内の行為となる。

問題5　財産権に関する次の記述のうち，最高裁判所の判例に照らし，妥当なものはどれか。

1　憲法29条3項にいうところの財産権を公共の用に供する場合の「正当な補償」は，その当時の経済状態において成立することを考えられる価格に基づき，合理的に算出された相当な額では足りない。

2　財産の収用と同時に損失補償がなされないと，憲法第29条第3項に反する。

3　財産権の収用が特定の者の利益になったとしても，直ちにその財産権収用の公共性が否定されるものではない。

4　既に法律によって内容が定められている財産権の内容を事後的に法律によって変更することは憲法第29条第2項に反する。

5　財産権を制限する法令によって特別の犠牲を受ける者に対して補償をすべき規定を欠く場合，憲法第29条第3項に反する。

問題6　国会に関する次の記述のうち，憲法の規定に照らし，妥当なものはどれか。

1　衆議院と参議院で定めた会期の日数が異なるときは，衆議院の定めた会期が国会の会期となることが明文で規定されている。

2　両議院は，それぞれ総議員の過半数の出席がなければ，会議を開くことはできない。

3　両議院は，それぞれ総議員の過半数の賛成で議決した場合，秘密会を開催することができる。

4　衆議院と参議院が，法律案について異なった議決をした場合には，両議院の協議会を開催しなければならない。

5　予算は，衆議院に先に提出しなければならない。

問題7　司法審査の範囲に関する次の判断基準が想定している事例として，妥当なものはどれか。

直接国家統治の基本に関する高度に政治性のある国家行為のごときはたとえそれが法律上の争訟となり，これに対する有効無効の判断が法律上可能である場合であっても，かかる国家行為は裁判所の審査権の外にあり，その判断は主権者たる国民に対して政治的責任を負うところの政府，国会等の政治部門の判断に委され，最終的には国民の政治判断に委ねられているものと解すべきである。

（最大判昭和35年6月8日民集14巻7号1206頁）

1　衆議院の解散が法律上無効となることを前提として，衆議院議員の歳費の支払を請求した。

2　宗教法人の会員が，戒壇の本尊を安置するための正本堂建立のために寄付をしたが，その後に安置した本尊の「板まんだら」は偽物であるとして，寄付行為の無効により寄付金の返還を請求した。

3　政党の幹部として政党所有の建物に居住を認められていた者に対して，政党が除名処分を行い，建物の明渡しを求めたのに対して，除名処分の無効を主張して争った。

4　米軍基地として使用されている区域であって立ち入りが禁止されている場所に立ち入ったことから，この行為について起訴されたが，米軍の駐留の根拠となる日米安全保障条約が憲法に違反するものであるとして争った。

5　地方自治法上の普通地方公共団体の長が，パチンコ店を建築しようとする者に対し，パチンコ店等の建築等の規制に関する条例に基づき，同工事の差止めを請求した。

問題8　行政上の法律関係に関する次のア～オの記述のうち，最高裁判所の判例に照らし，妥当でないものの組合せはどれか。

ア　政府の農地買収処分は，国家が権力的手段をもって農地の強制買上げを行うものであって，対等の関係にある私人相互の経済取引を本旨とする民法上の売買とは，その本質を異にするから，私経済上の取引の安全を保障するために設けられた民法177条の規定は，自作農創設特別措置法による農地買収処分には適用されない。

イ　国の普通財産の売払いは，国有財産法および会計法の各規定に準拠して行われるから，その結果生じた代金債権もまた公法上の金銭債権であって，会計法30条の規定により5年の消滅時効に服する。

ウ　建築基準法65条は，防火地域または準防火地域内にある外壁が耐火構造の建築物について，その外壁を隣地境界線に接して設けることができる旨を規定しているが，これは，同条所定の建築物に限り，その建築については，民法234条1項の適用が排除される旨を定めたものである。

エ　国が，公務員に対する安全配慮義務を懈怠し違法に公務員の生命，健康等を侵害して損害を受けた公務員に対し損害賠償の義務を負う事態は，私人相互間における損害賠償の関係とその目的，性質を異にするものであるから，国に対する当該損害賠償請求権は，会計法30条の規定により5年の消滅時効に服する。

オ　食品衛生法は，取締法規であるから，食品衛生法上の食肉販売業の許可を受けていない者が取引として行った売買契約の効力は否定されない。

1　ア・ウ
2　ア・エ
3　イ・エ
4　イ・オ
5　ウ・オ

問題9　行政行為の職権取消しおよび撤回に関する次のア〜オの記述のうち，妥当でないものの組合せはどれか。見解が分かれる場合は，最高裁判所の判例による。

ア　行政行為の職権取消しとは，私人の不服申立てに基づくことなしに，処分庁が成立時の瑕疵ある行政行為を取り消すことをいい，その処分庁の監督庁は，これを取り消すことができない。

イ　行政行為の撤回とは，瑕疵なく成立した行政行為について，公益上その法律関係を存続させることが許されない新たな事由が生じたことを理由に，その法律関係を消滅させる行政行為をいう。

ウ　行政行為の職権取消しおよび撤回をするためには，これを根拠づける法律の特別の定めを要しない。

エ　行政行為の職権取消しおよび撤回により，行政行為の効力は，その当初に遡って失われる。

オ　授益的行政行為の撤回は，既得の権利・利益の侵害を正当化するだけの公益上の必要があり，かつ，その目的に必要な限度においてのみすることができる。

1　ア・ウ
2　ア・エ
3　イ・エ
4　イ・オ
5　ウ・オ

問題10　行政強制に関する次のア〜オの記述のうち，妥当なものの組合せはどれか。

ア　行政上の義務の履行の確保に関しては，条例で強制執行手続を定めることは許されていない。

イ　行政代執行は，作為義務の不履行に対してはすることができるが，不作為義務の不履行に対しては，することができない。

ウ　行政上の義務の不履行に対して，直接，義務者の身体または財産に実力を加え，義務の履行があったのと同一の状態を実現するものを直接強制というが，たとえば，違法建築物の中止命令に従わない事業者に対して，その敷地を封鎖して，建築資材の搬入を中止させる行為がこれに当たる。

エ　行政主体が私人に対して有する公法上の金銭債権に関して，裁判に基づくことなく，滞納処分の手続により自ら強制的に取り立てることを行政上の強制徴収というが，現行法上，国税のみならず公法上の金銭債権に関しても，その強制徴収を定める一般法が存在している。

オ　即時強制とは，行政上の義務が履行されない場合に，行政目的達成のため，直接身体または財産に対して強制を加える作用をいい，たとえば，延焼を防ぐための破壊消防等がこれに当たる。

1　ア・ウ
2　ア・オ
3　イ・エ
4　イ・オ
5　ウ・エ

問題11　行政手続法に関する次の記述のうち，誤っているものはどれか。

1　刑務所において，収容の目的を達成するためにされる処分については，不利益処分の規定が適用されない。

2　外国人の出入国，難民の認定または帰化に関する処分については，不利益処分の規定が適用されない。

3　聴聞もしくは弁明の機会の付与の手続その他の意見陳述のための手続において法令に基づいてされる処分については，不利益処分の規定は適用されない。

4　地方公共団体の機関がする処分のうち，その根拠となる規定が法律に置かれているものについては，不利益処分の規定は適用されない。

5　法律の施行期日について定める政令を定める行為については，意見公募手続の規定は適用されない。

問題12　行政手続法の定める不利益処分に関する次の記述のうち，正しいものはどれか。

1　行政庁は，処分基準を定めるよう努めるとともに，これを定めたときは，行政庁の事務所における備付けその他の適当な方法により公にしておかなければならない。

2　行政庁は，公益上，緊急に不利益処分をする必要がある場合であっても，不利益処分をしようとするときには，必ず当該不利益処分の名あて人となるべき者について，意見陳述のための手続を執らなければならない。

3　行政庁は，不利益処分をする場合には，その名あて人に対し，同時に，当該不利益処分の理由を示さなければならないが，公にされた処分基準が数量的指標その他の客観的指標により明確に定められている場合は，名あて人の求めがあったときに理由を示せばよい。

4　聴聞は，行政庁が口頭ですることを認めたときを除き，陳述書を提出してするものとする。

5　聴聞の期日における審理は，行政庁が公開することを相当と認めるときを除き，公開しない。

問題13　行政指導についての行政手続法の規定に関する次の記述のうち，誤っているものはどれか。

1　同一の行政目的を実現するため一定の条件に該当する複数の者に対し行政指導をしようとするときは，行政機関は，あらかじめ，事案に応じ，行政指導指針を定め，かつ，行政上特別の支障がない限り，これを公表しなければならない。

2　行政指導に携わる者は，当該行政指導をする際に，行政機関が許認可等をする権限または許認可等に基づく処分をする権限を行使し得る旨を示すことはできない。

3　行政指導に携わる者は，口頭で行政指導をする場合であっても，その相手方に対して，当該行政指導の趣旨および内容ならびに責任者を明確に示さなければならない。

4　行政指導がその相手方について弁明その他意見陳述のための手続を経てされた場合，相手方は，当該行政指導が根拠となる法律に規定する要件に適合しないと思料するときであっても，行政指導をした行政機関に対し，その旨を申し出て，行政指導の中止その他必要な措置をとることを求めることはできない。

5　申請の取下げまたは内容の変更を求める行政指導にあっては，行政指導に携わる者は，申請者が当該行政指導に従う意思がない旨を表明したにもかかわらず当該行政指導を継続すること等により当該申請者の権利の行使を妨げるようなことをしてはならない。

問題14　行政不服審査法が定める不服申立ての種類に関する次の記述のうち，妥当なものはどれか。

　　1　行政庁の処分についての審査請求は，再調査の請求をすることができないときにすることができる。

　　2　行政庁の処分についての再調査の請求は，行政庁の処分につき処分庁以外の行政庁に対して審査請求をすることができる場合において，法律に再調査の請求をすることができる旨の定めがあるときに限り，することができる。

　　3　再調査の請求は，行政庁の処分のみならず，行政庁の不作為についてもすることができる。

　　4　行政庁の処分についての審査請求の裁決に不服がある者は，法律に再審査請求をすることができる旨の定めがない場合であっても，再審査請求をすることができる。

　　5　行政庁の不作為についての審査請求の裁決に不服がある者は，再審査請求をすることができる。

問題15　行政不服審査法が定める審査請求の開始および審理手続に関する次の記述のうち，妥当でないものはどれか。

　　1　審査請求がされた行政庁は，原則として，審査庁に所属する職員のうちから審理手続を行う者を指名するとともに，その旨を審査請求人および処分庁等に通知しなければならない。

　　2　審査庁となるべき行政庁が標準審理期間を定めたときは，その審査庁となるべき行政庁および関係処分庁の事務所における備付けその他の適当な方法により，これを公にしておかなければならない。

　　3　審査請求書の必要的記載事項に記載漏れがあるなどした場合には，審査庁は，相当の期間を定め，その期間内に不備の補正を求め，またはその審査請求を却下しなければならない。

　　4　審査請求人，参加人および処分庁等ならびに審理員は，簡易迅速かつ公正な審理の実現のため，審理において，相互に協力するとともに，審理手続の計画的な進行を図らなければならない。

　　5　審査庁が審理員意見書の提出を受けた場合において，審査庁が主任の大臣であるときは，審査庁は，原則として，行政不服審査会に諮問しなければならない。

問題16　行政不服審査法が定める裁決に関する次の記述のうち，妥当でないものはどれか。

1　審査庁は，行政不服審査会等から諮問に対する答申を受けたときは，遅滞なく，裁決をしなければならない。

2　処分についての審査請求が法定の期間経過後にされたものである場合には，審査庁は，裁決で，当該審査請求を棄却しなければならない。

3　処分についての審査請求が理由がない場合には，審査庁は，裁決で，当該審査請求を棄却しなければならない。

4　処分についての審査請求において，審査庁が，裁決で，当該処分の全部もしくは一部を変更する場合には，審査庁は，審査請求人の不利益に当該処分を変更することはできない。

5　裁決は，主文，事案の概要，審理関係人の主張の要旨および理由を記載し，審査庁が記名押印した裁決書によりしなければならない。

問題17　狭義の訴えの利益に関する次の記述のうち，最高裁判所の判例に照らし，誤っているものはどれか。

1　公文書非公開決定の取消訴訟において，当該公文書が書証として提出された場合であっても，非公開決定の取消しを求める訴えの利益は消滅するものではない。

2　衆議院議員選挙を無効とする判決を求める訴訟は，衆議院の解散によって，その訴えの利益を失う。

3　メーデーのための皇居外苑使用不許可処分の取消しを求める訴えは，メーデーとされている5月1日の経過により，判決を求める法律上の利益を喪失したものといわなければならない。

4　再入国の許可申請に対する不許可処分を受けた外国人が再入国の許可を受けないまま日本から出国した場合には，同人がそれまで有していた在留資格は消滅するが，不許可処分が取り消されればさかのぼって同人が当該在留資格のままで再入国することを認める余地があるから，当該不許可処分の取消しを求める訴えの利益は失われない。

5　市街化調整区域内にある土地を開発区域とする開発許可の場合，工事が完了し，検査済証が交付された後においても，市街化区域内の土地を開発区域とする場合とは異なり，当該開発許可の取消しを求める訴えの利益は失われない。

問題18　行政事件訴訟法が定める処分取消訴訟に関する次の記述のうち，誤っているものはどれか。

1　取消訴訟は，被告の普通裁判籍の所在地を管轄する裁判所または処分をした行政庁の所在地を管轄する裁判所の管轄に属する。

2　取消訴訟においては，自己の法律上の利益に関係のない違法を理由として取消しを求めることができない。

3　処分をした行政庁が国または公共団体に所属しない場合には，取消訴訟は，当該行政庁を被告として提起しなければならない。

4　取消訴訟は，正当な理由があるときを除き，処分または裁決の日から3か月を経過したときは，提起することができない。

5　国を被告とする取消訴訟は，原告の普通裁判籍の所在地を管轄する高等裁判所の所在地を管轄する地方裁判所にも，提起することができる。

問題19　行政事件訴訟法が定める義務付け訴訟に関する次の記述のうち，妥当なものはどれか。なお，申請型とは，行政庁に対し申請または審査請求がされたことを前提とするものをいい，非申請型とは，申請または審査請求を前提としないものをいう。

1　非申請型の義務付け訴訟を提起する場合において，行政庁が一定の処分をすべきであるにかかわらずこれがされないときという要件に該当するときは，不作為の違法確認の訴えを併合して提起しなければならない。

2　申請型の義務付け訴訟は，処分がされないことにより重大な損害を生ずるおそれがあり，かつ，その損害を避けるため他に適当な方法がないときに限り，提起することができる。

3　裁判所は，訴訟要件である，重大な損害を生ずるか否かを判断するに当たっては，損害の回復の困難の程度を考慮するものとし，損害の性質および程度ならびに処分の内容および性質をも勘案するものとする。

4　義務付け訴訟に併合して提起した訴えに係る請求に理由がなくても，義務付け訴訟に係る処分につき，行政庁がその処分をすべきであることがその根拠となる法令の規定から明らかであると認められまたは行政庁がその処分をしないことがその裁量権の範囲を超えもしくはその濫用となると認められるときは，裁判所は，その義務付け訴訟に係る処分をすべき旨を命ずる判決をする。

5　非申請型だけでなく申請型の義務付け訴訟も，行政庁が一定の処分をすべき旨を命ずることを求めるにつき法律上の利益を有する者に限り，提起することができる。

問題20　国家賠償法2条が定める賠償責任（公の営造物の設置管理の瑕疵に基づく損害の賠償責任）に関する次の記述のうち，最高裁判所の判例に照らし，妥当でないものはどれか。

1　国家賠償法2条1項にいう公の営造物には，民法717条と同様に，自然公物は含まれない。

2　工事実施基本計画が策定され，当該計画に準拠して改修，整備がされ，あるいは当該計画に準拠して新規の改修，整備の必要がないものとされた河川の改修，整備の段階に対応する安全性とは，当該計画に定める規模の洪水における流水の通常の作用から予測される災害の発生を防止するに足りる安全性をいう。

3　国家賠償法2条1項の規定する「営造物の設置又は管理の瑕疵」とは，営造物が通常有すべき安全性を欠いている状態をいい，その瑕疵により生じた損害の賠償責任が成立するのは，当該安全性の欠如について過失があった場合に限られない。

4　道路に関しては，整備に予算上の制約があることを理由として，賠償責任を免れることはできないが，河川に関しては，河川管理に予算上の制約があることを理由として，賠償責任を免れることができる。

5　公の営造物の設置管理の瑕疵に基づく損害について，国または公共団体は，賠償責任を負うが，他に損害の原因について責任を負うべき者がいる場合には，国または公共団体は，これに対して求償権を有する。

問題21　国家賠償法に関する次の記述のうち，法令の規定および最高裁判所の判例に照らし，妥当でないものはどれか。

1　国家賠償法2条の規定によって国または公共団体が損害を賠償する責任を負う場合において，公の営造物の管理に当たる者とその管理の費用を負担する者とが異なるときは，被害者に対して損害賠償責任を負うのは，管理費用負担者に限られる。

2　国家賠償法1条または2条による損害賠償請求に際して，民法の不法行為に関する規定が適用される。

3　国家賠償法1条1項または2条1項の要件に該当しない国の活動により損害を被った者は，民法の規定を根拠として損害賠償を請求することができる。

4　国家賠償法は，国家賠償に関する一般法であり，特別法において，国家賠償法よりその責任を加重することができる。

5　国または公共団体の公権力の行使に当たる公務員が，その職務を行うについて，故意または過失によって違法に他人に損害を加えたときは，その被害者が外国人であっても，その外国人の本国法において，同様に被害を受けた日本人が損害賠償請求権を付与されているときは，国家賠償法が適用される。

問題22　住民に関する次のア～オの記述のうち，妥当なものの組合せはどれか。

　ア　住民には，日本国民のみならず，外国人が含まれるが，住民は，自然人でなければならず，法人は，これに含まれない。

　イ　就学のため，寮，下宿等に居住する学生の公職選挙法上の住所は，生活の本拠たるその寮，下宿等にある。

　ウ　日本国民たる年齢満25年以上の者は，その属する都道府県の議会の議員の被選挙権を有する。

　エ　日本国民たる年齢満25年以上の者で，引き続き3箇月以上市区町村の区域内に住所を有するものは，その属する市区町村の議会の議員の被選挙権を有する。

　オ　日本国民たる年齢満25年以上の者は，たとえ3箇月以上市区町村の区域内に住所を有していなくとも，その属する都道府県知事の被選挙権を有する。

　　1　ア・ウ
　　2　ア・オ
　　3　イ・エ
　　4　イ・オ
　　5　ウ・エ

問題23　普通地方公共団体の長と議会の関係に関する次の記述のうち，妥当なものはどれか。

1　普通地方公共団体の長が議会の議決について異議があるときに再度の議決を求める一般再議の場合，当該普通地方公共団体の長は，その議決の日または送付を受けた日から20日以内に理由を示してこれを再議に付することができる。

2　普通地方公共団体の長が議会の議決について異議があるときに再度の議決を求める一般再議の場合，議会が再議に付された議決を再び可決するには，原則として，出席議員の過半数の者の同意がなければならないが，条例の制定もしくは改廃または予算に関するものについては，出席議員の４分の３以上の者の同意がなければならない。

3　普通地方公共団体の議会の議決が，収入または支出に関し執行することができないものがあると認めるときは，普通地方公共団体の長は，理由を示して，必ずこれを再議に付さなければならない。

4　議会において，議員数の３分の２以上の者が出席し，その４分の３以上の者の同意を得て長の不信任の議決をしたときは，直ちに議長からその旨を長に通知しなければならず，長は，その通知を受けた日から10日以内に議会を解散することができる。

5　議会において，当該普通地方公共団体の長の不信任の議決をした場合において，その解散後初めて議会の招集があったときは，当該普通地方公共団体の長は，その職を失う。

問題24　住民訴訟に関する次のア〜オの記述のうち，最高裁判所の判例に照らし，妥当な
　　　ものの組合せはどれか。

　　ア　住民監査請求においては，対象とする財務会計上の行為または怠る事実を監査委
　　　員が行うべき監査の端緒を与える程度に特定すれば足りる。
　　イ　監査委員が適法な住民監査請求を不適法であるとして却下した場合であっても，
　　　その請求をした住民は，再度の住民監査請求をしなければ，住民訴訟を提起するこ
　　　とができない。
　　ウ　住民訴訟の対象とされる事項は，住民監査請求の対象とされる事項，すなわち公
　　　金の支出，財産の取得・管理・処分，契約の締結・履行，債務その他の義務の負
　　　担，公金の賦課・徴収を怠る事実，財産の管理を怠る事実に限られる。
　　エ　違法な行為を行った公務員を懲戒免職処分とすべきところ，違法に分限免職処分
　　　とし，その上で退職手当の支給が行われた場合，当該分限免職処分は当該退職手当
　　　の支給の直接の原因をなすものであるから，前者が違法であれば後者も当然に違法
　　　となる。
　　オ　県議会議長が行った違法な旅行命令に基づき知事の補助職員が行った公金の支出
　　　は，当然に違法となる。

　　　1　ア・イ
　　　2　ア・オ
　　　3　イ・ウ
　　　4　ウ・エ
　　　5　エ・オ

問題25　公物に関する次の記述のうち，最高裁判所の判例に照らし，妥当でないものはどれか。

1　海は，およそ人の支配の及ばない深海を除き，国が行政行為等によって一定範囲を区画し，他の海面から区別してこれに対する排他的支配を可能にした上で，その公用を廃止して私人の所有に帰属させる措置を執った場合の当該区画部分は，所有権の客体たる土地に当たる。

2　国から土地の売渡しを受けた者が，その売渡しが無効であることを知らないまま耕作を続けていた場合であっても，当該土地に対し，都市計画上，公園とする決定がなされた以上，その者の当該土地に対する取得時効の進行は妨げられる。

3　公水使用権は，それが慣習によるものであると行政庁の許可によるものであるとを問わず，公共用物たる公水の上に存する権利であることにかんがみ，使用目的を充たすに必要な限度の流水を使用しうるに過ぎない。

4　道路管理者は，道路を権原なく占有した者に対し，占用料相当額の損害賠償請求権または不当利得返還請求権を取得する。

5　公共用財産については，黙示的に公用が廃止された場合には，行政庁の明確な公用廃止の意思表示がなくても，これについて取得時効の成立を妨げない。

問題26　内閣府設置法に関する次のア〜オの記述のうち，妥当なものの組合せはどれか。

ア　内閣府は，内閣に置かれ，内閣府の長は，内閣官房長官である。

イ　内閣総理大臣は，内閣府の命令として内閣府令を発することができる。

ウ　内閣府には，副大臣および事務次官を置かなければならないが，大臣政務官は，内閣が必要と認めるときは，閣議決定により置くことができる。

エ　内閣府には，その外局として，委員会および庁を置くことができるが，当該委員会および庁の設置および廃止は，法律で定めなければならない。

オ　内閣府設置法の行政委員会は，職務遂行における政治的中立性の確保，準司法的手続の必要等の観点から，所轄の行政機関の指揮監督から独立しており，予算についても財務省に対して直接予算要求をすることができる。

1　ア・ウ
2　ア・エ
3　イ・エ
4　イ・オ
5　ウ・オ

問題27　意思表示に関する次の記述のうち，民法の規定に照らし，誤っているものはどれか。

1　相手方Bが正当な理由なく，Aがした意思表示の通知がBに到達することを妨げたときは，そのAによる通知は，通常到達すべきであった時に到達したものとみなされる。

2　AがしたBに対する意思表示について第三者Cが詐欺を行った場合においては，Bがその事実を知り，または知ることができたときに限り，その意思表示を取り消すことができる。

3　AのBに対する意思表示について，錯誤を理由にAがした取消しは，善意で過失のある第三者Cに対抗することができない。

4　Aが錯誤によりBに対してした意思表示について，錯誤がAの重大な過失によるものであった場合，Bが過失によりAに錯誤があることを知らなかったときでも，Aは意思表示を取り消すことができない。

5　AがBと通じてした虚偽の意思表示は無効であるが，Aは意思表示の無効を善意で過失のある第三者Cに対抗することはできない。

問題28　時効に関する次の記述のうち，民法の規定および判例に照らし，誤っているものはどれか。

1　判決により確定した不法行為に基づく損害賠償請求権の消滅時効期間は10年である。

2　時効期間が経過する前に，被保佐人である債務者が保佐人の同意を得ることなくその債務を承認した場合，その債権の消滅時効は更新しない。

3　時効の完成猶予の効力は，その事由が生じた当事者の承継人に対して生じる。

4　催告によって時効の完成が猶予されている間にされた再度の催告は，時効の完成猶予の効力を有しない。

5　Aに対する債務につき債務者Bがその利息を支払ったときは，その債権の消滅時効は更新される。

問題29 物権的請求権に関する次の記述のうち，誤っているものはどれか。

1 物権的請求権は，確定日付のある証書による通知または承諾を対抗要件として譲渡することができる。

2 無権原で建てられた建物の実際の所有者と登記名義人とが異なる場合，土地所有者は，実際の建物所有者に対して建物収去土地明渡請求ができる。

3 通行地役権者は，承役地の通行を妨害して地役権を侵害する者に対して，妨害排除・妨害予防請求権を行使して通行妨害行為の禁止ができるが，承役地の返還請求権は認められない。

4 隣の家の木が倒れかかっていて，自宅を損壊してしまいそうな場合，隣人にその木の除去や補修を求めて物権的妨害予防請求権を行使することができる。

5 所有する土地の登記が他人の名義となっている場合，土地の所有者は，他人名義の登記の抹消を求めて物権的妨害排除請求権を行使することができる。

問題30 抵当権に関する次の記述のうち，民法の規定および判例に照らし，誤っているものはどれか。

1 抵当不動産を買い受けた第三者が，抵当権者の請求に応じてその抵当権者にその代価を弁済したときは，抵当権は，その第三者のために消滅する。

2 抵当権が設定された建物を，抵当権者に対抗することができない賃貸借に基づいて使用する者は，競売手続開始前から使用していれば，建物の買受人が買い受けた時から6か月を経過するまでは，その建物の買受人への引渡しを猶予される。

3 抵当権は不可分性を有するが，共同抵当において，抵当権の実行を同時にする必要はない。

4 土地に抵当権が設定された当時，その土地に建物が築造されていた場合，その建物の所有者が，その土地を占有するについて抵当権者に対抗することができる権利を有しないとしても，抵当権者は，土地とともに建物を競売することはできない。

5 抵当権の設定された土地が賃貸された場合，登記をした賃貸借は，その登記前に登記をした抵当権を有するすべての者が同意をしていなくても，そのうちの同意をした抵当権者には対抗することができる。

問題31　種類債権に関する次のア～オの記述のうち，民法の規定および判例に照らし，誤っているものの組合せはどれか。

ア　債権の目的物を種類のみで指定した場合において，法律行為の性質または当事者の意思によってその品質を定めることができないときは，債務者は，中等の品質を有する物を給付しなければならない。

イ　A・B間で米500キログラムの売買契約が締結された後は，米の引渡しについて売主Bは善管注意義務を負う。

ウ　Aは，家具店Bで新品のタンスを購入し，自宅に届けてもらうことにしたが，Bによる運送の過程でタンスは交通事故により滅失した。この交通事故についてB側に帰責性がなかったとしても，Aは，タンスの再調達をBに求めることができる。

エ　売買契約において，債権の目的たる種類物が特定後に地震により滅失した場合，買主Aは代金の支払を拒むことはできない。

オ　甲倉庫内の米のうち3トンの引渡しを受ける旨の制限種類債権は，同倉庫内の米がすべて滅失したときは，履行不能となる。

1　ア・ウ
2　ア・オ
3　イ・エ
4　イ・オ
5　ウ・エ

問題32　Aに対し，B・C・Dが300万円の連帯債務を負っている（各人の負担部分は同じ。）場合に関する次の記述のうち，民法の規定に照らし，誤っているものはどれか。なお，他の連帯債務者に対する効力について別段の意思表示はないものとする。

1　AがBに対して履行の請求をしても，そのことを知らないCおよびDについては，時効の完成猶予，更新の効力が生じない。

2　Aに対してBが200万円の反対債権を有している場合に，Bがこの債権をもって相殺すれば，CおよびDも200万円だけ債務を免れる。

3　連帯債務について不確定期限が付されている場合，不確定期限の到来の了知によりBが遅滞に陥ったとしても，これによりCおよびDは遅滞とはならない。

4　AがEに債権を譲渡しBに対してのみ通知がされたにすぎない場合，Eは連帯債務者の全員に対して，全額の返済を請求できるわけではない。

5　AがBに対して300万円の連帯債務の全額について免除したときは，CおよびDは，Aに対し200万円の連帯債務を負う。

問題33　相殺に関する次の記述のうち，民法の規定および判例に照らし，妥当でないもの
　　　はどれか。

　　1　相殺の意思表示には，条件を付することはできないし，期限を付することもでき
　　　ない。
　　2　債務者が受働債権の譲受人に対し相殺をもって対抗することができる場合，その
　　　相殺の意思表示は，受働債権の譲渡人に対してしなければならない。
　　3　金銭債権を有する者が，その債務者を負傷させたことにより不法行為に基づく損
　　　害賠償債務を負った場合，当該金銭債権を自働債権，損害賠償債権を受働債権とす
　　　る相殺をもって債務者に対抗することはできない。
　　4　車両同士の交通事故が双方の運転者の過失に基因して発生し，双方に物的損害の
　　　みが生じた場合，一方の運転者は，双方の損害賠償債権を対当額において相殺する
　　　ことができる。
　　5　CがAのBに対する甲債権を差し押さえた後，BがAに対する乙債権を取得し，
　　　乙債権が差押え前の原因に基づいて生じた債権であるときは，Bは乙債権による相
　　　殺をもってCに対抗することができる。

問題34　不当利得に関する次の記述のうち，民法の規定および判例に照らし，誤っている
　　　ものはどれか。

　　1　法律上の原因なくAの財産または労務によって利益を受け，そのためにAに損失
　　　を及ぼした者であるBが悪意の場合，Aから受けた利益に利息を付して，Aに対し
　　　て返還しなければならないが，この場合において，なお損害があるときは，Bはそ
　　　の賠償の責任もAに対して負う。
　　2　過失により弁済期が到来したものと誤信をして，弁済期が到来する前に債務の弁
　　　済としての給付を行った者は，弁済期が到来するまでであっても，その給付したも
　　　のの返還を求めることはできない。
　　3　債務が存在しないにもかかわらず，その事実を過失により知らないで，債務の弁
　　　済として給付をした者は，その給付したものの返還を，給付を受けた者に対して請
　　　求することができない。
　　4　債務者が債権の受領権限がない者に対し弁済をした場合において，真の債権者が
　　　その受領者に対して不当利得返還請求をしたときは，その受領者は，弁済をした債
　　　務者に過失があったことを主張して，請求を拒絶することは許されない。
　　5　自らを債務者であると誤信して他人の債務を弁済した者は，債権者が善意でその
　　　債権を消滅時効により消滅させてしまった場合，債権者に対し弁済金の返還請求を
　　　することができない。

問題35　遺留分に関する次の記述のうち，民法の規定および判例に照らし，誤っているものはどれか。

1　共同相続人の1人が遺留分を放棄しても，他の共同相続人の遺留分に影響を及ぼさない。

2　家庭裁判所の許可を受けたときに限り，相続の開始前における遺留分の放棄は，効力を生ずる。

3　遺留分侵害額の請求権は，遺留分権利者が，相続の開始および遺留分を侵害する贈与または遺贈があったことを知った時から1年間行使しないときは，時効によって消滅する。

4　共同相続人の1人に対する婚姻のための財産の贈与については，それが相続開始前の1年間にしたものに限り，遺留分算定の基礎となる財産に算入され，他の共同相続人は遺留分侵害額請求権を行使できる。

5　自己を被保険者とする生命保険契約の契約者が，死亡の半年前に死亡保険金の受取人を相続人の1人に変更した場合，遺留分権利者は，その変更行為について，遺留分侵害額に相当する金銭の支払の請求をすることはできない。

問題36　商人に関する次の記述のうち，商法の規定に照らし，誤っているものはどれか。

1　商人とは，自己の名をもって商行為をすることを業とする者をいう。

2　店舗その他これに類似する設備によって物品を販売することを業とする者または鉱業を営む者は，商行為を行うことを業としない者であっても，商人とみなされる。

3　商人は，小商人であっても，その営業のために使用する財産について，法務省令で定めるところにより，適時に，正確な商業帳簿を作成しなければならない。

4　登記すべき事項は，登記の後であっても，第三者が正当な事由によってその登記があることを知らなかったときは，その第三者に対抗することができない。

5　商人は，帳簿閉鎖の時から10年間，その商業帳簿およびその営業に関する重要な資料を保存しなければならない。

問題37　株式の併合および分割に関する次の記述のうち，会社法の規定に照らし，妥当でないものはどれか。

1　株式の併合が法令または定款に違反する場合において，株主が不利益を受けるおそれがあるときは，株主は，株式会社に対し，当該株式の併合をやめることを請求することができる。

2　株式会社は，株式の併合をしようとするときは，その都度，株主総会の特別決議によって，併合の割合を定めなければならない。

3　株式会社が株式の併合をすることにより株式の数に一株に満たない端数が生ずる場合には，反対株主は，当該株式会社に対し，自己の有する株式全部を公正な価格で買い取ることを請求することができる。

4　株式会社は，株主総会の決議によらないで，株式の分割の効力発生日における発行可能株式総数をその日の前日の発行可能株式総数に分割の割合を乗じて得た数の範囲内で増加する定款の変更をすることができる。

5　株式の併合をした株式会社の株主または効力発生日に当該株式会社の株主であった者は，当該株式会社に対して，その営業時間内は，いつでも，株式の併合に関する書面の閲覧の請求をすることができる。

問題38　取締役の報酬に関する次の記述のうち，会社法の規定および判例に照らし，妥当でないものはどれか。

1　取締役の報酬，賞与その他の職務執行の対価として株式会社から受ける財産上の利益について報酬の額等は，定款に当該事項を定めていないときは，株主総会の普通決議によって定める。

2　株式会社の取締役に対する退職慰労金は，その在職中における職務執行の対価として支給されるものである限り，報酬に含まれるものと解すべく，これにつき定款にその額の定めがない限り株主総会の決議をもって定めるべきである。

3　定款または株主総会の決議を経ずに支払われた取締役の報酬について事後に株主総会の決議を経た場合には，特段の事情があると認められない限り，当該報酬の支払は株主総会の決議に基づく適法有効なものになる。

4　株式会社において，定款または株主総会の決議によって取締役の報酬額が具体的に定められた場合には，その後株主総会が当該取締役の報酬につきこれを無報酬とする旨の決議をしたとしても，当該取締役は，これに同意しない限り，報酬の請求権を失うものではない。

5　株式会社において，取締役の報酬等として当該株式会社の募集株式と引換えにする払込みに充てるための金銭を取締役に付与する場合には，取締役の報酬等に関する定款の定めも株主総会の決議も要しない。

問題39　監査等委員会設置会社に関する次の記述のうち，会社法の規定に照らし，正しいものはどれか。

1　ある種類の株式の種類株主を構成員とする種類株主総会において取締役を選任するという定めのある種類株式を発行することができない。

2　取締役会を設置した場合は，監査役を置かなければならない。

3　会計監査人を設置した場合は，監査役を置かなければならない。

4　株主総会の決議により取締役を選任する場合，監査等委員である取締役とそれ以外の取締役とを区別する必要はない。

5　監査等委員である取締役は，3人以上で，その過半数は，社外取締役でなければならない。

問題40　新株予約権に関する次の記述のうち，会社法の規定に照らし，妥当でないものはどれか。

1　株式会社が新株予約権を発行する場合において，金銭以外の財産を当該新株予約権の行使に際してする出資の目的とするときは，その旨ならびに当該財産の内容および価額を当該新株予約権の内容としなければならない。

2　新株予約権者は，株式会社の承諾を得て，募集新株予約権の払込金額の全額払込みに代えて，払込金額に相当する金銭以外の財産を給付し，または当該株式会社に対する債権をもって相殺することができる。

3　株式会社が権利の行使を同意した場合を除き，新株予約権が2以上の者の共有に属するときは，共有者は，当該新株予約権についての権利を行使する者1人を定め，株式会社に対し，その者の氏名または名称を通知しなければ，当該新株予約権についての権利を行使することができない。

4　新株予約権者は，その有する新株予約権を譲渡することができ，新株予約権付社債に付された新株予約権のみを譲渡することもできる。

5　金銭を新株予約権の行使に際してする出資の目的とする場合，新株予約権者は，行使価額の払込債務と株式会社に対する債権とを相殺することができない。

〔問題41 ～問題43は択一式（多肢選択式）〕

問題41　次の文章は，ある最高裁判所判決の一節である。空欄　ア　～　エ　に当てはまる語句を，枠内の選択肢（1～20）から選びなさい。

　　憲法35条1項の規定は，本来，主として　ア　責任追及の手続における　イ　について，それが　ウ　権による　エ　の抑制の下におかれるべきことを保障した趣旨であるが，当該手続が　ア　責任追及を目的とするものでないとの理由のみで，その手続における一切の　イ　が当然に右規定による保障の枠外にあると判断することは相当ではない。しかしながら，前に述べた諸点を総合して判断すれば，旧所得税法70条10号，63条に規定する検査は，あらかじめ裁判官の発する令状によることをその一般的要件としないからといつて，これを憲法35条の法意に反するものとすることはできず，前記規定を違憲であるとする所論は，理由がない。

（最大判昭和47年11月22日刑集26巻9号554頁）

1	刑事	2	政治	3	事前	4	徴収	5	保険税
6	民事	7	内閣	8	事後	9	税金	10	判決
11	行政	12	司法	13	立法	14	強制	15	逮捕
16	法的	17	国会	18	権力	19	任意	20	勾留

問題42　次の文章は，ある最高裁判所決定の一節である。空欄 ア 〜 エ に当てはまる語句を，枠内の選択肢（1〜20）から選びなさい。

　　警察法2条1項が「交通の取締」を警察の責務として定めていることに照らすと，交通の安全及び交通秩序の維持などに必要な警察の諸活動は， ア を伴わない イ 手段による限り，一般的に許容されるべきものであるが，それが国民の権利，自由の干渉にわたるおそれのある事項にかかわる場合には， イ 手段によるからといつて無制限に許されるべきものでないことも同条2項及び警察官職務執行法1条などの趣旨にかんがみ明らかである。しかしながら，自動車の運転者は，公道において自動車を利用することを許されていることに伴う当然の ウ として，合理的に必要な限度で行われる交通の取締に協力すべきものであること，その他現時における交通違反，交通事故の状況などをも考慮すると，警察官が，交通取締の一環として交通違反の多発する地域等の適当な場所において，交通違反の予防，検挙のための自動車検問を実施し，同所を通過する自動車に対して走行の外観上の不審な点の有無にかかわりなく短時分の停止を求めて，運転者などに対し必要な事項についての質問などをすることは，それが相手方の イ の協力を求める形で行われ，自動車の利用者の自由を不当に制約することにならない方法，態様で行われる限り， エ なものと解すべきである。

（最三小決昭和55年9月22日刑集34巻5号272頁以下）

1	違法	2	司法的	3	公の	4	負担
5	超法規的	6	不可変更力	7	注意義務	8	任意
9	公定力	10	適法	11	強制力	12	行為
13	要件	14	条件	15	合憲的	16	自力執行力
17	債務	18	不可争力	19	行政的	20	効果

問題43　次の文章は，ある最高裁判所判決の一節である。空欄　ア　〜　エ　に当てはまる語句を，枠内の選択肢（1〜20）から選びなさい。

　　本件は，上告人父が区長に対し，上告人父と上告人母との間の子である上告人子につき住民票の記載を求める申出をしたところ，これをしない旨の　ア　を受け，その後も上告人母と共に同様の申入れをしたものの住民票の記載がされなかったことから，上告人らにおいて，被上告人に対し，上記　ア　及び住民票の記載をしない不作為が違法であると主張して，国家賠償法1条1項に基づく損害賠償等を求めるとともに，上記　ア　が　イ　であることを前提にその取消しを求める事案である。
　　・・・原審は，本件　ア　が抗告訴訟の対象となる　イ　に当たり，その取消しを求める上告人子の訴えが適法な取消訴訟であることを前提として，同訴えに係る請求を棄却した。
　　しかし，上告人子につき住民票の記載をすることを求める上告人父の申出は，住民基本台帳法（以下「法」という。）の規定による届出があった場合に市町村（特別区を含む。以下同じ。）の長にこれに対する　ア　義務が課されている（住民基本台帳法施行令（以下「令」という。）11条参照）のとは異なり，申出に対する　ア　義務が課されておらず，住民票の記載に係る職権の発動を促す法14条2項所定の申出とみるほかないものである。したがって，本件　ア　は，法令に根拠のない　ウ　の　ア　にすぎず，これにより上告人子又は上告人父の権利義務ないし法律上の地位に　エ　影響を及ぼすものではないから，抗告訴訟の対象となる　イ　に該当しないと解される・・・。そうすると，本件　ア　の取消しを求める上告人子の訴えは不適法として却下すべきである。

（最二小判平成21年4月17日民集63巻4号638頁以下）

1	事実上	2	通知	3	命令	4	返戻
5	確認	6	行政手続	7	反射的	8	条例上
9	直接	10	権利上	11	行政処分	12	応答
13	憲法上	14	外部的な	15	規則上	16	行政指導
17	不利益処分	18	許可	19	内部的な	20	間接的な

解答は，必ず答案用紙の解答欄（マス目）に記述
すること。なお，字数には，句読点も含む。

問題44　A県警察の巡査Xは，金融機関に多額の借金をし，その返済のため，金品を奪う
　　　　ことにした。Xは，非番の日に，東京都で，制服を着用して，警察官の職務執行を
　　　　装い，私人Yに対し，不審尋問の上，犯罪の証拠物名義でその所有物を預かり，そ
　　　　のまま自宅に持ち帰り，その目的を遂げた。YはA県に対して国家賠償請求をし，
　　　　これに対し，A県はYに対して当該国家賠償をした。この場合に，A県がXに対
　　　　し，自己の支出の返還を求める権利を行使するためには，どのような要件を満たさ
　　　　なければならないか。また，この権利は，どのような名称で呼ばれるか。40字程度
　　　　で記述しなさい。なお，上記要件については，主観的要件以外の要件は満たしてい
　　　　るものとする。

（下書用）　　　　　　　　　　　　　　　　　　　　　10　　　　　　　　　　15

第3回問題

問題45　年老いたAは，子供もいなかったことから，日頃より何かと身の回りの世話をしてもらっていた近所に住む甥のBを信頼し，所有する甲土地についての管理・処分に関する代理権を与えた。Bは今の収入だけでは老後の生活に不安を覚え，株式投資等の資産運用を始めたが，上手くいかず，多額の借金を抱えその返済に困るようになった。そこで，Bは，A所有の甲土地を売却し，取得した代金で借金を返済することを思いついた。Bは，Aを代理して甲土地を売却する契約をCとの間で締結し，甲土地をCに引き渡し，Cから受け取った代金を自己の借金の返済に充ててしまった。これを知ったAは，Cから甲土地を取り戻したいと考えている。Aは，どのような場合，どのようになることを理由として，契約の効果が自己に帰属することを否定することができるのか，40字程度で記述しなさい。

（下書用）　　　　　　　　　　　　　　　　　　　10　　　　　　　　　15

問題46　Aは，Bに対して金銭債権を有していた。BはCに対して金銭債権を有していたが，Bは無資力状態にあり，Cに対して債権を行使していなかった。この場合において，Aが，BのCに対する金銭債権を代位行使することとした。この場合，Aはどの範囲（限度）でBの債権を代位行使することができるか。また，Aが代位行使として，BのCに対する金銭債権の行使に係る訴えを提起した場合，Aは，Bに対して，どのようなことをする必要があるか。民法の規定に照らし，40字程度で記述しなさい。

（下書用）　　　　　　　　　　　　　　　　　　　10　　　　　　　　　15

基礎知識〔問題47 〜問題60は択一式（5肢択一式）〕

問題47　日本の選挙制度の沿革に関する次のア〜オの記述のうち，正しいものの組合せはどれか。

ア　1925年，衆議院議員選挙において，納税条件が撤廃され，満25歳以上の男女に選挙権が付与された結果，普通選挙が実現した。

イ　1994年，衆議院議員選挙の選挙制度が，中選挙区制から小選挙区比例代表並立制に変更され，1996年の衆議院議員選挙から適用された。

ウ　2001年以降，参議院議員通常選挙において，あらかじめ政党が決めた順位にしたがって当選者を決める拘束名簿式比例代表制が適用されている。

エ　2015年の民法改正による成人年齢の引下げの結果，選挙権年齢が20歳以上から18歳以上に引き下げられ，2016年の第24回参議院議員通常選挙から適用された。

オ　2018年に公職選挙法が改正され，参議院比例代表選出議員の選挙について，政党等が参議院名簿にその他の参議院名簿登載者と区分して当選人となるべき順位を記載した参議院名簿登載者（特定枠名簿登載者）が，当該参議院名簿に係る参議院名簿登載者の間において優先的に当選人となる仕組みが導入された。

1　ア・ウ
2　ア・エ
3　イ・エ
4　イ・オ
5　ウ・オ

問題48　国際機関に関する次のア～オの記述のうち，妥当なものの組合せはどれか。

ア　国際連合環境計画（UNEP）は，1992年に開催された地球環境サミット（環境と開発に関する国際連合会議）において採択されたリオ・デ・ジャネイロ宣言を実施に移すために，同年の国際連合総会決議に基づいて設立された。

イ　国際司法裁判所（ICJ）は，国際連合の主要な司法機関であり，戦争犯罪行為や人道に対する罪で起訴された個人を裁く。

ウ　国際通貨基金（IMF）は，為替相場の安定を図ることなどを目的に1944年に締結されたブレトン・ウッズ協定に基づき設立された。

エ　国際労働機関（ILO）は，第二次世界大戦後に設立され，日本は原加盟国である。

オ　国際連合教育科学文化機関（UNESCO）は，経済社会理事会の下に置かれた，教育，科学，文化の発展と推進を目的とする専門機関である。

　1　ア・ウ
　2　ア・エ
　3　イ・エ
　4　イ・オ
　5　ウ・オ

問題49　国家財政に関する次の記述のうち，妥当でないものはどれか。

　1　わが国の一般会計当初予算は，平成24年度以降増加傾向にあり，令和6年度のそれは，110兆円を超えている。

　2　令和6年度の一般会計当初予算歳入のうち，租税および印紙収入についてみると，所得税の割合がもっとも多く，次いで消費税，法人税の順になっている。

　3　令和6年度の一般会計当初予算歳入のうち，公債金の額は，その歳入総額の3割を超えている。

　4　令和6年度の一般会計当初予算歳出のうち，国債費の額は，その歳出総額の2割を超えている。

　5　政府は，「経済財政運営と改革の基本方針2018」（いわゆる骨太の方針2018）において，2025年度までに，国・地方を合わせた基礎的財政収支の黒字化を目指すという新しい財政健全化計画を策定し，「経済財政運営と改革の基本方針2023」（いわゆる骨太の方針2023）においても，この目標は変更されていない。

問題50　貿易に関する次の記述のうち，妥当なものはどれか。

1　ＵＮＣＴＡＤ（国際連合貿易開発会議）は，自由貿易推進のために国際連合が設けた会議で，国際連合の補助機関として，４年に一度開催されている。
2　ＷＴＯ（世界貿易機関）のウルグアイ・ラウンドは，2001年に開始され，農業，鉱工業品，サービス，ルール，貿易円滑化，開発，環境および知的財産権の８分野について交渉を行っていたが，2011年末の第８回ＷＴＯ閣僚会議では，「近い将来，交渉全体が妥結する見込みは少ない」との見方で一致するに至った。
3　ＷＴＯにおいては，ＧＡＴＴ（関税および貿易に関する一般協定）と同様に，紛争解決手続については，コンセンサス方式（すべての加盟国の合意によって意思決定をする方式）をとっている。
4　ＦＴＡ（自由貿易協定）とは，協定構成国間において，関税その他の通商上の障壁の撤廃を実施することができる仕組みをいい，現在までのところ，２国間で締結され，多国間で締結されたことはない。
5　ＥＰＡ（経済連携協定）とは，２つ以上の国・地域の間で，自由貿易協定の要素に加え，貿易以外の分野，たとえば人の移動や投資，政府調達，２国間協力等を含めて締結される包括的な協定をいう。

問題51　高齢者問題に関する次の記述のうち，妥当なものはどれか。

1　医療費の自己負担割合は，65歳未満では，原則として，３割であるが，65歳以上では，65歳以上75歳未満のいわゆる前期高齢者が，原則として，２割であり，75歳以上のいわゆる後期高齢者が，原則として，１割である。
2　後期高齢者医療制度においては，医療費の自己負担割合は，原則として１割であるが，現役並み所得者は３割とされており，これ以外の負担割合の者はいない。
3　政府は，高齢者問題に対処するため，介護サービスについて，1989年に「高齢者保健福祉推進10か年戦略」，1994年に「新・高齢者保健福祉推進10か年戦略」，1999年に「今後５か年間の高齢者保健福祉施策の方向」を策定してその整備を行った。
4　老齢基礎年金および老齢厚生年金は，年金額の一部または全部の支給停止がなされる在職老齢年金制度の対象となっているが，当該制度は，高齢者の就労意欲をそぐことから，その見直しが行われている。
5　iDeCo（個人型確定拠出年金）とは，自分で拠出した掛金を自分で選んだ運用商品（定期預金，保険商品，投資信託等）によって運用し，原則として，65歳以降にこれを受け取る年金である。

問題52　社会における差別に関する次の記述のうち，妥当でないものはどれか。

1　2003年に性同一性障害者特例法*¹ が制定され，ＬＧＢＴのうち，トランスジェンダーについては，戸籍の性別を変更することが認められた。

2　2013年に障害者差別解消法*² が制定され，障害を理由とする不当な差別的取扱いを禁止することや社会的障壁を取り除くために必要で合理的な配慮を行うことが規定された。

3　2016年にヘイトスピーチ解消法*³ が制定され，本邦外出身者に対する不当な差別的言動に対しては，当該法律により，罰則が科されることになった。

4　夫婦同氏の原則を定める民法750条について，最高裁判所は，憲法13条，14条１項および24条に違反しないとして合憲判決を下したが，これについて，民法750条が違憲であるとする反対意見または意見が表示された。

5　2015年の最高裁判所大法廷判決を受けて，2016年に民法の女性に係る再婚禁止期間が改正された。

(注)　＊１　性同一性障害者の性別の取扱いの特例に関する法律
　　　　＊２　障害を理由とする差別の解消の推進に関する法律
　　　　＊３　本邦外出身者に対する不当な差別的言動の解消に向けた取組の推進に関する法律

問題53　次の文章の空欄 ア ～ エ に当てはまる語句の組合せとして，妥当なものはどれか。

　　行政書士法の規定によれば，行政書士は，その業務に関する帳簿を備え，これに事件の名称，年月日， ア ，依頼者の住所氏名その他 イ の定める事項を記載しなければならず，その帳簿をその関係書類とともに， ウ から エ 年間保存しなければならない。

	ア	イ	ウ	エ
1	受けた報酬の額	都道府県知事	帳簿閉鎖の時	2
2	プライバシーポリシー	日本行政書士会連合会	帳簿作成の日	3
3	受けた報酬の額	都道府県知事	帳簿閉鎖の時	5
4	プライバシーポリシー	日本行政書士会連合会	帳簿閉鎖の時	3
5	受けた報酬の額	日本行政書士会連合会	帳簿閉鎖の日	2

問題54　住民基本台帳法に関する次の記述のうち，妥当でないものはどれか。

1　市町村の選挙管理委員会は，公職選挙法22条１項等の規定により選挙人名簿に登録したときは，遅滞なく，その旨を当該市町村の市町村長に通知しなければならない。

2　都道府県知事は，その事務を管理するに当たって，当該都道府県の区域内の市町村の住民票に誤記があることを知ったときは，職権で訂正することができる。

3　市町村の委員会は，その事務を執行するに当たって，住民票に誤記があると認めるときは，遅滞なく，その旨を当該市町村の市町村長に通報しなければならない。

4　市町村長は，市町村の委員会等からの通報によって，住民票に誤記があること知ったときは，届出義務者に対する催告その他住民基本台帳の正確な記録を確保するため必要な措置を講じなければならない。

5　住民基本台帳に記録されている者は，自己または自己と同一の世帯に属する者に係る住民票に誤記または記載漏れがあることを知ったときは，その者が記録されている住民基本台帳を備える市町村の市町村長に対してその旨を申し出ることができる。

問題55　個人情報保護法*に関する次のア〜オの記述のうち，妥当でないものの組合せは
どれか。

ア　仮名加工情報とは，個人情報のうち，個人識別符号を除いたものについて，一定
の措置を講じて他の情報と照合しない限り特定の個人を識別することができないよ
うに加工して得られる個人に関する情報をいう。

イ　個人情報取扱事業者は，仮名加工情報を作成するときは，他の情報と照合しない
限り特定の個人を識別することができないようにするために必要なものとして個人
情報保護委員会規則で定める基準に従い，個人情報を加工するよう努めなければな
らない。

ウ　個人情報取扱事業者は，匿名加工情報を作成して当該匿名加工情報を第三者に提
供するときは，あらかじめ，第三者に提供される匿名加工情報に含まれる個人に関
する情報の項目およびその提供の方法について公表するとともに，当該第三者に対
して，当該提供に係る情報が匿名加工情報である旨を明示しなければならない。

エ　匿名加工情報取扱事業者は，匿名加工情報を取り扱うに当たっては，当該匿名加
工情報の作成に用いられた個人情報に係る本人を識別するために，当該個人情報か
ら削除された記述等を取得し，または当該匿名加工情報を他の情報と照合してはな
らない。

オ　匿名加工情報取扱事業者は，匿名加工情報の安全管理のために必要かつ適切な措
置，匿名加工情報の取扱いに関する苦情の処理その他の匿名加工情報の適正な取扱
いを確保するために必要な措置を自ら講じ，かつ，当該措置の内容を公表するよう
努めなければならない。

1　ア・イ
2　ア・オ
3　イ・ウ
4　ウ・エ
5　エ・オ

（注）　＊　個人情報の保護に関する法律

問題56　個人情報保護法*に関する次のア～オの記述のうち，妥当なものの組合せはどれか。

ア　行政機関等は，本人から直接書面に記録された当該本人の個人情報を取得するときは，原則として，あらかじめ，本人に対し，その利用目的を明示しなければならない。

イ　行政機関の長等は，開示請求に係る保有個人情報に不開示情報が含まれている場合であっても，個人の権利利益を保護するため特に必要があると認めるときは，開示請求者に対し，当該保有個人情報を開示しなければならない。

ウ　開示決定に基づき開示を受けた保有個人情報の内容が事実でないと思料するとき，またはその内容が不当であると思料するときは，当該保有個人情報を保有する行政機関の長等に対し，当該保有個人情報の訂正を請求することができる。

エ　何人も，自己を本人とする保有個人情報が行政機関の長等において不正の手段により取得されたものであると思料するときは，当該保有個人情報を保有する行政機関の長等に対し，当該保有個人情報の利用の停止または消去を請求することができる。

オ　本人の開示請求に対して処分庁が不開示の決定を行い，この不開示決定に対して審査請求がなされた場合には，当該審査請求に対する裁決をすべき行政機関の長等は，原則として，聴聞をしなければならない。

　　1　ア・ウ
　　2　ア・エ
　　3　イ・エ
　　4　イ・オ
　　5　ウ・オ

（注）　＊　個人情報の保護に関する法律

第3回問題

問題57　情報セキュリティ用語に関する次のア〜オの記述のうち，妥当でないものの組合せはどれか。

　ア　データセンターとは，サーバソフトウェアを稼働させているコンピュータ機器を
　　設置するために，高度な安全性等を確保して設計された専用の建物・施設をいう。
　イ　ボットとは，コンピュータに感染し，インターネットを通じてそのコンピュータ
　　を外部から操作することを目的として作成されたプログラムをいう。
　ウ　フィルタリングとは，インターネット上でデータを暗号化したり，なりすましに
　　よる情報漏えいを防いだりするためのプロトコルをいう。
　エ　フィッシング詐欺とは，企業等からの電子メールであるかのように偽った内容の
　　電子メールを送りつけ，偽のホームページに接続させて，クレジットカード番号，
　　パスワード等の個人情報を不正に入手する詐欺行為をいう。
　オ　SSLとは，インターネットのウェブページ等を一定の基準で評価・判別し，違
　　法・有害なウェブページ等の選択的な排除等を行うソフトウェアをいう。

　　　1　ア・ウ
　　　2　ア・エ
　　　3　イ・エ
　　　4　イ・オ
　　　5　ウ・オ

問題58　本文中の空欄　Ⅰ　～　Ⅴ　には，それぞれあとのア～オのいずれかの文が入る。その組合せとして妥当なものはどれか。

　　「二兎を追う者は一兎をも得ず」とは，果たしてそうでしょうか。もちろん教訓としてはそうでしょうし，その教訓に反旗を翻すつもりはありません。

　　しかし新たな技術の開発の場では，二兎を得るためには，二兎を追わなければなりません。　　Ⅰ　　。2つのことを同時に得るには，2つ，あるいは3つ，4つでもいいでしょう，とにかく「2つ以上」のことを追わなければ得られません。

　　教訓は「二兎」を追うことで，どちらも疎かになってしまい，結局どちらも取り逃がしてしまう。　　Ⅱ　　。

　　しかし，本当にそうでしょうか。もし教訓の通りだとすれば，どちらも疎かになってしまったことが失敗の原因と考えられます。　　Ⅲ　　。　　Ⅳ　　。そうした反省すらせずに，失敗の原因は「二兎を追ったためである」としてしまうことには，いささか疑問が残ります。

　　技術を磨き，工夫をすれば「二兎」を得ることも可能かもしれない，いや，可能であるはずだ，という立場で物事を見ることはとても大事な事です。　　Ⅴ　　。

　　なぜ失敗したのかを考え，原因を究明し，改善する。「二兎」を得るために，技術を磨き，練習し，実験をし，「二兎」どころか「三兎」「四兎」を追うことをしなければ，二兎は得られません。

　　新たな技術の開発の場では「二兎を追う者は一兎をも得ず」は必ずしも教訓であるとは言えないのです。

　　　　　　　　　　　　　　　（出典　岡本卓司「肯定力のススメ」から）

ア　一兎を追っていては，絶対に二兎は得られません
イ　失敗の原因が，本当は自分の実力が足りなかったことにあるのかもしれないのです
ウ　この立場こそ前進への原動力です
エ　だから「二兎を追ってはいけない」という戒めとなるわけです
オ　ならば，疎かにならないようにすべきです

	Ⅰ	Ⅱ	Ⅲ	Ⅳ	Ⅴ
1	ア	ウ	オ	イ	エ
2	ア	エ	イ	オ	ウ
3	ア	エ	オ	イ	ウ
4	エ	ア	イ	オ	ウ
5	オ	エ	イ	ウ	ア

問題59　本文中の空欄　Ⅰ　～　Ⅴ　には，それぞれあとのア～オのいずれかの文が入る。
　　その組合せとして妥当なものはどれか。

　　漢字にも「方言」があるというと意外に思われるかもしれませんが，あるのです。
　　　　Ⅰ　　　。また，その地域でしか使われていない場合もあります。ただこれ
らは主に漢字の表記による違いとして認識されていますから，厳密には方言のような
変化とは少々異なるかもしれません。　　Ⅱ　　　。
　　地域差があるものとして「食べ物」があります。なかでも代表的なものに「すし」
があります。　　Ⅲ　　　。「すし」は「握りずし」もあれば「押しずし」もあるよ
うに，もともと地域によって違いがあります。　　Ⅳ　　　。
　　まず「鮨」の漢字が多く使われるのは関東，それも東京，つまり江戸です。「握り
ずし」は江戸時代に江戸で考案されました。今のファストフードの感覚です。立ち喰
いで，それも屋台が基本でした。
　　一方「鮓」の漢字が多く使われているのは，関西です。それも大阪に特に集中して
います。「鮓」という漢字はその字から想像できるように「発酵させた魚」を指しま
す。大阪に古くから伝わる「なれずし」が由来とされています。酢飯を使うのではな
く魚を乳酸発酵させたものですが，これも「すし」です。この歴史的な流れを受け継
いでいる「すし」が「鮓」の表記となるわけです。
　　「寿司」の漢字は今や全国的に使われていますが，そのルーツは京都にあります。
　　かつて京都では「すし」を朝廷への「献上品」として朝廷に納めていました。その
ため「めでたい」という「寿」が当て字として使われ，定着したとされています。寿
司は縁起もの，祝いの席で食べるものというイメージがあるとすれば，それは京都に
ルーツがあることになります。
　　表記の違いが生じるのは，加工や調理方法の違い，その土地で入手できる素材の違
いや，歴史的な背景など，さまざまにあります。　　Ⅴ　　　。
　　　　　　　　　　　　　　　　（出典　野間良次「方言漢字～桁から崖へ～」から）

ア　「すし」の表記も漢字では「鮨」「鮓」「寿司」と違いがあります
イ　代表的であるというのは「表記」が地域によって違うという意味です
ウ　漢字も話し言葉の方言のように地域によって変化するのです
エ　このように，地域によって違いが生じる漢字を「方言漢字」と呼びます
オ　しかし，その表記の違いに地域差が大きく関わっていることは確かです

	I	II	III	IV	V
1	ア	オ	エ	イ	ウ
2	ウ	ア	イ	エ	オ
3	ウ	オ	イ	ア	エ
4	エ	オ	ア	ウ	イ
5	エ	オ	イ	ア	ウ

第3回問題

問題60　本文中の空欄 ☐ に入る文章として，妥当なものはどれか。

　　19世紀後半にパリで始まった印象派は，20世紀初頭にかけてアメリカにも渡った。印象派の絵画作品そのものもアメリカに渡ったが，アメリカ出身の画家も印象派の手法を持ち帰っている。パリへ留学し，印象派を学び，その手法を持ち帰った画家は少なからずいたのである。印象派はアメリカにも渡ったのであった。印象派の手法は当時の絵画の流行の最先端でもあった。

　　しかし残念ながら，パリの印象派のようには花咲かなかったといえる。技術的に下手であったわけではない。幾人かの画家が，印象派の手法，技術を確かに持ち帰っているし，アメリカの風景を印象派の手法を駆使して描いてはいる。しかし，花咲いたとは残念ながらいえない。

　　その原因は，時代背景の違いである。そもそもパリで印象派と呼ばれる集団が生まれたのは，従来の絵画に対する評価への反論，反旗，離脱といった原動力があったからだと考えられている。印象派の手法が「戸外で描くこと」を最大公約数とすれば，確かに印象派の絵画は，それまでの絵画とは違い手法も新しいものだったが，一種のアンチテーゼでもあった。☐☐☐☐☐☐☐☐☐☐☐☐☐☐☐。

　　パリへ留学し，印象派の手法は持ち帰った。中には上手い画家も少なからずいたのだが，主張はというと，持ち帰れていないのである。アメリカの風景を印象派の手法で描き，見た目は立派な印象派であっても，アメリカにはアンチテーゼとなる時代背景が存在していなかった。原動力となるものがアメリカには無かった。そのため印象派の手法の絵を描くことはできたが，印象派の主張で絵を描くことができなかったのである。

　　　　　　　　　　　　　　（出典　長谷貴明「海を渡った印象派」から）

1　そこには手法の前に主張があった。印象派は自分たちの絵を描いたのではなく，評価される絵を描こうとしたのである

2　そこには主張の前に手法があった。従来の手法を用いないことで，印象派の絵を描いたのである

3　そこには手法の前に主張があった。従来の手法で絵を描きつつ，印象派の主張を絵で描いたのである

4　そこには手法の前に主張があった。印象派の手法の絵を描いただけではなく，印象派の主張を絵で描いたのである

5　そこには主張の前に手法があった。印象派の手法は戸外で絵を描くことだけでなく，さまざまな新しい手法を用いていたからである

第1回　解説

第1回

正解・出題要旨一覧

問	正解	分類	出題の要旨	問	正解	分類	出題の要旨
1	2	基礎法学	法令用語	31	1	民法	債権者代位権
2	4		裁判員制度	32	1		債権譲渡
3	5	憲法	公務員の人権	33	4		売買
4	4		表現の自由	34	1		請負
5	2		生存権	35	4		親子
6	3		国会	36	2	商法・会社法	支配人
7	1		財政	37	5		種類株式
8	3	行政理論	行政行為の種類	38	2		取締役
9	5		行政立法	39	5		監査役
10	1		行政罰	40	1		会社の合併
11	5	行政手続法	用語の定義	41		多肢 - 憲法	政教分離
12	3		申請に対する処分	42		多肢 - 行政法	違法性の承継
13	2		行政指導の中止等の求め	43	解説参照	多肢 - 行政法	当事者訴訟
14	3	行政不服審査法	適用除外	44		記述ー行政法	代理人の権限
15	1		参加人	45		記述ー民法	使用者責任
16	5		不作為についての審査請求	46		記述ー民法	限定承認
17	2	行政事件訴訟法	原告適格	47	1	政治	領土問題
18	1		取消訴訟の審理	48	4		多国間の枠組み
19	1		差止訴訟	49	1	経済	租税制度
20	4	国家賠償法	国家賠償法1条	50	4		国際収支
21	1		国家賠償法2条	51	3	社会	外国人材の受入れ
22	3	地方自治法	住民	52	2		災害・防災
23	2		議会	53	1	諸法令	業務
24	3		執行機関	54	2		届出
25	3	行政組織	公務員	55	2	個人情報保護・情報通信	個人情報保護法
26	4		国家行政組織法	56	5		情報通信用語
27	4	民法	代理	57	4		不正アクセス禁止法
28	1		条件、期限	58	5	文章理解	空欄補充（語句）
29	4		不動産物権変動	59	3		空欄補充（文章）
30	4		物上代位	60	5		文章の並び替え

第1回　解説　法令等

基礎法学

問題1　正解　2

本問は，法令用語に関する問題である。

1. **妥当でない。**

「A及びB並びにC」という文章では，AとBが小さな接続詞である「及び」で結ばれ，それがCと大きな接続詞である「並びに」で結ばれている。

2. **妥当である。**

「なお従前の例による」とは，法令が改廃され，旧規定が効力を失っている場合でも，なお一定の事項については，包括的に旧規定が適用されていた場合と同様に取り扱うときに用いられる。

3. **妥当でない。**

「直ちに」「遅滞なく」「速やかに」は，いずれも時間的遅延を許さない趣旨であるが，「直ちに」，「速やかに」，「遅滞なく」の順に急迫の度合いは低くなる。

4. **妥当でない。**

「以上」とは基準となる数値を含めて，それより上ということを意味し，「超える」とは基準となる数値は含まないで，それより上ということを意味する。

5. **妥当でない。**

「科料」と「過料」は，いずれも金銭を剥奪する罰であるが，「科料」は刑罰の一つであり，刑法総則の規定が適用されるのに対して，「過料」は刑罰ではなく，刑法総則の規定は適用されない。

問題2　正解　4

本問は，裁判員制度に関する問題である。

1. **妥当である。**

憲法76条3項は，「すべて裁判官は，その良心に従ひ独立してその職権を行ひ，この憲法及び法律にのみ拘束される。」と規定している。また，裁判員の参加する刑事裁判に関する法律（以下「裁判員法」という。）8条は，「裁判員は，独立してその職権を行う。」と規定している。

2. **妥当である。**

裁判員の参加する合議体で取り扱うべき事件は，①死刑または無期の懲役もしくは禁錮に当たる罪に係る事件，②裁判所法26条2項2号に掲げる事件（＝死刑または無期もしくは短期1年以上の懲役もしくは禁錮にあたる罪（強盗罪等を除く。）に係る事件）であって，故意の犯罪行為により被害者を死亡させた罪に係るもの（①に該当するものを除く）である（裁判員法2条1項）。このように，裁判員の参加する合議体で取り扱うべき事件は，死刑または無期の懲役もしくは禁錮に当たる罪に係る事件のみならず，短

期1年以上の懲役または禁錮にあたる罪に係る事件も含まれる。

3．**妥当である。**

　　裁判員の参加する合議体の構成は，原則として，裁判官の員数は3人，裁判員の員数は6人となる（裁判員法2条2項）。なお，公判前整理手続の結果，被告人が公訴事実を認めている場合において，当事者に異議がなく，かつ，事件の内容等を考慮して裁判所が適当と認めるときは，その事件を裁判官1人と裁判員4人の合議体で取り扱うことができる（同条3項）。

4．**妥当でない。**

　　被告事件について犯罪の証明があった場合において，判決で刑の言渡しをしなければならないときは，事実の認定，法令の適用および刑の量定は，いずれも合議体の構成員である裁判官および裁判員の合議による（裁判員法6条1項）。

5．**妥当である。**

　　裁判員および補充裁判員には，最高裁判所規則で定めるところにより，旅費，日当および宿泊料が支給される（裁判員法11条）。

憲法

問題3　正解　5

　　本問は，公務員の政治活動の自由に関する判例（猿払事件，最大判昭49・11・6）に関する問題である。

1．**妥当である。**

　　引用判例は，本肢のような一般論を述べて公務員の政治活動の自由に対する特別な制約が許されることを判示している。

2．**妥当である。**

　　公務員の政治活動の自由に対する特別な制約についての，判例の判断基準である。

3．**妥当である。**

　　引用判例は，その制約を意見内容ではなく外形的な行為に着目して，行為を規制しているものと評価している。

4．**妥当である。**

　　引用判例の下級審は，より制限的ではない手段があることを理由に憲法違反の判断をしていたのに対して，判例は本肢のような判断を示している。

5．**妥当でない。**

　　本肢は，引用判例の反対意見の中で述べられたものであり，多数意見とは異なる。

問題4　正解　4

　　本問は，名誉を棄損する表現の事前規制について論じた判例（最大判昭61・6・11）に関する問題である。

1．**妥当である。**

　　引用判例は，判例の検閲の定義をあげたうえで，本肢のように判示している。

２．**妥当である。**

引用判例は，本肢のように述べて人格権に基づく事前差止めが許容され得ると判示している。

３．**妥当である。**

引用判例も本肢のように，表現の事前規制の問題点について言及している。その上で，どのような基準で事前規制を認めるべきかを判示している。

４．**妥当でない。**

本肢の内容は，谷口裁判官の意見で述べられたものである。引用判例は，本肢のような内容の判断を行っていない。

５．**妥当である。**

引用判例は，本肢のような基準で表現の事前差止めが認められる旨の判断を行っている。

問題5 正解 **2**

本問は，生存権に関する判例に関する問題である。

１．**妥当である。**

生存権の法的性格について述べた判例（朝日訴訟，最大判昭42・5・24）は，「すべての国民が健康で文化的な最低限度の生活を営み得るように国政を運営すべきことを国の責務として宣言したにとどまり，直接個々の国民に対して具体的権利を賦与したものではない」と判示している。

２．**妥当でない。**

本肢の内容は，堀木訴訟控訴審判決（大阪高判昭50・11・10）で採用されたが，最高裁で行われた上告審では言及されておらず，本見解に否定的な立場を示したと一般的には評されている。

３．**妥当である。**

判例（堀木訴訟，最大判昭57・7・7）において，憲法25条１項にいう「健康で文化的な最低限度の生活」は，きわめて抽象的・相対的な概念であって，その具体的内容は，その時々における文化の発達の程度，経済的・社会的条件，一般的な国民生活の状況等との相関関係において判断決定されるべきものである，としている。

４．**妥当である。**

判例（堀木訴訟，最大判昭57・7・7）は，「（憲法25条の）趣旨にこたえて具体的にどのような立法措置を講ずるかの選択決定は，立法府の広い裁量にゆだねられており，それが著しく合理性を欠き明らかに裁量の逸脱・濫用と見ざるをえないような場合を除き，裁判所が審査判断するのに適しない事柄である」とする。

５．**妥当である。**

判例（最判平13・9・25）は，「生活保護法が不法残留者を保護の対象とするものではないことは，その規定及び趣旨に照らし明らかというべきである。そして，憲法25条については，同条１項は国が個々の国民に対して具体的，現実的に義務を有することを

規定したものではなく，同条2項によって国の責務であるとされている社会的立法及び社会的施設の創造拡充により個々の国民の具体的，現実的な生活権が設定充実されていくものであって，同条の趣旨にこたえて具体的にどのような立法措置を講ずるかの選択決定は立法府の広い裁量にゆだねられていると解すべきところ，不法残留者を保護の対象に含めるかどうかが立法府の裁量の範囲に属することは明らかというべきである」として，不法残留者を生活保護の対象としないことは憲法25条に反しないとしている。

問題6 正解 3

本問は，国会に関する問題である。

1．**妥当である。**

憲法43条1項は，国会議員が全国民の代表であると規定している。

2．**妥当である。**

国務大臣は，国会に出席する義務と権利を有する（憲法63条）。議院内閣制を採用していることの当然の帰結である。

3．**妥当でない。**

いずれかの議院の総議員の4分の1以上の要求があるときは，内閣は国会の召集を決定しなければならない（憲法53条）。しかし，本肢のように期間は明文で規定されていない。

4．**妥当である。**

憲法48条に，両院の兼任禁止が定められている。

5．**妥当である。**

両議院は，所属議員に対する懲罰権を有し，除名もその一つとして認められている（憲法58条2項）。議員の除名には，出席議員の3分の2以上の多数による議決が必要である旨も併せて確認しておこう。

問題7 正解 1

本問は，財政に関する問題である。

1．**妥当である。**

本肢はいわゆる租税法律主義（憲法84条）を論じたものであるが，ここにいう「法律」には条例が含まれると解されている。

2．**妥当でない。**

国費を支出し，または国が債務を負担するには，国会の議決に基づくことを必要とする（憲法85条）。国が債務を負担することは，将来その弁済のために国費を支出することになり，ひいては，国民の負担となるため，国会の議決が必要とされている。

3．**妥当でない。**

予算における歳入は見込みであり，法的拘束力がないと解されている。しかし，だからといって歳入は予算に含まれないというわけではない。なお，前段の記述は妥当である（憲法86条）。

4．**妥当でない。**

　本肢のような予備費を設けることはできる（憲法87条1項）が，義務とはされていない。

5．**妥当でない。**

　決算は，国会への報告が必要とされているが，承認までは求められていない（憲法90条1項）。

行政理論

問題8　正解　3

　本問は，行政行為の種類に関する問題である。

1．**妥当でない。**

　営業の免許は，相手方に対して何らかの利益を与えるものであり，授益処分である。なお，その他の記述は妥当である。

2．**妥当でない。**

　免除とは，法令または行政行為によって課されている作為義務を特定の場合に解除することをいい，命令的行為の一つである。なお，その他の記述は，妥当である。

3．**妥当である。**

　営業の許可を要する場合において，その許可を受けないで営業を行ったときは，罰則等の制裁を受けることがあるが，営業上の取引行為自体は無効とならない。判例（最判昭35・3・18）は，食品衛生法は，単なる取締法規にすぎないものと解すべきであるから，Yが食品衛生法上の食肉販売業の許可を受けていないとしても，当該法律により本件売買取引の私法上の効力は否定されないと判示した。

4．**妥当でない。**

　認可とは，私人間の法律行為を補充して，その法律上の効果を完成させる行為をいう。このように，認可の対象となる行為は，法律行為に限られ，事実行為はその対象とならない。

5．**妥当でない。**

　認可を欠く当事者間の行為は，その法的効果が否定される。なぜなら，認可は，当事者間の法律行為を補充するものであるからである。たとえば，農地法3条6項は，「第1項の許可を受けないでした行為は，その効力を生じない。」と規定している。

問題9　正解　5

　本問は，行政立法に関する問題である。

1．**妥当でない。**

　14歳未満の者が在監者と接見することを禁止している監獄法施行規則について，判例（最判平3・7・9）は，当該規定は，たとえ事物を弁別する能力の未発達な幼年者の心情を害することがないようにという配慮の下に設けられたものであるとしても，それ自体，法律によらないで，被勾留者の接見の自由を著しく制限するものであって，監獄

法50条の委任の範囲を超えた無効のものと断ぜざるを得ないと判示した。

2．**妥当でない。**

　　判例（最判平24・12・7）は，国家公務員法「102条1項が人事院規則に委任しているのは，公務員の職務の遂行の政治的中立性を損なうおそれが実質的に認められる政治的行為の行為類型を規制の対象として具体的に定めることであるから，同項が懲戒処分の対象と刑罰の対象とで殊更に区別することなく規制の対象となる政治的行為の定めを人事院規則に委任しているからといって，憲法上禁止される白紙委任に当たらないことは明らかである。なお，このような禁止行為に対しては，服務規律違反を理由とする懲戒処分のみではなく，刑罰を科すことをも制度として予定されているが，これは常に刑罰を科すという趣旨ではなく，国民全体の上記利益を損なう影響の重大性等に鑑みて禁止行為の内容，態様等が懲戒処分等では対応しきれない場合も想定されるためであり，あり得べき対応というべきであって，刑罰を含む規制であることをもって直ちに必要かつ合理的なものであることが否定されるものではない。」と判示した。

3．**妥当でない。**

　　銃砲刀剣類所持等取締法が，「美術品として価値のある刀剣類」等の鑑定基準について，その基準の制定を文部省令に委任し，これを受けて文部省令が，登録の対象となる文化財的価値のある刀剣類の鑑定基準として，美術品として文化財的価値を有する日本刀に限る旨を定めたことは，委任の範囲を超え，無効となるか否かが争われた事案において，判例（最判平2・2・1）は，当該文部省令は，銃砲刀剣類所持等取締法の趣旨に沿う合理性を有する鑑定基準を定めたものというべきであるから，これをもって法の委任の趣旨を逸脱する無効のものということはできないと判示した。

4．**妥当でない。**

　　判例（最判昭43・12・24）は，「裁判所がこれらの通達に拘束されることのないことはもちろんで，裁判所は，法令の解釈適用にあたつては，通達に示された法令の解釈とは異なる独自の解釈をすることができ，通達に定める取扱いが法の趣旨に反するときは独自にその違法を判定することもできる筋合である。」と判示した。

5．**妥当である。**

　　判例（最判昭43・12・24）は，「元来，通達は，原則として，法規の性質をもつものではなく，上級行政機関が関係下級行政機関および職員に対してその職務権限の行使を指揮し，職務に関して命令するために発するものであり，このような通達は右機関および職員に対する行政組織内部における命令にすぎないから，・・・行政機関が通達の趣旨に反する処分をした場合においても，そのことを理由として，その処分の効力が左右されるものではない。」と判示した。このように，通達は，行政組織内部における命令にすぎないから，下級行政機関等が通達の趣旨に反する処分をしたからといって，そのことを理由に，当該処分が違法とされるわけではない。処分が違法であるかどうかは，もっぱら法律の規定およびその趣旨に適合しているかどうかによってのみ判断すべきであり，通達に適合するかどうかによって判断すべきものではない。したがって，下級行政機関が通達の趣旨に反する処分をした場合であっても，裁判所は，そのことを理由と

して，処分を取り消すことができるわけではない。

問題10　正解　1

本問は，行政罰に関する問題である。

1．妥当である。

行政刑罰は，行政上の義務違反に対して科される刑法典に刑名のある罰をいう。また，行政上の秩序罰は，行政上の秩序を維持するため，私人に対して課される届出，通知，登記等の行政上の義務違反に対して科される過料の罰をいう。このように，行政刑罰も行政上の秩序罰も，行政上の義務違反に対して制裁として科される罰であるという点において共通している。

2．妥当でない。

行政上の秩序罰は，比較的軽微な行政上の義務違反に対して科される金銭的制裁である。そのため，すべての行政上の義務違反に対して科すことができ，非代替的作為義務または不作為義務の不履行がある場合に限られない。

3．妥当でない。

行政上の秩序罰としての過料は，刑罰ではないから，刑事訴訟法は適用されない（この場合において，①法律に基づいて過料が科されるときは，非訟事件手続法の定めに従って裁判所が過料を科し，②地方公共団体の条例または長の規則に基づいて過料が科されるときは，地方公共団体の長の処分によって過料が科される。）。なお，その他の記述は妥当である。

4．妥当でない。

判例（最大判昭32・11・27）は，両罰規定は，事業主として行為者の選任・監督その他違反行為を防止するために必要な注意を尽さなかった過失の存在を推定した規定であると判示した。したがって，事業主が無過失であることを立証したときは，その責任を免れることができる。

5．妥当でない。

行政上の秩序罰は，刑罰ではない。そして，行政刑罰と行政上の秩序罰は，いずれもその目的，要件および実現の手続を異にし，必ずしも二者択一の関係にあるものではないから，両者を併科することが可能である。判例（最判昭39・6・5）も，同様の結論を採っている。

行政手続法

問題11　正解　5

本問は，行政手続法の定義規定に関する問題である。

1．誤り。

不利益処分とは，行政庁が，法令に基づき，特定の者を名あて人として，直接に，これに義務を課し，またはその権利を制限する処分をいう（行政手続法2条4号）。したがって，不利益処分は，特定の者を名あて人とするものであり，不特定の者を名あて人

とするものではないから，本肢は誤り。なお，許認可等の効力を失わせる処分であって，当該許認可等の基礎となった事実が消滅した旨の届出があったことを理由としてされるものは，不利益処分から除外される（行政手続法2条4号ニ）。

2．**誤り。**

　　行政指導とは，行政機関がその任務または所掌事務の範囲内において一定の行政目的を実現するため特定の者に一定の作為または不作為を求める指導，勧告，助言その他の行為であって処分に該当しないものをいう（行政手続法2条6号）。したがって，行政指導は，特定の者に対する行為であり，不特定の者に対する行為ではないから，本肢は誤り。

3．**誤り。**

　　審査基準とは，申請により求められた許認可等をするかどうかをその法令の定めに従って判断するために必要とされる基準をいう（行政手続法2条8号ロ）。本肢の内容は，処分基準についてのものである。

4．**誤り。**

　　届出とは，行政庁に対し一定の事項の通知をする行為（申請に該当するものを除く。）であって，法令により直接に当該通知が義務付けられているものをいう（行政手続法2条7号）。したがって，法令により直接に当該通知が義務付けられているものであるから，本肢は誤り。

5．**正しい。**

　　行政指導指針とは，同一の行政目的を実現するため一定の条件に該当する複数の者に対し行政指導をしようとするときにこれらの行政指導に共通してその内容となるべき事項をいう（行政手続法2条8号ニ）。

問題12 正解　3

　本問は，申請に対する処分に関する問題である。

1．**妥当である。**

　　行政庁は，審査基準を定めるに当たっては，許認可等の性質に照らしてできる限り具体的なものとしなければならない（行政手続法5条2項）。

2．**妥当である。**

　　行政庁は，行政上特別の支障があるときを除き，法令により申請の提出先とされている機関の事務所における備付けその他の適当な方法により審査基準を公にしておかなければならない（行政手続法5条3項）。

3．**妥当でない。**

　　行政庁は，申請により求められた許認可等を拒否する処分をする場合は，申請者に対し，同時に，当該処分の理由を示さなければならない（行政手続法8条1項本文）。もっとも，拒否処分と同時にする理由の提示については例外があり，法令に定められた許認可等の要件または公にされた審査基準が数量的指標その他の客観的指標により明確に定められている場合であって，当該申請がこれらに適合しないことが申請書の記載また

は添付書類その他の申請の内容から明らかであるときは，申請者の求めがあったときにこれを示せば足りる（行政不服審査法8条2項ただし書）。したがって，当該理由を示さないで処分をすべき差し迫った必要がある場合は，例外の場合ではないから，本肢は妥当でない。

4．**妥当である。**

　　行政庁は，申請により求められた許認可等を拒否する処分を書面でするときは，当該処分の理由は，書面により示さなければならない（行政手続法8条2項）。

5．**妥当である。**

　　行政庁は，申請の処理をするに当たり，他の行政庁において同一の申請者からされた関連する申請が審査中であることをもって自らすべき許認可等をするかどうかについての審査または判断を殊更に遅延させるようなことをしてはならない（行政手続法11条1項）。

問題13　正解　2

本問は，行政指導の中止等の求め，処分等の求め等に関する問題である。

1．**誤り。**

　　処分の相手方が，行政庁に対して処分の中止等を求めることができるとする規定は行政手続法にない。したがって，本肢は誤り。なお，行政指導については，行政機関に対し，相手方から中止等を求めることができるとする規定がある（行政手続法36条の2）。

2．**正しい。**

　　何人も，法令に違反する事実がある場合において，その是正のためにされるべき処分または行政指導（その根拠となる規定が法律に置かれているものに限る。）がされていないと思料するときは，当該処分をする権限を有する行政庁または当該行政指導をする権限を有する行政機関に対し，その旨を申し出て，当該処分または行政指導をすることを求めることができる（行政手続法36条の3）。

3．**誤り。**

　　委任により，権限は受任機関である地方公共団体に移る。地方公共団体の機関が行政指導を行う場合，行政手続法の定める行政指導手続に関する規定は適用されない（行政手続法3条3項）。したがって，本肢は誤りである。

4．**誤り。**

　　法令に違反する行為の是正を求める行政指導（その根拠となる規定が法律に置かれているものに限る。）の相手方は，当該行政指導が当該法律に規定する要件に適合しないと思料するときは，当該行政指導をした行政機関に対し，その旨を申し出て，当該行政指導の中止その他必要な措置をとることを求めることができる（行政手続法36条の2）。この行政指導の中止等の求めについて，行政指導が口頭でされた場合は除外されていない。したがって，本肢は誤り。

5．**誤り。**

　　処分等の求めの申出は，法定の事項を記載した申出書を提出してしなければならない

（行政手続法36条の３第２項）。したがって，口頭ではなく申出書の提出が必要であるから，本肢は誤り。

行政不服審査法

問題14　正解　3

　本問は，行政不服審査法の適用除外に関する問題である。

ア．**適用される。**

　都市計画法に基づく開発許可処分は，行政不服審査法上の「処分」に該当し，行政不服審査法の適用除外とはされていない。

イ．**適用されない。**

　外国人の出入国または帰化に関する処分は，行政不服審査法の適用除外とされている（同法７条１項10号）。

ウ．**適用されない。**

　行政不服審査法に基づく処分については，第５章第１節第１款〔行政不服審査会の設置及び組織〕の規定に基づく処分を除き，行政不服審査法の規定は適用されない（同法７条１項12号）。審査請求に対する裁決は行政不服審査法に基づく処分である。

エ．**適用される。**

　行政不服審査法は，行政手続法と異なり，地方公共団体の機関がする処分で，その根拠となる規定が条例に置かれているものを適用除外とはしていない。

オ．**適用されない。**

　行政不服審査法７条２項は，「国の機関又は地方公共団体その他の公共団体若しくはその機関に対する処分で，これらの機関又は団体がその固有の資格において当該処分の相手方となるもの及びその不作為については，この法律の規定は，適用しない。」と規定している。なぜなら，行政不服審査法は，「国民」に対して不服申立てを認めようとするものだからである。

　以上より，行政不服審査法が適用されないものは，イ，ウおよびオの三つであるから，正解は３である。

問題15　正解　1

　本問は，参加人の権利に関する問題である。

1．**妥当である。**

　利害関係人（＝審査請求人以外の者であって審査請求に係る処分または不作為に係る処分の根拠となる法令に照らし当該処分につき利害関係を有するものと認められる者）は，審理員の許可を得て，当該審査請求に参加することができる（行政不服審査法13条１項）。

2．**妥当でない。**

　審理員は，必要があると認める場合には，利害関係人に対し，当該審査請求に参加することを求めることができる（行政不服審査法13条２項）。

３．**妥当でない。**

　審理員は，処分庁等から弁明書の提出があったときは，これを審査請求人および参加人に送付しなければならない（行政不服審査法29条５項）。処分庁等から主張・説明を受ける機会を保障し，手続の透明性を確保するためである。

４．**妥当でない。**

　反論書（＝弁明書に記載された事項に対する反論を記載した書面）を提出することができるのは，審査請求人のみである（行政不服審査法30条１項前段）。なお，2014（平成26）年の行政不服審査法の改正により，参加人の手続上の地位を強化するため，参加人には，意見書（＝審査請求に係る事件に関する意見を記載した書面）提出権が認められた（行政不服審査法30条２項前段）。これにより，審理を公正かつ迅速に進めることができると期待されている。

５．**妥当でない。**

　参加人には，口頭で審査請求に係る事件に関する意見を述べる機会を与えるべき旨の申立てをする権利が保障されている（行政不服審査法31条１項本文）。

問題16 **正解　5**

　本問は，不作為についての審査請求に関する問題である。

１．**妥当でない。**

　不作為についての審査請求は，行政庁が法令に基づく申請に対し，当該申請から相当の期間が経過したにもかかわらず処分をしないときにすることができる（行政不服審査法３条）。行政庁が一定の処分をすべきであるにかかわらずこれがされないときは，不作為についての審査請求をすることはできない。

２．**妥当でない。**

　行政不服審査法上，行政庁の不作為については，再調査の請求は認められていない（行政不服審査法５条１項参照）。

３．**妥当でない。**

　行政不服審査法上，行政庁の不作為については，再審査請求は認められていない（行政不服審査法６条１項参照）。

４．**妥当でない。**

　不作為についての審査請求は，法令に基づき行政庁に対して「処分についての申請」をした者は，当該申請から相当の期間が経過したにもかかわらず，行政庁の不作為がある場合には，当該不作為についての審査請求をすることができる（行政不服審査法３条）。このように，不作為についての審査請求は，法令に基づく申請権のあること，すなわち，申請があった場合に申請を受けた行政庁が申請に対する何らかの応答義務を負う場合にすることができる。請願法に基づく請願は，行政庁に対し一定の作為または不作為に出ることを要請するものであり，これに対し，行政庁は，なんらの応答義務を負わない。したがって，請願についての不作為については，審査請求をすることはできない。

5．妥当である。

　　不作為についての審査請求が理由がある場合には，審査庁は，裁決で，当該不作為が違法または不当である旨を宣言するが，その場合において，不作為庁の上級行政庁である審査庁は，当該申請に対して一定の処分をすべきものと認めるときは，当該不作為庁に対し，当該処分をすべき旨を命ずることができる（行政不服審査法49条3項1号）。

行政事件訴訟法
問題17　正解　2

　　本問は，原告適格に関する問題である。

ア．妥当でない。

　　判例（最判平元・2・17，新潟空港訴訟判決）は，「取消訴訟の原告適格について規定する行政事件訴訟法9条にいう当該処分の取消しを求めるにつき「法律上の利益を有する者」とは，当該処分により自己の権利若しくは法律上保護された利益を侵害され又は必然的に侵害されるおそれのある者をいう」とした上で，「当該処分を定めた行政法規が，不特定多数者の具体的利益をもっぱら一般的公益の中に吸収解消させるにとどめず，それが帰属する個々人の個別的利益としてもこれを保護すべきものとする趣旨を含むと解される場合には，かかる利益も右にいう法律上保護された利益に当た」るとし，「当該処分によりこれを侵害され又は必然的に侵害されるおそれのある者は，当該処分の取消訴訟における原告適格を有するということができる」としている。したがって，本肢は妥当でない。

イ．妥当である。

　　都市計画法上の開発許可について開発区域外であるが，崖崩れ等により生命身体に直接被害を受けることが想定される住民には，都市計画法上の開発許可の取消しを求める原告適格がある（最判平9・1・28，開発許可処分取消訴訟）。

ウ．妥当である。

　　里道の廃止処分について，それにより生活に著しい支障が生ずるような特段の事情がある場合にのみ，里道近くの居住者には取消しを求める原告適格がある（最判昭62・11・24）。

エ．妥当である。

　　原子炉から約58キロメートル以内に居住している者は事故等により直接的かつ重大な被害を受けることが想定される範囲に居住する者であるから，原子炉設置許可無効確認訴訟の原告適格がある（最判平4・9・22，もんじゅ事件）。

オ．妥当でない。

　　風俗営業許可の不許可事由に関する風営法に基づく風営法施行令の基準に従って規定された条例による風俗営業制限地域における風俗営業について，規制地域に居住する住民には，風俗営業の許可の取消しを求める原告適格はない（最判平10・12・17）。したがって，本肢は妥当でない。

以上より，妥当でないものは，アおよびオであるから，正解は2である。

問題18　正解　1

本問は，取消訴訟の審理に関する問題である。

1．誤り。

　裁判所は，取消訴訟の目的たる請求を当該処分または裁決に係る事務の帰属する国または公共団体に対する損害賠償その他の請求に変更することが相当であると認めるときは，請求の基礎に変更がない限り，口頭弁論の終結に至るまで，原告の申立てにより，決定をもって，訴えの変更を許すことができる（行政事件訴訟法21条1項）。そして，訴えの変更を許さない決定に対しては，不服を申し立てることができない（同条5項）。なお，原告が変更を求めた訴訟を望む場合は，新たな訴訟を提起するほかない。

2．正しい。

　取消訴訟において，原告が故意または重大な過失によらないで被告とすべき者を誤ったときは，裁判所は，原告の申立てにより，決定をもって，被告を変更することを許すことができる（行政事件訴訟法15条1項）。

3．正しい。

　裁判所は，訴訟関係を明瞭にするため，必要があると認めるときは，被告である国もしくは公共団体に所属する行政庁または被告である行政庁に対し，処分または裁決の内容，処分または裁決の根拠となる法令の条項，処分または裁決の原因となる事実その他処分または裁決の理由を明らかにする資料であって当該行政庁が保有するものの全部または一部の提出を求めることができる（行政事件訴訟法23条の2第1項1号）。

4．正しい。

　裁判所は，訴訟の結果により権利を害される第三者があるときは，当事者もしくはその第三者の申立てによりまたは職権で，決定をもって，その第三者を訴訟に参加させることができる（行政事件訴訟法22条1項）。

5．正しい。

　裁判所は，必要があると認めるときは，職権で，証拠調べをすることができる。ただし，その証拠調べの結果について，当事者の意見をきかなければならない（行政事件訴訟法24条）。

問題19　正解　1

本問は，差止訴訟に関する問題である。

1．妥当でない。

　本肢のようなことは行政事件訴訟法に定められていない。したがって，本肢は，妥当でない。なお，仮の義務付けまたは仮の差止めは，公共の福祉に重大な影響を及ぼすおそれがあるときは，することができない（行政事件訴訟法37条の5第3項）。

2．妥当である。

　差止訴訟は，一定の処分または裁決がされることにより重大な損害を生ずるおそれがある場合に限り，提起することができる。ただし，その損害を避けるため他に適当な方法があるときは，提起することができない（行政事件訴訟法37条の4第1項）。

3．**妥当である。**

　　判例（最判平28・12・8）は，差止訴訟の「訴訟要件である，処分がされることにより「重大な損害を生ずるおそれ」があると認められるためには，処分がされることにより生ずるおそれのある損害が，処分がされた後に取消訴訟等を提起して執行停止の決定を受けることなどにより容易に救済を受けることができるものではなく，処分がされる前に差止めを命ずる方法によるのでなければ救済を受けることが困難なものであることを要する」としている。

4．**妥当である。**

　　差止訴訟は，行政庁が一定の処分または裁決をしてはならない旨を命ずることを求めるにつき法律上の利益を有する者に限り，提起することができる（行政事件訴訟法37条の4第3項）。

5．**妥当である。**

　　差止訴訟に係る処分または裁決につき，行政庁がその処分もしくは裁決をすべきでないことがその処分もしくは裁決の根拠となる法令の規定から明らかであると認められまたは行政庁がその処分もしくは裁決をすることがその裁量権の範囲を超えもしくはその濫用となると認められるときは，裁判所は，行政庁がその処分または裁決をしてはならない旨を命ずる判決をする（行政事件訴訟法37条の4第5項）。

国家賠償法

問題20　正解　4

　　本問は，国家賠償法1条に関する問題である。

ア．**妥当でない。**

　　判例（最判昭62・2・6）は，国家賠償法1条1項にいう「公権力の行使」には，公立学校における教師の教育活動も含まれるとし，国家賠償責任を問うことができると判示した。

イ．**妥当である。**

　　判例（最判昭57・3・12）は，裁判官がした争訟の裁判に上訴等の訴訟法上の救済方法によって是正されるべき瑕疵が存在したとしても，これによって当然に国家賠償法1条1項の規定にいう違法な行為があったものとして国の損害賠償責任の問題が生ずるわけのものではなく，当該責任が肯定されるためには，当該裁判官が違法または不当な目的をもって裁判をしたなど，裁判官がその付与された権限の趣旨に明らかに背いてこれを行使したものと認めうるような特別の事情があることを必要とすると判示した。

ウ．**妥当でない。**

　　判例（最判昭57・4・1）は，国または公共団体の公務員による一連の職務上の行為の過程において他人に被害を生ぜしめた場合において，それが具体的にどの公務員のどのような違法行為によるものであるかを特定することができなくても，その一連の行為のうちのいずれかに行為者の故意または過失による違法行為があったのでなければその被害が生ずることはなかったであろうと認められ，かつ，それがどの行為であるにせよ

これによる被害につき行為者の属する国または公共団体が法律上賠償の責任を負うべき関係が存在するときは，国または公共団体は，加害行為不特定のゆえをもって国家賠償法または民法上の損害賠償責任を免れることができないと判示した。

エ．**妥当でない。**

　　判例（最判昭31・11・30）は，国家賠償法1条は，公務員が主観的に権限行使の意思をもってする場合に限らず自己の利益を図る意図をもってする場合でも，客観的に職務執行の外形を備える行為をしてこれによって，他人に損害を加えたときには，国または公共団体に損害賠償の責めを負わせて，広く国民の権益を擁護することをもって，その立法の趣旨とするものであるから，公務員が，その所為に出る意図・目的はともあれ，行為の外形において，職務執行と認められるものをもって，国家賠償法1条の職務執行であると解すべきであると判示した。

オ．**妥当である。**

　　判例（最判平17・7・14）は，公立図書館の図書館職員である公務員が，図書の廃棄について，基本的な職務上の義務に反し，著作者または著作物に対する独断的な評価や個人的な好みによって不公正な取扱いをしたときは，当該図書の著作者の人格的利益を侵害するものとして，国家賠償法1条1項の規定の適用上，違法の評価を受けると判示した。

　　以上より，妥当なものは，イおよびオであるから，正解は4である。

問題21　正解　1

　本問は，国家賠償法2条に関する問題である。

1．**妥当である。**

　　判例（最判平22・3・2）は，国家賠償法2条1項にいう営造物の設置または管理の瑕疵とは，営造物が通常有すべき安全性を欠いていることをいい，当該営造物の使用に関連して事故が発生し，被害が生じた場合において，当該営造物の設置または管理に瑕疵があったとみられるかどうかは，その事故当時における当該営造物の構造，用法，場所的環境，利用状況等諸般の事情を総合考慮して具体的個別的に判断すべきであるとの判断基準を示した上で，北海道内の高速道路にキツネが侵入し，自動車の運転者が，そのキツネとの衝突を避けようとして自損事故を起こしたとしても，走行中の自動車がキツネ等の小動物と接触すること自体により自動車の運転者等が死傷するような事故が発生する危険性は高いものではなく，通常は，自動車の運転者が適切な運転操作を行うことにより死傷事故を回避することを期待することができるから，当該道路へのキツネ等の小動物の侵入防止対策が講じられていなかったからといって，当該道路に設置または管理の瑕疵があるとはいえないと判示した。

2．**妥当でない。**

　　判例（最判昭50・7・25）は，故障車が国道上に87時間にわたって放置され，道路の安全性を著しく欠如する状態であったにもかかわらず，道路管理者が故障車の存在すら知らず，まして道路の安全性を保持するために必要な措置を全く講じていなかった場

合，道路管理者に道路管理の瑕疵が認められると判示した。

3．**妥当でない。**

判例（最判昭45・8・20）は，国家賠償法2条1項の営造物の設置または管理の瑕疵とは，営造物が通常有すべき安全性を欠いていることをいい，これに基づく国および公共団体の賠償責任については，その過失の存在を必要としないと判示した。したがって，「賠償責任が成立するのは，当該安全性の欠如について過失があった場合に限られる」との記述は妥当でない。

4．**妥当でない。**

判例（最判昭45・8・20）は，道路に防護柵を設置することとした場合，その費用の額が相当の多額にのぼり，県は，その予算措置に困却するであろうことは推察できるが，それにより，直ちに道路の管理の瑕疵によって生じた損害に対する賠償責任を免れることはできないと判示した。

5．**妥当でない。**

判例（最判平5・3・30）は，国家賠償法2条1項の規定する「公の営造物の設置又は管理に瑕疵があ」るとは，公の営造物が通常有すべき安全性を欠いていることをいい，安全性の有無は，本来の用法に従った使用を前提としたうえで，何らかの危険発生の可能性があるか否かで決し，幼児等が通常予測し得ない異常な方法で使用しないという注意義務は，利用者である一般市民側（幼児の場合は保護者）が負うと判示した。

地方自治法
問題22 正解 3

本問は，住民とその権利に関する問題である。

ア．**妥当である。**

地方自治法10条1項の規定のとおりである。

イ．**妥当でない。**

住民であるための要件としては，選択肢1のとおり，「市町村の区域内に住所を有する者」であることが必要である。ここに，「住所」とは，居住の客観的事実に定住の主観的意思を補足的に考慮して決すべきと解されている（最判昭27・4・15参照）。このため，住民登録は，「住所」を決する一つの要素にすぎず，住民となるための要件とはされていない。

ウ．**妥当である。**

地方自治法10条2項の規定のとおりである。

エ．**妥当でない。**

判例（最判平20・10・3）は，「上告人は，都市公園法に違反して，都市公園内に不法に設置されたキャンプ用テントを起居の場所とし，公園施設である水道設備等を利用して日常生活を営んでいることなど原審の適法に確定した事実関係の下においては，社会通念上，上記テントの所在地が客観的に生活の本拠としての実体を具備しているものと見ることはできない。上告人が上記テントの所在地に住所を有するものということは

できない」と判示した。

オ．**妥当である。**

　判例（最大判昭29・10・20）は，「およそ法令において人の住所につき法律上の効果を規定している場合，反対の解釈をなすべき特段の事由のない限り，その住所とは各人の生活の本拠を指すものと解するを相当とする。」とし，公職選挙法上の住所を大学の学生寮にあると判示した。

　以上より，妥当でないものは，イおよびエであるから，正解は3である。

[問題23]　**正解　2**

　本問は，普通地方公共団体の議会に関する問題である。

1．**妥当である。**

　平成23年改正前地方自治法は，同法96条1項において議会の議決事件を列挙するほか，同条2項において議会の議決事件を条例で追加することができることとしていた。もっとも，法定受託事務については，国の法律またはこれに基づく政令により事務を処理することが原則である（したがって，地方公共団体の条例に委ねる必要がある場合には，法律またはこれに基づく政令により明示的に委任する必要がある）との考え方などに基づいて，法定受託事務に係る事件については，条例により追加することができる事件から除かれていた（同項カッコ書）。しかし，法定受託事務も地方公共団体の事務であることからすれば，自治事務と同様に議決事件の追加を認めることが適当であるとの批判があった。そこで，平成23年の地方自治法の改正により，法定受託事務に係る事件についても，条例で議会の議決事件として定めることができることとした上で，法定受託事務に係る事件のうち普通地方公共団体の議会の議決すべきものとすることが適当でないもの（例えば，国の安全に関することなど）を除外した（同法96条2項）。

2．**妥当でない。**

　普通地方公共団体の議会は，当該普通地方公共団体の事務に関する書類および計算書を検閲することができる（地方自治法98条1項前段）。なお，ここにいう「検閲」とは，憲法21条2項の「検閲」と同意義ではなく，「調べあらためること」という意味である。

3．**妥当である。**

　地方自治法98条2項前段は，「議会は，監査委員に対し，当該普通地方公共団体の事務（自治事務にあつては労働委員会及び収用委員会の権限に属する事務で政令で定めるものを除き，法定受託事務にあつては国の安全を害するおそれがあることその他の事由により本項の監査の対象とすることが適当でないものとして政令で定めるものを除く。）に関する監査を求め，監査の結果に関する報告を請求することができる。」と規定し，事務により，監査の範囲を限定している。

4．**妥当である。**

　普通地方公共団体の議会は，原則として，定例会および臨時会である（地方自治法102条1項）が，条例で定めるところにより，定例会および臨時会とせず，毎年，条例で定める日から翌年の当該日の前日までを会期とすることができる（同法102条の2第

１項）。

5．**妥当である。**

　　普通地方公共団体の議会は、議員数の４分の３以上の者が出席し、その５分の４以上の者の同意により、その議会の解散の議決をすることができる（地方公共団体の議会の解散に関する特例法２条１項，２項）。なお、国会については、通説は、自主的解散は許されないと解されている。

問題24　正解　3

　　本問は、普通地方公共団地の執行機関に関する問題である。

1．**妥当である。**

　　地方自治法138条の４第２項は、「普通地方公共団体の委員会は、法律の定めるところにより、法令または普通地方公共団体の条例若しくは規則に違反しない限りにおいて、その権限に属する事務に関し、規則その他の規程を定めることができる。」と規定している。

2．**妥当である。**

　　普通地方公共団体の長は、当該地方公共団体の住民により直接選挙され（憲法93条２項，地方自治法11条，17条），その任期は、４年である（地方自治法140条１項）。

3．**妥当でない。**

　　普通地方公共団体の長は、予算を調製し、およびこれを執行する事務を担任する（地方自治法149条２号）が、予算を定めること、すなわち予算確定の議決権は議会の専権事項である（同法96条１項２号）。

4．**妥当である。**

　　地方自治法161条１項は、「都道府県に副知事を、市町村に副市町村長を置く。ただし、条例で置かないことができる。」と規定し、条例による例外を認めている。

5．**妥当である。**

　　普通地方公共団体の委員会または委員は、法律に特別の定めがある場合を除き、①予算を調製し、およびこれを執行すること、②議会の議決を経べき事件につきその議案を提出すること、③地方税を賦課徴収し、分担金もしくは加入金を徴収し、または過料を科することなどの権限を有しない（地方自治法180条の６）。普通地方公共団体の長の担任事務（地方自治法149条）との調整を図るものである。

行政組織

問題25　正解　3

　　本問は、公務員に関する問題である。

1．**妥当である。**

　　国家公務員法２条１項は、「国家公務員の職は、これを一般職と特別職とに分つ。」と規定し、同条２項は、「一般職は、特別職に属する職以外の国家公務員の一切の職を包含する。」と規定し、同条４項前段は、「この法律の規定は、一般職に属するすべての職

（以下その職を官職といい，その職を占める者を職員という。）に，これを適用する。」
と規定し，同条５項は，「この法律の規定は，この法律の改正法律により，別段の定が
なされない限り，特別職に属する職には，これを適用しない。」と規定している。この
ように，国家公務員の職は，一般職と特別職に区別され，国家公務員法の規定は，原則
として，一般職に属する職を占める者にのみ適用される。

２．**妥当である。**

判例（最大判昭48・４・25）は，国家公務員法が公務員の争議行為およびそのあおり
行為等を禁止するのは，勤労者をも含めた国民全体の共同利益の見地からするやむを得
ない制約というべきであって，憲法28条に違反しないと判示した。

３．**妥当でない。**

判例（最大判昭49・11・６）は，国家公務員法102条等により一般職の国家公務員の
政治的行為を禁止することは，それが合理的で必要やむを得ない限度にとどまるもので
ある限り，憲法の許容するところであると判示した。

４．**妥当である。**

国家公務員法３条１項前段は，「内閣の所轄の下に人事院を置く。」と規定し，同条２
項は，「人事院は，法律の定めるところに従い，給与その他の勤務条件の改善及び人事
行政の改善に関する勧告，採用試験及び任免（標準職務遂行能力及び採用昇任等基本方
針に関する事項を除く。），給与，研修，分限，懲戒，苦情の処理，職務に係る倫理の保
持その他職員に関する人事行政の公正の確保及び職員の利益の保護等に関する事務をつ
かさどる。」と規定している。このように，人事院は，国家公務員の給与その他の勤務
条件の改善等の事務をつかさどるため，内閣の所轄の下にある行政機関との位置づけが
なされている。

５．**妥当である。**

国家公務員法106条の３第１項は，「職員は，利害関係企業等（営利企業等のうち，職
員の職務に利害関係を有するものとして政令で定めるものをいう。以下同じ。）に対し，
離職後に当該利害関係企業等若しくはその子法人の地位に就くことを目的として，自己
に関する情報を提供し，若しくは当該地位に関する情報の提供を依頼し，又は当該地位
に就くことを要求し，若しくは約束してはならない。」と規定している。このように，
国家公務員が利害関係企業等に対して求職活動を行うことは禁止されている。

問題26 正解　**4**

本問は，行政組織に関する問題である。

ア．**妥当でない。**

国家行政組織法上の省，委員会および庁の設置および廃止は，「政令」ではなく，「法
律」の定めるところによる（同法３条２項後段）。なお，その他の記述は，妥当である
（同項前段）。

イ．**妥当である。**

国家行政組織法10条の規定のとおりである。

ウ．**妥当でない。**

　　主任の行政事務について，法律または政令の制定，改正または廃止をするために閣議
　を求めるのは，各省大臣のみである（国家行政組織法11条）。

エ．**妥当でない。**

　　各省大臣は，主任の行政事務について，法律もしくは政令を施行するため，または法
　律もしくは政令の特別の委任に基づいて，それぞれその機関の命令として省令を発する
　ことができる（国家行政組織法12条1項）。このように，各省大臣は，法律または政令
　を施行するためであれば，法律または政令の特別の委任に基づくことなく，その機関の
　命令として省令を発することができる。

オ．**妥当である。**

　　各省大臣は，その機関の所掌事務について，命令または示達するため，所管の諸機関
　および職員に対し，訓令または通達を発することができる（国家行政組織法14条2項）。
　以上より，妥当なものは，イおよびオであるから，正解は4である。

民法

問題27 正解　**4**

　本問は，代理に関する問題である。

1．**妥当でない。**

　　代理人が代理行為として意思表示をするには，本人のためにすることを示してするこ
　とを要する（民法99条1項）が，この規定は，代理人が第三者から意思表示を受領する
　場合（いわゆる受動代理）にも準用される（同条2項）。したがって，CがAの代理人B
　に対し，Aのためにすることを示してした意思表示は，Aに対して直接にその効力を生
　ずる。

2．**妥当でない。**

　　代理人が本人のためにすることを示さないでした意思表示は，原則として，自己のた
　めにしたものとみなされる（民法100条本文）が，相手方が，代理人が本人のためにす
　ることを知り，または知ることができたときは，本人に対して直接にその効力を生ずる
　（同条ただし書）。このように，相手方が，代理人が本人のためにすることを知っている
　場合に限らず，知ることができたときは，本人に対して直接にその効力を生ずる。

3．**妥当でない。**

　　民法102条本文は，「制限行為能力者が代理人としてした行為は，行為能力の制限によ
　っては取り消すことができない。」と規定している。このように，代理人は，行為能力
　者でなくとも，代理行為の効果は，本人に帰属する。したがって，Bの代理行為当時，
　Bが未成年者であっても，Aに対してその効力を生ずる。

4．**妥当である。**

　　代理人が復代理人を選任する権限を復任権という。任意代理の場合，任意代理人は，
　本人の許諾を得たとき，またはやむを得ない事由があるときでなければ，復任権を有し
　ない（民法104条）。このため，復任権を有しない任意代理人が選任した復代理人の代理

行為は，無権代理の性質を有し，本人に対してその効力を生じない。

5．**妥当でない。**

　　Bは，A所有建物の売買契約について相手方Aの代理人となっているから，当該行為は自己契約に当たる。そして，この自己契約は，無権代理行為とみなされる（民法108条1項本文）。したがって，本人があらかじめ許諾しているなどの特段の事情がなければ，売買契約の効力は，Aに帰属しない。

問題28　正解　1

　本問は，条件・期限に関する問題である。

ア．**妥当である。**

　　解除条件付法律行為は，解除条件が成就した時からその効力を失う（民法127条2項）。それゆえ，解除条件付法律行為は，その条件が成就するまでは，有効な法律行為として扱われる。

イ．**妥当である。**

　　民法130条1項の規定のとおりである。条件が成就することによって不利益を受ける当事者（たとえば，停止条件付贈与の贈与者等）が故意にその条件の成就を妨げたときは，相手方は，その条件が成就したものとみなして法律効果を受けることができることを規定し，条件付権利の保護を図ったものである。

ウ．**妥当でない。**

　　条件が成就しないことが法律行為の時に既に確定していた場合において，その条件が停止条件であるときはその法律行為は「無効」となり，その条件が解除条件であるときはその法律行為は「無条件」となる（民法131条2項）。既成条件（＝法律行為の成立当時，すでにその成否が客観的に確定している事実を条件とすること）付法律行為において，条件の不成就が確定している場合には，停止条件付法律行為であれば，その契約の時点で法律行為の効果が発生しないことが確定していることから，停止条件付法律行為そのものが無効とされた。逆に，解除条件付法律行為であれば，その契約の時点で法律行為の効果が消滅しないことが確定し，条件を付けること自体無意味であることから，無条件とされた。

エ．**妥当でない。**

　　期限は，「債務者」の利益のために定めたものと推定される（民法136条1項）。期限の利益とは，期限が到来しないことによって当事者の受ける利益をいう。たとえば，履行期の到来まで履行の請求を受けなかったり，期限の終期までは権利を失わないなどがこれに当たる。この利益が当事者のうち，いずれに属するかについて，一般的に債務者が有するのが通常であることから，上記規定が置かれた。

オ．**妥当でない。**

　　期限の利益は，放棄することが「できる」（民法136条2項）。権利と同様に，期限の利益を放棄することができるという当然の事理を定めたものであると解されている。

　以上より，妥当なものは，アおよびイであるから，正解は1である。

<u>問題29</u>　正解　4

　本問は，不動産物権変動に関する問題である。

1．**妥当である。**

　　判例（最判昭25・12・19）は，何らの権原なく家屋を占有する不法占有者は，民法177条にいう「第三者」に該当せず，この者に対しては，登記がなくても所有権の取得を対抗することができると判示した。したがって，Bは，登記がなくてもCに対して所有権の取得を対抗することができる。

2．**妥当である。**

　　不動産がA→B→Cと順次譲渡されたが，なお登記はAにある場合，Aは，Cに登記のないことを理由として，CがBに代位して行う移転登記請求を拒めない。なぜなら，Aは，Bの前主であって，他人のために登記を申請する義務を負うから，登記の欠缺を主張することができないからである（不動産登記法5条2項）。

3．**妥当である。**

　　Bは全くの無権利者であり，登記に公信力はない以上，Cは，たとえBが無権利であることにつき善意無過失であっても，所有権を取得しえない。また，Aは，登記を遅滞なく回復しようとしていたのであり，虚偽の外観作出につき帰責性が認められないので，Cが民法94条2項類推適用により保護されることもない。したがって，Aは，登記がなくてもCに対して所有権を対抗することができる。

4．**妥当でない。**

　　判例（大判昭6・3・31）は，賃貸不動産の譲受人が賃借人に対してその所有権の取得を主張し，明渡しを求めるためには，登記を具備しなければならないと判示した。また，賃借人が賃貸借の対抗要件を備えた場合において，賃貸不動産の譲渡による賃貸人たる地位の移転は，賃貸物である不動産について所有権の移転の登記をしなければ，賃借人に対抗することができない（民法605条の2第3項）。

5．**妥当である。**

　　判例（最判昭46・6・18）は，不動産の共有者の1人が自己の持分を譲渡した場合における譲受人以外の他の共有者は，民法177条にいう「第三者」に該当するから，当該譲渡につき登記が存しないときは，譲受人は，持分の取得をもって他の共有者に対抗することができないと判示した。

<u>問題30</u>　正解　4

　本問は，物上代位に関する問題である。

1．**妥当である。**

　　判例（最判平元・10・27）は，抵当権の目的不動産が賃貸された場合においては，抵当権者は，民法372条，304条の規定の趣旨に従い，賃料債権（目的不動産の賃借人が供託した賃料の還付請求権）についても抵当権を行使することができると判示した。その理由について，同判例は，民法372条によって先取特権に関する同法304条の規定が抵当権にも準用されているところ，抵当権は，目的物に対する占有を抵当権設定者の下にと

どめ，設定者が目的物を自ら使用し，または第三者に使用させることを許す性質の担保権であるが，抵当権のこのような性質は先取特権と異なるものではないし，抵当権設定者が目的物を第三者に使用させることによって対価を取得した場合に，当該対価について抵当権を行使することができるものと解したとしても，抵当権設定者の目的物に対する使用を妨げることにはならないから，前記規定に反してまで目的物の賃料について抵当権を行使することができないと解すべき理由はないとした。そして，賃料債権に対する物上代位については，担保権としての性質上，その行使が認められるのは，債務不履行後であると解されている。なお，民法371条との関係であるが，民法371条は，担保不動産収益執行制度（民事執行法180条２号）を創設するのにあたり，その実体法上の根拠規定とするために改正された経緯があり，したがって，不動産から生ずる賃料を収取するため，担保不動産収益執行制度（民法371条，民事執行法180条２号）と物上代位権の行使（民法372条・304条）とが併存していることになる。

2．**妥当である。**

　判例（最決平12・4・14）は，民法372条によって抵当権に準用される同法304条１項に規定する「債務者」には，原則として，抵当不動産の賃借人（転貸人）は含まれないと判示した。その理由について，同判例は，所有者は，被担保債権の履行について抵当不動産をもって物的責任を負担するものであるのに対し，抵当不動産の賃借人は，このような責任を負担するものではなく，自己に属する債権を被担保債権の弁済に供されるべき立場にはないからである。同項の文言に照らしても，これを「債務者」に含めることはできないとした。

3．**妥当である。**

　判例（最判平11・11・30）は，買戻特約付売買の買主から目的不動産につき抵当権の設定を受けた者は，抵当権に基づく物上代位権の行使として，買戻権の行使により買主が取得した買戻代金債権を差し押さえることができると判示した。その理由について，同判例は，買戻特約の登記に後れて目的不動産に設定された抵当権は，買戻しによる目的不動産の所有権の買戻権者への復帰に伴って消滅するが，抵当権設定者である買主やその債権者等との関係においては，買戻権行使時まで抵当権が有効に存在していたことによって生じた法的効果までが買戻しによって覆滅されることはないと解すべきであり，また，買戻代金は，実質的には買戻権の行使による目的不動産の所有権の復帰についての対価と見ることができ，目的不動産の価値変形物として，民法372条により準用される304条にいう目的物の売却または滅失によって債務者が受けるべき金銭に当たるといって差し支えないからであるとした。

4．**妥当でない。**

　判例（最判平10・1・30）は，抵当権者は，物上代位の目的債権が譲渡され第三者に対する対抗要件が備えられた後においても，自ら目的債権を差し押さえて物上代位権を行使することができると判示した。その理由について，同判例は，民法372条において準用する304条１項ただし書が抵当権者が物上代位権を行使するには払渡しまたは引渡しの前に差押えをすることを要するとした趣旨目的は，主として，抵当権の効力が物上

代位の目的となる債権にも及ぶことから，その債権の債務者（以下「第三債務者」という。）は，その債権の債権者である抵当不動産の所有者（以下「抵当権設定者」という。）に弁済をしても弁済による目的債権の消滅の効果を抵当権者に対抗できないという不安定な地位に置かれる可能性があるため，差押えを物上代位権行使の要件とし，第三債務者は，差押命令の送達を受ける前には抵当権設定者に弁済をすれば足り，右弁済による目的債権消滅の効果を抵当権者にも対抗することができることにして，二重弁済を強いられる危険から第三債務者を保護するという点にあるから，このような民法304条1項の趣旨目的に照らすと，同項の払渡しまたは引渡しには債権譲渡は含まれないからであるとした。

5．**妥当である。**

判例（最判平10・3・26）は，債権について一般債権者の差押えと抵当権者の物上代位権に基づく差押えが競合した場合には，両者の優劣は一般債権者の申立てによる差押命令の第三債務者への送達と抵当権設定登記の先後によって決せられると判示した。その理由について，同判例は，一般債権者による債権の差押えの処分禁止効は，差押命令の第三債務者への送達によって生ずるものであり，他方，抵当権者が抵当権を第三者に対抗するには抵当権設定登記を経由することが必要であるからであるとした。

問題31 正解　1

本問は，債権者代位権に関する問題である。

1．**妥当でない。**

民法423条2項は，「債権者は，その債権の期限が到来しない間は，被代位権利を行使することができない。ただし，保存行為は，この限りでない。」と規定している。このように，債権者代位権を行使するためには，原則として，債権者の被保全債権の履行期が到来していなければならないが，これについては，保存行為の例外がある。本肢の消滅時効の更新は，保存行為に当たるから，債権者の被保全債権が履行期にあることを要しない。

2．**妥当である。**

判例（最判昭33・7・15）は，債権者代位権を行使するためには，債権者の被保全債権が代位の対象となる権利よりも前に成立していることを要しないと判示した。

3．**妥当である。**

民法423条の2は「債権者は，被代位権利を行使する場合において，被代位権利の目的が可分であるときは，自己の債権の額の限度においてのみ，被代位権利を行使することができる。」と規定している。したがって，債権者の被保全債権の債権額より被代位権利の債権額が大きい場合，債権者代位権の行使は，被保全債権の債権額の範囲に限定される。

4．**妥当である。**

債権者代位権は，債権者が自己の名をもって債務者の権利を行使する。債務者の代理人としてその権利を行使するものではない。

5．妥当である。

　債権者代位権の行使として相手方から物の引渡しを求める場合，債務者が相手方から
その物を自発的に受け取らなければ，債権者代位行使の目的を達成することはできな
い。そこで，代位債権者は，直接自己に物の引渡しを求めることができる（民法423条
の3前段）。したがって，Aは，Cに対して直接自己への金銭の支払を請求することが
できる。

問題32　正解　1
本問は，債権譲渡に関する問題である。

1．妥当である。

　当事者が債権の譲渡を禁止し，または制限する旨の意思表示（以下「譲渡制限の意思
表示」という。）をしたときであっても，債権の譲渡は，その効力を妨げられない（民
法466条2項）。もっとも，この場合にも，譲渡制限の意思表示がされたことを知り，ま
たは重大な過失によって知らなかった譲受人その他の第三者に対しては，債務者は，そ
の債務の履行を拒むことができる（同条3項前段）。したがって，債権の譲受人Cが，
債権に譲渡禁止の特約が付されていることを重大な過失によって知らずに譲り受けたと
きは，Bは，Cに対してその債務の履行を拒むことができる。

2．妥当でない。

　債権の譲渡は，その意思表示の時に債権が現に発生していることを要しない（民法
466条の6第1項）。そして，この規定が制定されるもとになった判例（最判平11・1・
29）は，将来発生すべき債権を目的とする債権譲渡契約にあっては，契約当事者は，譲
渡の目的とされる債権の発生の基礎を成す事情をしん酌し，当該事情の下における債権
発生の可能性の程度を考慮した上，当該債権が見込みどおり発生しなかった場合に譲受
人に生ずる不利益については譲渡人の契約上の責任の追及により清算することとして，
契約を締結するものと見るべきである。それゆえ，当該契約の締結時において当該債権
発生の可能性が低かったことは，当該契約の効力を当然に左右するものではないと判示
した。したがって，A・C間の債権譲渡契約の締結時においてその債権の発生の可能性
が低いときであっても，当該契約は，当然に効力を生じないわけではない。

3．妥当でない。

　判例（大判昭5・10・10）は，債権の譲渡人が債務者に対して行う通知は，民法423
条の「権利」ではないから，譲受人は，譲渡人に代位して債務者に対し債権の譲渡を通
知することはできないと判示した。したがって，Cは，Aに代位してBに対し自ら債権
譲渡の通知をすることができない。

4．妥当でない。

　判例（大連判大8・3・28）は，債権が二重に譲渡された場合において，第一譲受人
については確定日付ある証書をもってする通知がなく，第二譲受人についてはそれがあ
るときは，第一譲受人は，第二譲受人に対して債権の取得を対抗することができず，第
二譲受人が優先して債権者となるとしている。したがって，Cは，その債権の取得をD

に対抗することができず，Dが唯一の債権者となる。

5．**妥当でない。**

　判例（最判昭49・3・7）は，債権が二重に譲渡された場合，譲受人相互の間の優劣は，通知または承諾に付された確定日付の先後によって定めるべきではなく，確定日付のある通知が債務者に到達した日時または確定日付のある債務者の承諾の日時の先後によって決すべきであると判示した。

問題33　正解　4

　本問は，売買に関する問題である。

1．**妥当でない。**

　判例（最判昭25・10・26）は，他人の物の売買にあっては，その目的物の所有者が売買成立当時からその物を他に譲渡する意思がなく，したがって，売主においてこれを取得し，買主に移転することができないような場合であっても，その売買契約は，有効に成立すると判示した。

2．**妥当でない。**

　判例（最判昭40・11・19）は，売主が第三者所有の特定物を売り渡した後，当該物件の所有権を取得した場合には，買主への所有権移転の時期・方法について特段の約定がない限り，当該物件の所有権は，売主の所有権取得と同時に買主に移転すると判示した。したがって，Aがその腕時計の所有権をCから取得したときは，Bは，契約の時ではなく，Aが所有権を取得した時に，その所有権を取得する。

3．**妥当でない。**

　民法562条以下の契約不適合責任のうち，売主の過失が要件となるのは，損害賠償請求のみであり，履行の追完請求，代金減額請求，契約の解除については，これを必要としない（民法562条〜，415条等）。したがって，Aに過失がない場合であっても，Bは，Aに対して，時計の修理を請求することができる。

4．**妥当である。**

　民法562条2項の規定のとおりである。

5．**妥当でない。**

　売主が種類または品質に関して契約の内容に適合しない目的物を買主に引き渡した場合において，買主がその不適合を知った時から1年以内に「その旨を売主に通知し」ないときは，買主は，その不適合を理由として，履行の追完の請求，代金の減額の請求，損害賠償の請求および契約の解除をすることができない（民法566条）。このように，契約不適合責任を追及するためには，買主がその不適合を知った時から1年以内にその旨を売主に通知すれば足りるのであって，損害賠償の請求をすることを要しない。

問題34　正解　1

　本問は，請負に関する問題である

1．**妥当でない。**

民法559条において準用する民法562条１項本文は，「引き渡された目的物が種類，品質又は数量に関して契約の内容に適合しないものであるときは，買主は，売主に対し，目的物の修補，代替物の引渡し又は不足分の引渡しによる履行の追完を請求することができる。」と規定している。このように，契約不適合責任としての履行の追完請求においては，不適合が軽微であれば，履行の追完請求をすることができないとはしていない。

２．**妥当である。**

請負人が種類または品質に関して契約の内容に適合しない仕事の目的物を注文者に引き渡したときは，注文者は，注文者の供した材料の性質または注文者の与えた指図によって生じた不適合を理由として，履行の追完の請求，報酬の減額の請求，損害賠償の請求および契約の解除をすることができない（民法636条本文）。

３．**妥当である。**

引き渡された目的物が種類，品質または数量に関して契約の内容に適合しないものであるときは，民法541条および民法542条の規定による解除権の行使をすることができる（民法559条・564条）。そして，一部不能により残存部分のみでは契約の目的を達することができない場合は，債務者は，無催告で契約全部を解除することができる（民法542条１項３号）。

４．**妥当である。**

請負人が種類または品質に関して契約の内容に適合しない仕事の目的物を注文者に引き渡したときは，注文者がその不適合を知った時から１年以内にその旨を請負人に通知しないときは，注文者は，その不適合を理由として，履行の追完の請求，報酬の減額の請求，損害賠償の請求および契約の解除をすることができない（民法637条１項）。したがって，Ａがその不適合を知った時から１年以内にその旨をＢに通知しないときは，Ａは，契約不適合責任を追及することができない。

５．**妥当である。**

請負人が仕事を完成しない間は，注文者は，いつでも損害を賠償して契約の解除をすることができる（民法641条）。

問題35 正解 **4**

本問は，親子に関する問題である。

１．**妥当である。**

養親となる者は，配偶者のある者でなければならない（民法817条の３第１項）。また，夫婦の一方は，他の一方が養親とならないときは，他の一方の嫡出である子（特別養子縁組以外の縁組による養子を除く。）の養親となる場合を除き，養親となることができない（同条２項）。

２．**妥当である。**

25歳に達しない者は，養親となることができない（民法817条の４本文）。ただし，養親となる夫婦の一方が25歳に達していない場合においても，その者が20歳に達している

ときは，養親となることができる（同条ただし書）。

3．**妥当である。**

　　養子となる者は，原則として，特別養子縁組を成立させるための養親となる者の請求の時に15歳未満でなければならない（民法817条の5第1項前段）。もっとも，その者が15歳に達する前から引き続き養親となる者に監護されている場合において，15歳に達するまでに当該請求がされなかったことについてやむを得ない事由があるときは，その例外が認められている（同条2項）。

4．**妥当でない。**

　　特別養子縁組を成立させるためには，原則として，養子となる者の父母の同意がなければならない（民法817条の6本文）。この同意は，自己の子と法律上の親子関係が審判によって消滅することについての同意である。なお，その他の記述は妥当である（民法817条の2第1項）。

5．**妥当である。**

　　特別養子縁組も，養子縁組の一種であるから，特別養子縁組の成立によって，養子は，縁組の日から養親の嫡出子たる身分を取得する（民法809条）。

商法・会社法

問題36　正解　2

　　本問は，支配人に関する問題である。

1．**正しい。**

　　支配人は，商人の許可を受けなければ，自己または第三者のためにその商人の営業の部類に属する取引をしてはならない（商法23条1項2号）。

2．**誤り。**

　　支配人は，商人に代わってその営業に関する一切の裁判上または裁判外の行為をする権限を有する（会社法21条1項）。したがって，裁判上の行為をする権限も有するから，本肢は誤り。

3．**正しい。**

　　支配人は，商人の許可を受けなければ，自ら営業を行ってはならない（商法23条1項1号）。

4．**正しい。**

　　商人が支配人を選任したときは，その登記をしなければならず，支配人の代理権の消滅についても，その登記をしなければならない（商法22条）。

5．**正しい。**

　　商人の営業所の営業の主任者であることを示す名称を付した使用人は，当該営業所の営業に関し，一切の裁判外の行為をする権限を有するものとみなす（商法24条本文）。

問題37　正解　5

　　本問は，種類株式に関する問題である。

1．正しい。

　種類株式発行会社が公開会社である場合において，議決権制限株式の数が発行済株式の総数の２分の１を超えるに至ったときは，株式会社は，直ちに，議決権制限株式の数を発行済株式の総数の２分の１以下にするための必要な措置をとらなければならない（会社法115条）。

2．正しい。

　取得条項付種類株式については，その内容として，当該種類の株式一株を取得するのと引換えに他の種類の株式を交付することを定めることができる（会社法108条２項６号ロ）。

3．正しい。

　議決権制限株式は，「株主総会において議決権を行使することができる事項」が制限された株式である（会社法108条１項３号）。したがって，株主総会とは異なる種類株主総会では，議決権制限株式の株主であっても，完全な議決権を有する。

4．正しい。

　株式会社は，その株式（種類株式発行会社にあっては，全部の種類の株式）に係る株券を発行する旨を定款で定めることができる（会社法214条）。したがって，種類株式発行会社は，全部の種類の株式について株券を発行することは認められているが，種類ごとに株券の発行の有無を異にすることはできない。よって，一方の種類の株式については株券を発行し，他の種類の株式については株券を発行しない旨を定款で定めることはできない。

5．誤り。

　定時株主総会は，毎事業年度の終了後一定の時期に招集しなければならない（会社法296条１項）が，これは種類株主総会について準用されていない（会社法325条前段かっこ書）。したがって，種類株主総会は，毎事業年度の終了後一定の時期に招集しなければならないわけではないから，本肢は誤り。

問題38　正解　2

本問は，取締役に関する問題である。

1．正しい。

　自己のために会社と取引をした取締役は，任務を怠ったことが自己の責めに帰することができない事由によるものであることをもって，株式会社に対する損害賠償責任を免れることはできない（会社法428条１項）。

2．誤り。

　成年被後見人および被保佐人であっても，取締役となることができる（会社法331条の２参照）。

3．正しい。

　取締役は，自己または第三者のために株式会社の事業の部類に属する取引をしようとする場合には，取締役会において，当該取引につき重要な事実を開示し，その承認を受

けなければならない（会社法356条1項1号，365条1項）。
4．正しい。

　　公開会社でない株式会社においては，取締役が株主でなければならない旨を定款で定めることができる（会社法331条2項ただし書）。

5．正しい。

　　取締役がその職務を行うについて悪意または重大な過失があったときは，当該取締役は，これによって第三者に生じた損害を賠償する責任を負う（会社法429条1項）。

問題39　正解　5

　本問は，監査役に関する問題である。

ア．正しい。

　　監査役は，取締役会に出席し，必要があると認めるときは，意見を述べなければならない（会社法383条1項本文）。

イ．正しい。

　　大会社（公開会社でないもの，監査等委員会設置会社及び指名委員会等設置会社を除く。）は，監査役会及び会計監査人を置かなければならない（会社法328条1項）。

ウ．誤り。

　　監査役に，本肢のような資格の制限はない。したがって，本肢は誤り。なお，会計監査人は，公認会計士または監査法人でなければならない（会社法337条1項）。

エ．正しい。

　　監査役設置会社においては，株主総会に提出する会計監査人の選任および解任ならびに会計監査人を再任しないことに関する議案の内容は，監査役が決定する（会社法344条1項）。

オ．誤り。

　　監査役を解任するためには，株主総会の特別決議が必要である（会社法309条2項7号）。したがって，普通決議では足りないから，本肢は誤り。

　以上より，誤っているものは，ウおよびオであるから，正解は5である。

問題40　正解　1

　本肢は，吸収合併に関する問題である。

1．正しい。

　　吸収合併等をする場合には，反対株主は，消滅株式会社等に対し，自己の有する株式を公正な価格で買い取ることを請求することができる（会社法785条1項）。この反対株主には，株主総会の決議を要する場合，株主総会に先立って吸収合併等に反対する旨を消滅株式会社等に対し通知し，かつ，株主総会において吸収合併等に反対した株主だけでなく，当該株主総会において議決権を行使することができない株主も含まれる（会社法785条2項1号）。

2．誤り。

株式買取請求をした株主は，消滅株式会社等の承諾を得た場合に限り，その株式買取請求を撤回することができる（会社法785条7項）。したがって，自由に撤回することはできないから，本肢は誤り。

3．**誤り。**

吸収合併存続株式会社は，吸収合併契約において定めた効力発生日に，吸収合併消滅会社の権利義務を承継する（会社法749条1項6号，750条1項）。したがって，吸収合併の効力は，吸収合併契約において定めた効力発生日に生じるから，本肢は誤り。

4．**誤り。**

吸収合併消滅株式会社の新株予約権は，効力発生日に，消滅する（会社法750条4項）。そのため，吸収合併契約において，吸収合併消滅株式会社が新株予約権を発行しているときは，吸収合併存続株式会社が吸収合併に際して当該新株予約権の新株予約権者に対して交付する新株予約権に代わる吸収合併存続株式会社の新株予約権または金銭について定める必要がある（会社法749条1項4号）。したがって，新株予約権を承継しないで金銭を交付することができるから，本肢は誤り。

5．**誤り。**

吸収合併存続会社が消滅株式会社等の特別支配会社である場合には，株主総会の決議によって吸収合併契約の承認を受ける必要はない（会社法784条1項本文）。一方の当事会社（特別支配会社）が他方の当事会社の議決権の90％以上を有することから，承認の決議がなされることが明らかであるため，当該他方の当事会社の株主総会における承認は必要としない。この場合，株主の一定数が異議を申し出た場合には，株主総会決議を不要とすることはできないとはされない。したがって，本肢は誤り。

ア．2　国家　　　イ．19　特定　　　ウ．3　政教分離　　　エ．5　本来の目的

　本問は，政教分離に関する問題である。

　まず，設問判例は憲法20条1項後段や憲法89条の文言を引用して論じているので，この判例の争点は政教分離であることが分かる。したがって，ウには「政教分離」が入る。政教分離は，国家が宗教に関与することが許されるのか，という問題であるからアには「国家」が，イには「特定」が入る。

　また，引用部分が「宗教団体」の定義について論じている部分であり，これは最後の部分に集約されている。宗教的活動を本来の目的とする団体とするのが判例の定義であるから，エには「本来の目的」が入る。

問題42

正解

ア. 2　公定力　　　イ. 18　違法性　　　ウ. 15　承継　　　エ. 10　処分性

本問は，違法性の承継に関する問題である。

(1)　まず，ア ～ ウ であるが，「先行する行政行為があり，これを前提として後行の行政処分がされた場合には，後行行為の取消訴訟において先行行為の違法を理由とすることができるかどうかが問題となる」という記述より先行行為の違法が問題となっていることが分かる。また，「先行行為が ア を有する行政処分であるときは，その ア が排除されない限り，原則として，先行行為の イ は後行行為に ウ されず，これが許されない」という記述より，先行行為が公定力により適法とされる限り，先行行為の違法性が後行行為に承継されず，したがって，後行行為の取消訴訟において先行行為の違法性を主張することはできないとの主張が読み取れる。よって，ア には「公定力」が，イ には「違法性」が，ウ には「承継」が入る。

(2)　最後に，エ であるが，「土地区画整理事業の事業計画の決定についてその エ を否定していた本判決前の判例」，「事業計画の決定の エ を肯定する結果」等の記述，および，本判決は，土地区画整理事業の事業計画の決定について，その処分性を否定していた判例（最大判昭和41年2月23日）を変更し，土地区画整理事業の事業計画の決定について処分性を認めた著名な判例であることより，エ には，「処分性」が入ることがわかる。

正　解

ア．1　当事者訴訟　　　イ．14　確認の訴え　　　ウ．10　具体的な

エ．3　確認の利益

本問は，当事者訴訟に関する問題である。

(1)　アおよびイであるが，本件確認請求に係る訴えの法的性質が問題となっている。在外国民が，衆議院議員の総選挙における小選挙区選出議員の選挙等において，在外選挙人名簿に登録されていることに基づいて投票をすることができる地位にあることの確認を請求することは，公法上の法律関係に関する確認の訴えであるから，アには「当事者訴訟」が，イには「確認の訴え」が入る。

(2)　次に，ウおよびエであるが，確認の訴えが適法なものとされるためには，確認の利益がなければならない。したがって，エには，「確認の利益」が入る。そして，確認の利益が認められるためには，確認の対象が抽象的なものであってはならず，具体的なものでなければならない。したがって，ウには，「具体的な」が入る。

記述式
問題44

解答例

　<u>代理人</u>と呼ばれ，<u>各自</u>，Ｘのために，<u>聴聞に関する</u><u>一切の行為</u>をすることができる。（38字）

※下線部分がキーワードである。

〔採点の目安〕

　「代理人」（8点）

　「各自」（2点）

　「聴聞に関する」（2点）

　「一切の行為」（8点）

　本問は，代理人の権限に関する問題である。

1　代理人

⑴　意義

　代理人とは，当事者本人に代わって聴聞手続に関与する者をいい，代理人がその権限の範囲内でした行為の効果は，本人に帰属する。

⑵　選任

　当事者は，代理人を選任することができる（行政手続法16条1項）。なお，代理人の資格は，書面で証明しなければならない（同条3項）。

⑶　権限

　代理人は，各自，当事者のために，聴聞に関する一切の行為をすることができる（行政手続法16条2項）。

　代理人の権限は，本来委任の内容によってその範囲が定められるが，個々の代理人の権限が区々であると，その権限の確認を行わなければならない等の不都合を生じるため，権限の内容を画一的にしている。

2　本問について

⑴　形式の検討

　問題文の問いかけは，「このようなＢおよびＣは，行政手続法上どのような名称で呼ばれ，どのような行為をすることができるか」である。したがって，解答は，「（ＢおよびＣは，）①と呼ばれ，②の行為をすることができる。」とすることが考えられる。

⑵　内容の検討

　上記解説1のとおり，ＢおよびＣは，行政手続法上，代理人と呼ばれる。そして，代理人は，各自，当事者のために，聴聞に関する一切の行為をすることができる。

以上により，適切な語句を書き出すと，「代理人」，「代理人は，各自，当事者のために，聴聞に関する一切の行為をすることができる」がこれに当たる。

(3)　解答の作成

　上記(1)で検討した形式に，上記(2)で書き出した語句を挿入する。 ① には「代理人」， ② には，「代理人は，各自，当事者のために，聴聞に関する一切の行為をすることができる」を挿入することになるから，「（BおよびCは，）代理人と呼ばれ，各自，Xのために，聴聞に関する一切の行為をすることができる。」となる。

　この文章を制限字数の範囲内に収まり，かつ，自然な文章表現となるようにすると，解答例のとおりとなる。

問題45

解答例

　損害の公平な分担という見地から信義則上相当と認められる限度において求償することができる。（44字）

※下線部分がキーワードである。

〔採点の目安〕

　「損害の公平な分担」（6点）

　「信義則上相当と認められる限度」（8点）

　「求償することができる」（6点）

　本問は，使用者責任を問われた使用者から不法行為を行った被用者に対する求償が可能かどうかを判示した判例（最判昭51・7・8）に関する問題である。

1　被用者に対する求償権

　被害者に対して損害賠償をした使用者は，被用者に求償することができる（民法715条3項）。使用者責任が問われる場合であっても，不法行為者が賠償責任を負うことは原則である。とすれば，仮に使用者が賠償を行ったとしてもそれによって本来責任を負うはずの被用者に求償できるのは当然であり，使用者は賠償額全額を求償できるとも思える。一方で使用者責任が認められるのは，被用者を使用することで使用者が利益を得ていることに根拠を求める見解が有力である。この見解を前提にした場合，被用者が全責任を負い使用者には責任がないという結論になることは適切ではないようにも思える。

　この点について判例（最判昭51・7・8）は「使用者が，その事業の執行につきなされた被用者の加害行為により，直接損害を被り又は使用者としての損害賠償責任を負担したことに基づき損害を被つた場合には，使用者は，その事業の性格，規模，施設の状況，被用者の業務の内容，労働条件，勤務態度，加害行為の態様，加害行為の予防若しくは損失の分散についての使用者の配慮の程度その他諸般の事情に照らし，損害の公平な分担という見地から信義則上相当と認められる限度において，被用者に対し右損害の賠償又は求償の請求をすることができるものと解すべきである」と判示し，事業活動に伴うリスクの一部は使用者も負担すべきとしている。

2　本問について

(1)　形式の検討

　どのような形式の解答が要求されているか。問題文の問いかけは，「Aは，Bに対して求償することができるか，できるとすればどの限度か」である。したがって，解答は，「Aは，Bに対し，（　①　の限度で）求償することが　②　。」とすることが考えられる。

(2)　内容の検討

どのような内容にするか。被害者に損害賠償金を支払った使用者が被用者に対してする求償の可否，程度が問われている。使用者は被用者に対して求償することはできる（民法715条3項）。この求償はどの限度で認められるか。これにつき，判例（最判昭51・7・8）は，使用者と被用者の内部関係における「諸般の事情に照らし，損害の公平な分担という見地から信義則上相当と認められる限度において，被用者に対し右損害の賠償又は求償の請求をすることができる」として，一定の制限があることを認めている。

(3)　解答の作成

　上記(1)で検討した形式に，上記(2)で検討した内容を挿入する。　①　には「諸般の事情に照らし，損害の公平な分担という見地から信義則上相当と認められる」，　②　には「できる」を挿入すると，「Aは，Bに対し，諸般の事情に照らし，損害の公平な分担という見地から信義則上相当と認められる限度で求償することができる。」となる。

　この文章を制限字数の範囲内に収まる自然な文章表現となるようにすると，解答例のとおりとなる。

問題46

解答例

　相続の開始があったことを知った時から３か月以内に，相続人全員が共同して限定承認をする。(43字)

※下線部分がキーワードである。

〔採点の目安〕

　「相続の開始があったことを知った時から」（４点）

　「３か月以内」（４点）

　「相続人全員が」（４点）

　「共同」（２点）

　「限定承認」（６点）

　本問は，限定承認に関する問題である。

1　限定承認

　相続は，原則として被相続人の資産をプラスもマイナスも含めてすべて引き継ぐことになる。

　限定承認は，相続によって得た財産の限度においてのみ被相続人の債務および遺贈を弁済すべきことを留保して（相続人の固有財産を引当てとしない），相続の承認をする制度である（民法922条）。資産の承継を希望しつつ，負債が多くなる状況を避けたい場合に利用することが想定されているものである。

　限定承認は，まず自己のために相続の開始があったときから３か月以内にする必要がある（民法924条，915条１項）。そして，相続人が複数あるときは全相続人が共同して行わなければならない（民法923条）。

2　本問について

⑴　形式の検討

　どのような形式の解答が要求されているか。問題文の問いかけは，「Aの資産状況が不明なため，Bは相続したとしても負債の方が多くなる事態は避けたいと考えている。この場合，いつまでに，誰がどのような制度を利用する必要があるか。」である。したがって，解答は，「　①　までに，　②　が　③　をする必要がある。」とすることが考えられる。

⑵　内容の検討

　どのような内容にするか。Bは，相続したとしても負債の方が多くなる事態は避けたいと考えているため，無限に被相続人の権利義務を承継することになる単純承認や相続の効果を消滅させる相続放棄はふさわしくない。相続財産の限度でのみ被相続人の債務を弁済すべきことを留保して相続を承認する限定承認がBの希望に叶うことから，限定承認を行

う必要がある。この限定承認は，相続人が自己のために相続の開始があったことを知った時から3か月以内にする必要がある。また，相続人が複数いる場合には共同相続人の全員が共同してのみ限定承認をすることができる。

(3) 解答の作成

上記(1)で検討した形式に，上記(2)で検討した内容を挿入する。 ① には「自己のために相続の開始があったことを知った時から3か月以内」を， ② には「共同相続人の全員」を， ③ には「共同して限定承認」を挿入することになるから，「自己のために相続の開始があったことを知った時から3か月以内に，共同相続人の全員が共同して限定承認をする必要がある。」となる。

この文章を制限字数の範囲内に収まる自然な文章表現となるようにすると，解答例のとおりとなる。

基礎知識

政治

問題47　正解　1

本問は，領土問題に関する問題である。

1．妥当でない。

日本政府は，1895（明治28）年1月に，尖閣諸島に標杭を建設する旨の閣議決定を行い，日本国の領土に編入した。これに対し，中国および「台湾」が領有権を主張し，日本と対立している。

2．妥当である。

1952（昭和27）年1月，李承晩韓国大統領は，海洋主権宣言を行い，いわゆる「李承晩ライン」を設定して，そのライン内に竹島を取り込んだ。そして，1954（昭和29）年6月，韓国内務部は，韓国沿岸警備隊が駐留部隊を竹島に派遣した旨の発表を行った。これに対し，日本政府は，1954（昭和29）年9月，口上書をもって竹島の領有権問題を国際司法裁判所に付託することを韓国側に提案したが，同年10月，韓国は，この提案を拒否した。

3．妥当である。

1948（昭和23）年に勃発した第1次中東戦争の結果，市街地を含む東エルサレムはヨルダンが，西エルサレムはイスラエルが占領した。その後，1967（昭和42）年に勃発した第3次中東戦争により，イスラエルは，東エルサレムも占領した。これに対し，1993（平成5）年のオスロ合意で誕生したパレスチナ自治政府は，東エルサレムの領有権を主張している。

4．妥当である。

イギリスは，1833年からフォークランド諸島を実効支配し，これに対し，アルゼンチンはその領有権を主張している。なお，1982（昭和57）年には，フォークランド諸島の領有権をめぐり，イギリス・アルゼンチン間でフォークランド紛争が勃発し，イギリスが勝利し，実効支配を続けている。

5．妥当である。

クリミア半島については，現在，ウクライナとロシアが領有権を主張している。なお，2014（平成26）年にウクライナにおいて親ロシア派のヤヌコーヴィチ政権が崩壊すると，クリミア半島においては，これに反発する親ロシア派住民がクリミア共和国を打ち立て，クリミア共和国における住民投票を経て，ロシアとクリミア共和国の二国間条約によりクリミア共和国をロシア連邦に併合する形でロシアがクリミア半島を実効支配している。

問題48　正解　4

本問は，多国間の枠組みに関する問題である。

1．妥当でない。

　　ウクライナは，いまだNATOに加盟していない。なお，NATO（North Atlantic Treaty Organization，北大西洋条約機構）とは，アメリカ，イギリス，フランス，ドイツ等の北米およびヨーロッパの31か国が加盟する，加盟国の領土および国民を防衛することを責務とする集団防衛機構であり，ロシアによるウクライナ侵攻は，ウクライナがNATOに加盟しようとしたことが最大の要因になっていると考えられている。

2．妥当でない。

　　QUAD（クアッド，Quadrilateral Security Dialogue，4か国戦略対話）のメンバーは，日本，「オーストラリア」，インドおよびアメリカの4か国である。その他の記述は妥当である。

3．妥当でない。

　　インドは，上海協力機構に参加している（インドは，QUADにも参加しており，さまざまな多国間の枠組みに参加することにより，国際社会での存在感を高めたい狙いがあるものと考えられている）。なお，その他の記述は，妥当である。

4．妥当である。

　　AUKUS（オーカス，Australia（オーストラリア）・United Kingdom（イギリス）・United States（アメリカ）の頭文字をとった。）は，オーストラリア，イギリス，およびアメリカの3か国による軍事同盟であり，アメリカとイギリスは，オーストラリアによる原子力潜水艦の開発を支援することなどをとおして，太平洋地域における自国の影響力を増すことを目指している。

5．妥当でない。

　　RCEP協定（正式名称は，「地域的な包括的経済連携協定」）とは，主に東アジア地域の貿易・投資の促進を目的とする多角的なEPAをいう。2020（令和2）年11月に，交渉国のうち，インドを除く15か国（ASEAN10か国（ブルネイ，カンボジア，インドネシア，ラオス，マレーシア，ミャンマー，フィリピン，シンガポール，タイ，ベトナム），日本，中国，韓国，オーストラリア，ニュージーランド）がRCEP協定に署名した。RCEP協定の署名国15か国で，GDPの「約3割」，日本の貿易総額の「約5割」を占めている。

経済
問題49　正解　1

　本問は，租税制度に関する問題である。

1．妥当である。

　　本肢のとおりである。

2．妥当でない。

　　1949（昭和24）年および1950（昭和25）年の二度にわたってアメリカのカール・シャウプを団長とする日本税制使節団（いわゆるシャウプ使節団）により，日本の税制に関する報告書が提出された。わが国においては，戦中において戦費調達を目的とする間接

税がいくつも設けられたという背景があったため，シャウプ勧告においては，「直接税」中心の税制を採ったうえで間接税を整理すべきこと，負担の公平性を重視すべきことなどが提言された。

3．妥当でない。

　　2020（令和2）年度の実績額によれば，直間比率（直接税と間接税の比率。国税＋地方税）は，「65：35」である。その他の記述は，妥当である。

4．妥当でない。

　　税収が総税収（国税および地方税）に占める割合は，おおよそ所得課税が50％，資産課税が「15％」，消費課税が「35％」となっている。

5．妥当でない。

　　日本の国民負担率は，2020（令和2）年度の実績で租税負担率は「28.2％」，社会保障負担率は「19.8％」となっている（国民負担率は，47.9％に達している。）。なお，その他の記述は，妥当である。

問題50　正解　4

本問は，国際収支に関する問題である。

1．妥当である。

　　国際収支とは，一定の期間における対外経済取引（＝財貨（平たく言えば商品），サービス，利子・配当金等の各種経済金融取引，それらに伴って生じる決済資金の流れ等）をいい，この国際収支は，主に経常収支，資本収支および外貨準備高増減の三つで構成されている。

2．妥当である。

　　経常収支は，貿易・サービス収支，第一次所得収支（＝投資などによって生じる利子・配当金等の受取りと支払い）等から構成されている。したがって，経常収支には，海外との財貨およびサービスの取引に限らず，投資などによって生じる利子・配当金等の受取りと支払いが含まれる。

3．妥当である。

　　貿易収支とは，財貨の輸出量と輸入量との差額をいい，輸出量が輸入量を上回る状況を貿易黒字という。貿易黒字が増えると，その分，相手国から受け取る外貨が増え，それを日本円に交換するために，外貨を売却し，日本円を購入することになることから，一般的には，円高となる。

4．妥当でない。

　　日本は，第2次石油危機で原油価格が高騰した1980（昭和55）年の貿易赤字を最後に30年間，貿易黒字が続いたが，2011（平成23）年3月11日に発生した東日本大震災による原発事故の影響をうけ火力発電への依存度が増し，火力発電用の燃料の輸入が増加したこと，1ドル80円を切る超円高や海外の景気低迷をうけ輸出が振るわなかったことなどにより，2011（平成23）年には，31年ぶりに貿易赤字に転落した。なお，その後は，2016年，2017年，2020年に貿易黒字となった以外は，貿易赤字となっている。

5．妥当である。

　2022（令和4）年度の日本の貿易収支は，ロシアによるウクライナ侵攻による火力発電等に使う石炭，天然ガスなどの資源価格の高騰等により，約18兆円の赤字となった。この赤字は，過去最大のものとなった。なお，第1次所得収支が約36兆円の黒字であったため，経常収支は約9兆円の黒字となった。

社会
問題51　正解　3

　本問は，外国人材の受入れに関する問題である。

1．妥当でない。

　2022（令和4）年10月末現在の外国人労働者数は182万2725人であり，技能移転を通じた開発途上国への国際協力を目的とする在留資格「技能実習」在留外国人数は，34万3254人であり，10万人を超えている。

2．妥当でない。

　特定技能1号の在留期間は，通算で上限「5年」までとされている。なお，その他の記述は，妥当である。

3．妥当である。

　本肢の記述のとおりである。なお，「特定技能2号」は，一定の要件を満たせば，家族の帯同が可能である（これに対し，「特定技能1号」は，家族の帯同は，基本的に認められない。）。

4．妥当でない。

　2022年12月末時点における在留資格「特定技能1号」在留外国人数は13万915人で10万人を超えているが，在留資格「特定技能2号」在留外国人数は8人にすぎない。

5．妥当でない。

　日本における出入国の管理，外国人の在留，難民の認定等の事務をつかさどるため，法務省に入国管理局が設けられていたが，外国人の出入国および在留の公正な管理に関する施策を総合的に推進するため，「法務省」の外局として出入国在留管理庁が新設され，2019（平成31）年4月1日から業務を開始した。

問題52　正解　2

　本問は，災害・防災に関する問題である。

ア．妥当である。

　1959（昭和34）年に愛知県等を襲った伊勢湾台風を契機として，1961（昭和36）年に災害対策基本法が制定された。この法律は，防災計画の作成，災害予防，災害応急対策，災害復旧および防災に関する財政金融措置その他必要な災害対策の基本を定めることにより，総合的かつ計画的な防災行政の整備および推進を図ることを目的としている。

イ．妥当でない。

災害対策基本法は，災害予防および災害応急対策に関する費用の負担等については，原則として，「実施責任者」（例えば，市町村等）が負担する（実施責任者負担の原則）ものとしながらも，特に激甚な災害については，地方公共団体に対する国の特別の財政援助，被災者に対する助成等を行うこととしている（同法第8章）。なお，これを受け，「激甚災害に対処するための特別の財政援助等に関する法律」（昭和37年法律第150号）が制定されている。したがって，費用の負担をするのは，原則として，「国」ではなく，「実施責任者」である。

ウ．**妥当でない。**

被災者救済に関しては，1995（平成7）年に発生した阪神・淡路大震災を契機として，1998（平成10）年に被災者生活再建支援法が制定された。この法律は，自然災害によりその生活基盤に著しい被害を受けた者に対し，「都道府県」が相互扶助の観点から拠出した基金を活用して被災者生活再建支援金を支給するための措置を定めることにより，その生活の再建を支援し，もって住民の生活の安定と被災地の速やかな復興に資することを目的としている（同法1条）。したがって，基金の拠出をしているのは，「国」ではなく，「都道府県」である。

エ．**妥当である。**

気象庁は，従来から，大雨，津波，地震等により重大な災害の起こるおそれがあるときに，津波警報や大津波警報等の警報を発表して警戒を呼びかけていた。しかし，津波警報も大津波警報も同じく警報とされ，大津波警報が出たからと言って，必ずしも住民の迅速な避難につながらなかった。そこで，2013（平成25）年より，これを見直し，警報の発表基準をはるかに超える大雨や大津波等が予想され，重大な災害の起こるおそれが著しく高まっている場合に，最大級の警戒を呼びかける特別警報の運用を開始した（津波については，大津波警報を特別警報と位置付けた。）。なお，気象庁は，特別警報が対象とする現象は，18,000人以上の死者・行方不明者を出した東日本大震災における大津波や，我が国の観測史上最高の潮位を記録し，5,000人以上の死者・行方不明者を出した「伊勢湾台風」の高潮，紀伊半島に甚大な被害をもたらし，100人近い死者・行方不明者を出した「平成23年台風第12号」の大雨等がこれに該当するとしている。

オ．**妥当でない。**

2019（平成31）年3月に「避難勧告等に関するガイドライン」が改定され，住民は「自らの命は自らが守る」意識を持ち，自らの判断で避難行動をとるとの方針が示された。そして，この方針に沿って，気象庁等が出す防災気象情報と市町村または気象庁が出す避難情報等が「5段階」に整理された。

以上より，妥当なものは，アおよびエであるから，正解は2である。

諸法令
問題53 **正解** **1**

本問は，行政書士の業務に関する問題である。

ア．**妥当である。**

行政書士は，他人の依頼を受け報酬を得て，官公署に提出する書類（その作成に代えて電磁的記録（＝電子的方式，磁気的方式その他人の知覚によっては認識することができない方式で作られる記録であって，電子計算機による情報処理の用に供されるものをいう。以下同じ。）を作成する場合における当該電磁的記録を含む。）その他権利義務または事実証明に関する書類（実地調査に基づく図面類を含む。）を作成することを業とする（行政書士法１条の２第１項）。会計帳簿は，「事実証明に関する書類」であるから，この記帳を行うことは，行政書士の業務である。

イ．**妥当である。**

　　賃貸借契約書は，「権利義務に関する書類」であり，これを作成することは，行政書士の業務である。

ウ．**妥当でない。**

　　行政書士は，他人の依頼を受け報酬を得て，官公署に提出する書類その他権利義務または事実証明に関する書類を作成することを業とする（行政書士法１条の２第１項）が，当該書類の作成であっても，その業務を行うことが他の法律において制限されているものについては，業務を行うことができない（同条２項）。農地の所有権移転登記の申請書は，「官公署に提出する書類」であるが，法務局または地方法務局に提出する書類であり，これを作成することは司法書士の独占業務とされている（司法書士法３条１項２号，73条１項本文，78条１項）。したがって，行政書士が業として農地の所有権移転登記の申請書を作成することはできない。

エ．**妥当でない。**

　　行政書士は，他人の依頼を受け報酬を得て，官公署に提出する書類その他権利義務または事実証明に関する書類を作成することを業とする（行政書士法１条の２第１項）が，当該書類の作成であっても，その業務を行うことが他の法律において制限されているものについては，業務を行うことができない（同条２項）。訴状は，「官公署に提出する書類」であるが，その作成は，弁護士の独占業務である（弁護士法３条１項，72条本文，77条３号）。したがって，行政書士が業として訴状を作成することはできない。

オ．**妥当でない。**

　　他人の依頼を受けて報酬を得て，官公署に提出する書類を作成することは，行政書士の独占業務である（行政書士法１条の２第１項，19条１項本文，21条２号）。しかし，これを無報酬で行うことは，この規定に抵触せず（行政書士法１条の２第１項反対解釈），許されていると解されている。

　　以上より，妥当なものは，アおよびイであるから，正解は１である。

問題54 正解　２

　　本問は，戸籍法が定める届出に関する問題である。

１．**妥当でない。**

　　国内で出生があったときの届出は，14日以内に，これをしなければならない（戸籍法49条１項）。

2．**妥当である。**

　　届出は，原則として，届出事件の本人の本籍地または届出人の所在地でこれをしなければならない（戸籍法25条1項）が，出生の届出は，出生地でこれをすることができる（戸籍法51条1項）。

3．**妥当でない。**

　　嫡出子出生の届出は，「父または母」がこれをしなければならない（戸籍法52条1項前段）。なお，本肢の後段は，妥当である（同項後段）。

4．**妥当でない。**

　　嫡出子否認の訴えを提起したときであっても，出生の届出をしなければならない（戸籍法53条）。

5．**妥当でない。**

　　胎内にある子を認知する場合には，届書にその旨，母の氏名および本籍を記載し，「母」の本籍地でこれを届け出なければならない（戸籍法61条）。

個人情報保護・情報通信

問題55　正解　2

　本問は，個人情報取扱事業者等の義務等に関する問題である。

ア．**妥当でない。**

　　個人情報取扱事業者は，個人情報を取り扱うに当たっては，その利用目的をできる限り特定しなければならない（個人情報保護法17条1項）。この利用目的の特定は，個人情報の適正な取扱いの確保の基礎になることから，適用除外は設けられていない。したがって，たとえ「緊急に個人情報を取得する必要がある場合」でも，この義務は免除されない。

イ．**妥当である。**

　　個人情報取扱事業者は，あらかじめ本人の同意を得ないで，特定された利用目的の達成に必要な範囲を超えて，個人情報を取り扱ってはならない（個人情報保護法18条1項）。無限定な個人情報の利用による本人の権利利益の侵害を防止する趣旨である。

ウ．**妥当である。**

　　個人情報取扱事業者は，合併その他の事由により他の個人情報取扱事業者から事業を承継することに伴って個人情報を取得した場合は，あらかじめ本人の同意を得ないで，承継前における当該個人情報の利用目的の達成に必要な範囲を超えて，当該個人情報を取り扱ってはならない（個人情報保護法18条2項）。個人情報取扱事業者は，合併その他の事由により他の個人情報取扱事業者から事業を承継することに伴って個人情報を取得した場合に，承継前における当該個人情報の利用目的の達成に必要な範囲を超えて，当該個人情報を利用することができるとすると，事業承継前の個人情報取扱事業者について利用目的を特定させたことが無意味となるからである。

エ．**妥当でない。**

　　個人情報取扱事業者は，「利用目的の達成に必要な範囲内」において，個人データを

正確かつ最新の内容に保つとともに，利用する必要がなくなったときは，当該個人データを遅滞なく消去するよう努めなければならない（個人情報保護法22条）。なぜなら，利用目的との関係において，過去のデータの方がその達成に資する場合があるからである。したがって，「常に」個人データを正確かつ最新の内容に保つよう努めなければならないわけではない。

オ．**妥当である。**

　　個人関連情報取扱事業者とは，個人関連情報データベース等（＝個人関連情報（＝生存する個人に関する情報であって，個人情報，仮名加工情報および匿名加工情報のいずれにも該当しないものをいう（個人情報保護法2条7項）。例えば，氏名と結びついていないインターネットの閲覧履歴等がこれに当たる。）を含む情報の集合物であって，特定の個人関連情報を電子計算機を用いて検索することができるように体系的に構成したものその他特定の個人関連情報を容易に検索することができるように体系的に構成したものとして政令で定めるもの）を事業の用に供している者をいう（個人情報保護法16条7項）。この個人関連情報取扱事業者は，第三者が個人関連情報（個人関連情報データベース等を構成するものに限る。）を個人データとして取得することが想定されるときは，当該第三者が個人関連情報取扱事業者から個人関連情報の提供を受けて本人が識別される個人データとして取得することを認める旨の当該本人の同意が得られていることについて，あらかじめ確認することをしないで，当該個人関連情報を当該第三者に提供してはならない（個人情報保護法31条1項1号）。

以上より，妥当でないものは，アおよびエであるから，正解は2である。

問題56　**正解**　**5**

　　本問は，情報通信用語に関する問題である。

ア．**妥当でない。**

　　デジタルタトゥーとは，個人情報がインターネット上への書込みや画像の公開により拡散してしまうと，その情報は完全に削除することが不可能であるため，半永久的にインターネット上に残されることをいう。タトゥ（入れ墨）は，完全に消すことが不可能であることから，このような比喩表現がされている。なお，本肢の説明は，デジタルフォレンジックについてのものである。

イ．**妥当でない。**

　　デジタルフォレンジックとは，犯罪捜査等の目的で，パソコン，サーバー，携帯電話等を対象として，それらのデジタルデバイスに記録された情報を収集・分析し，その法的な証拠価値を明らかにする技術をいう。フォレンジック（forensics）は，「科学捜査の」等と訳される。なお，本肢の説明は，デジタルタトゥーについてのものである。

ウ．**妥当でない。**

　　コモディティ化とは，ある製品の普及が一巡すると，製造メーカごとの機能や品質の違いが不明瞭化し，あるいは均質化することをいう。これにより，競合製品への優位性が機能や品質から価格に移り，価格低下に拍車がかかることになる。なお，本肢の説明

は，ダウンサイジングについてのものである。

エ．**妥当である。**

　　SaaS（サース）とは，Software as a Service の略称である。従来のアプリケーションソフトウェアの利用は，ソフトウェアをパッケージ製品として販売し，ユーザーは自分の持つコンピュータでそのソフトウェアを稼働させ，使用するものであったが，SaaSでは，ソフトウェアを提供者側のコンピュータで稼働させ，ユーザーはそのソフトウェア機能をインターネット等のコンピュータネットワーク経由でサービスとして利用し，そのサービス料を支払うものとなっている。

オ．**妥当である。**

　　アドホックネットワークとは，複数の端末（たとえば，パソコン，携帯電話）が基地局を介さずに端末同士で通信することができるネットワークをいう。基地局が不要であることから，インフラを持たない場所でのネットワークを構築することができるため，ある限られた地域での簡易なネットワークの構築手段として期待されている。

　　以上より，妥当なものは，エおよびオであるから，**正解は5である。**

問題57　正解　4

　本問は，不正アクセス禁止法に関する問題である。

1．**妥当である。**

　　不正アクセス禁止法1条は，「この法律は，不正アクセス行為を禁止するとともに，これについての罰則及びその再発防止のための都道府県公安委員会による援助措置等を定めることにより，電気通信回線を通じて行われる電子計算機に係る犯罪の防止及びアクセス制御機能により実現される電気通信に関する秩序の維持を図り，もって高度情報通信社会の健全な発展に寄与することを目的とする。」と規定し，電気通信回線を通じて行われる電子計算機に係る犯罪（例えば，電子計算機使用詐欺，電子計算機損壊等業務妨害等）の防止のみならずアクセス制御機能（例えば，パソコンのユーザーがそのパソコンを利用する際に一定のID・パスワードを入力したときにのみその操作が可能となるような情報をあらかじめ設定しておき，そのユーザーがそのID・パスワードをパソコンに入力すると，パソコンの側でそれを確認し，そのパソコンの利用が可能となること）により実現される電気通信に関する秩序の維持を図ることも目的としている。

2．**妥当である。**

　　不正アクセス禁止法は，①不正アクセス行為等の禁止・処罰（同法3条，11条，4条，12条1号，5条，12条2号，13条，6条，12条3号，7条，12条4号）という行為者に対する規制と，②不正アクセス行為を受ける立場にあるアクセス管理者に防御措置を求め（同法8条），アクセス管理者がその防御措置を的確に講じられるよう行政が援助する（同法9条，10条）という防御側の対策という2つの側面から，不正アクセス行為の防止を図ろうとしている。

3．**妥当である。**

　　不正アクセス行為は，他人のID・パスワードが第三者の手に渡ってしまえば，技術

的にこれを防止することは極めて困難であることから，不正アクセス行為の禁止の実効性を確保するために，何人も，不正アクセス行為の用に供する目的で，アクセス制御機能に係る他人の識別符号を取得してはならないとされている（不正アクセス禁止法4条）。そして，これに違反してなされた行為は処罰の対象とされている（同法12条1号）。

4．妥当でない。

　　平成24年改正前不正アクセス禁止法は，他人のID・パスワードを，そのID・パスワードがどのウェブサイト（のサービス）に対するID・パスワードであるかを明らかにして，またはこれを知っている者の求めに応じて，無断で第三者に提供する行為を禁止し，処罰の対象としていた。しかし，近年，一人の人間が利用するコンピュータのサービスの数が増加しており，同一のID・パスワードを多数のサイトで使い回す例が一般化している。その結果，提供されたID・パスワードがどのウェブサイト（のサービス）に対するものかが明らかでなくとも，多数のID・パスワードを入力すれば一定程度の割合で不正ログインに成功する場合があるという状況が生じていた。そこで，平成24年の不正アクセス禁止法の改正により，業務その他正当な理由による場合を除いて，他人のID・パスワードを当該ID・パスワードが付与されている利用権者等の一定の者以外の者に提供する行為は禁止され（同法5条），これに違反してなされた行為は処罰されることとなった（相手方に不正アクセス行為の用に供する目的があることの情を知ってアクセス制御機能に係る他人の識別符号を提供した者に対する罰則の根拠規定は同法12条2号，それ以外の者に対する罰則の根拠規定は13条）。

5．妥当である。

　　平成24年改正前不正アクセス禁止法は，たとえばフィッシング行為のような他人のID・パスワードの入力を不正に要求する行為を取り締まる規定を置いていなかった。しかし，不正アクセス行為は，他人のID・パスワードが第三者の手に渡ってしまえば，技術的にこれを防止することは極めて困難であり，そのような不正アクセス行為を防ぐためには，他人のID・パスワードの不正流通を防止するほかないとの批判があった。そこで，平成24年の不正アクセス禁止法の改正により，他人のID・パスワードの入力を不正に要求する行為は禁止され（同法7条），これに違反してなされた行為は処罰されることとなった（同法12条4号）。

文章理解
問題58　正解　5

　　空欄補充の語句の問題である。まず選択肢を一瞥し，語句の漢字表記の正誤をチェックしておく。明らかに誤った語句が選択肢にある場合もあるからだ。次に，空欄の個数も確認しておく。同じ語句が入る空欄が複数ある場合もある。本問の場合，すべての空欄が複数箇所にある。複数箇所にあるからといって簡単だとは限らない。どの箇所でも矛盾が生じないようにしなければならないからだ。

　　選択肢の語句が「どちらでも意味は通る」場合がある。どちらの語句を空欄部分に入れても，文として意味が通り特に矛盾もない場合である。こうした場合，どちらの語句が妥

当なのかの決め手となる根拠を見つける必要がある。根拠の原則は多くの場合「その文章中で使われているか」である。どちらの語句が文中で使われているかが根拠になる。

Ⅰ

この空欄が最初に出てくる部分を見ると「群れを離れることはとても危険なことになります。」「元の群れの Ⅰ になることを意味するからです。」とある。つまり「群れを離れること」＝ Ⅰ と考えられる。しかし「外敵」「異端者」「敵対者」はどれでも意味が通るため、決定できない。根拠が必要となる。

Ⅱ

この空欄は「別の群れに Ⅱ した場合」「他の集団の生活圏と Ⅱ して」とある。これと同じことを第4段落で「旅の過程で出会う他の集団も」と述べている。これを見出せれば Ⅱ は「出会う」の意味だとわかる。したがって「遭遇」が妥当と考えられる。

Ⅲ Ⅳ

この2つは同じ段階に連続して出てくる。この段階の内容は次のように図式化できる。

「日常の生活圏から離れること」＝「旅」＝「人間だけの特権」

「互いの群れの間に Ⅲ と Ⅳ がある」

しかし Ⅲ の「許容」「友好」、 Ⅳ の「言語」「好奇心」のどれも意味が通り決定できないが、最終段落で「他言語との比較や、類似の言語からの推測など」と「言語」と述べていることから Ⅳ は「言語」が妥当と考えられる。さらに「意思疎通を確立しようとする原動力が許容的態度には含まれて」と「許容的態度」と述べていることから Ⅲ は「許容」が妥当と考えられる。

Ⅴ

この空欄も2か所にあり「中立的」「友好的」のどちらでも意味が通り決定できない。しかし、2か所目の「少なくとも外敵との遭遇ではない」の部分に「外敵との遭遇」とあることが Ⅰ Ⅱ の根拠となり、 Ⅰ が「外敵」、 Ⅱ が「遭遇」が妥当となる。さらに最終段落に「敵でも味方でもない他者に対する意思疎通の欲求」とあることから「敵でも味方でもない」＝「中立的」と考えられる。これが Ⅴ の根拠となり「中立的」が妥当と考えられる。以上のことから5が妥当と考えられる。

問題59　正解　3

空欄補充の問題である。空欄には「文」が入る。空欄が全部で5か所あり重複した空欄はない。ア～オはすべて本文の一部であるから、文の順序を問う文章整序の問題と考えることもできる。なぜなら妥当な順に並べた場合、ア～オは文章の順番通りになる。したがって「ア～オを正しい順番に並べる」という視点も頭の片隅に置いておく。

Ⅰ

空欄後の文は「しかし「アイコンタクト」と呼ばれる～」となっている。つまり「アイコンタクト」という言葉が用いられる前にある空欄であるから、「アイコンタクト」が出てくるア・エは即座に除外できる。残りのイ・ウ・オを吟味すればよいことになる。ウの「これは」の内容が Ⅰ の前にはない。これも除外できる。残るイ・オは一応どちらも

意味が通り，ここでは決定できない。

Ⅱ

空欄後の文は「しかし非常に高度なコミュニケーションではあるものの〜」とある。この「しかし」は「非常に高度なコミュニケーション」という内容を受けていると考えられことからウが妥当と考えれる。

Ⅲ

空欄のある段落では「眼と眼で行われる」「瞬時に行われる」と述べ，Ⅲ となっている。ウが Ⅱ と判明していればウは除外できるが，ア・イ・エ・オのどれも意味が通る可能性があり，ここでは決定できない。

Ⅳ

段落の最初の文である。空欄の後の文を見ると「しかし，瞬間的に意思の疎通が〜」と述べている。要約すれば「瞬時の意思疎通は最も重要」となる。「しかし」で始まっているのであるから，Ⅳ はこの内容とは逆のことを述べていると考えられ，オが妥当と考えられる。

このことから Ⅰ はイが妥当であると決定できる。

Ⅴ

空欄後の文は「後になって伝わっても意味がない」と述べている。これはアの「その理由」の内容と合致する。したがってアが妥当と考えられる。

このことから Ⅲ は残ったエが妥当であると決定できる。

以上のことから Ⅰ はイ，Ⅱ はウ，Ⅲ はエ，Ⅳ はオ，Ⅴ はアとなり，3 が妥当である。

問題60 正解 5

本問は，文章の整序を問う問題だが，全部で6つある段落のうちの第4段落の内容の文章整序であり，第4段落の最後の1文が明らかになっている。この点に特徴がある。その特徴をどのように解法に結び付けるかがポイントになる。

文章中の段落のひとつであるから，この文章の論旨の展開が解法の手掛かりになる。空欄となっている第4段落の最後の1文

「ここで言う刷り込みとは「理由もなく，そうだと思うこと」です。」

が，ア〜オの次の6番目となる文章整序の問題と考えることもできる。

まず，この文章全体の論旨の展開を把握する。論旨の展開を素早く把握するためには「単語」に着目する。この時，設問は空欄の文章整序であるから，空欄までの3つの段落と空欄後の段落を見比べ，空欄後の段落にしか出てこない「単語」にも着目する。そうすると「刷り込み」という単語が浮かび上がる。この単語は空欄前には一度も出てこない。つまり「刷り込み」について論旨を展開していると考えられる。また，空欄の段落の最後の1文が「ここで言う刷り込みとは〜」となっていることから，空欄の内容は「刷り込み」についての説明，定義付けであろうと推測できる。ここまでの作業をしてから空欄の順序を吟味するのが素早く正確に解く手順である。

　文章整序では，最初から順番に並べる必要はない。接続詞や文の内容などから「対」となる文を見つけながら全体の順序を考えるのが得策である。

　ア～オを見ると，エ「まず最初に」と「最初」とあるがこれは冒頭文ではない。オ「子どもたちにとっての～次のように考えられています。」とあることから，この文を受けてエ「まず最初に」となるはずである。したがって【オ→エ】の順が判明する。

　次はア・イ・ウの順である。文頭を見ると，
ア「そこから～」
イ「絵本の中の～」
ウ「その様子を～」
となっている。ア・ウの指示語に着目してみる。アは「そこから始まります。」とある。どこから始まるのかといえばエの内容と合致する。したがって【オ→エ→ア】と判明する。

　あるいは，ウ「その」に着目すると，「その様子を～「刷り込み」と呼ばれる現象も起きています。」とある。ここで初めて「刷り込み」という単語が使われていることから，最後の文になると推測できる。試みに最後の1文との関係を見ても矛盾は生じない。したがってウは空欄内の最後の文と判明する。

　ここまでで【オ→エ→ア】と【→ウ】となることが判明した。残るイは，アの「外界との接触」の内容から【ア→イ】となることが明らかである。

　したがって全体の順番は【オ→エ→ア→イ→ウ】となり，5が妥当である。

文章理解とっておきの話

文章理解の出題の狙いは行政書士の業務と関連している!?

　文章理解は入学試験の「現代国語」ではない。明らかに違いがある。「文章理解は国語なんだから，なんとかなるだろう」「現国の試験対策をすればいい」というのは，大きな間違いである。では何が違うのか。出題側の意図を知れば自ずと対策も見えてくる。文章理解は行政書士試験の一部である。「行政書士の業務に必要な能力を備えているか」が試されている。つまり文章理解の出題の狙いは実際の業務と関連していることになる。

　行政書士の業務では，文書のやり取りであっても，口頭での相談であっても，依頼者とのコミュニケーションが必要不可欠になる。依頼者と行政機関との橋渡し的な位置にいるのが行政書士であるとすれば，依頼者は必ずしも法律に明るいとは限らない。むしろ法令や許認可業務については素人である。したがって行政書士に依頼する業務について顧客が理路整然と説明できるとは限らない。文章理解の出題に文の順序を問う「文章整序」の問題が好んで出題されるのも，そういった背景がある。
また依頼者が過不足なく情報を提示できるとも限らない。肝心の情報が提示されなかったり，重要な事柄なのに依頼側にはその認識が薄かったりするケースもある。重要

な情報がどこにあるか，なぜそれが「重要な情報」なのかを見極めるには，論理的な根拠が必要になる。空欄の内容を問う問題では「なぜ，その空欄にこの語句が入るのか」「なぜ，ここにその文が入るのか」の「なぜ」を論理的な根拠を持って答えられるかどうかが試されている。感覚では解けないように設問が作られているのだろう。

第 2 回　解説

第2回

正解・出題要旨一覧

問	正解	分類	出題の要旨	問	正解	分類	出題の要旨
1	3	基礎法学	法の解釈	31	4	民法	詐害行為取消権
2	3		近年の法改正	32	1		保証
3	4	憲法	外国人の人権	33	3		弁済
4	5		政教分離	34	3		不法行為
5	1		選挙権等	35	3		相続人
6	5		議院内閣制	36	1	商法・会社法	商号
7	1		裁判官	37	3		株式会社の設立
8	1	行政理論	行政機関相互の関係	38	5		会計監査人
9	3		行政行為の附款	39	2		募集株式の発行
10	4		行政裁量	40	1		持分会社
11	4	行政手続法	行政庁の義務	41		多肢 - 憲法	政党の自律性
12	1		聴聞手続	42		多肢 - 行政法	無名抗告訴訟
13	3		意見公募手続	43	解説参照	多肢 - 行政法	立法行為の違法性
14	5	行政不服審査法	審査請求の要件	44		記述－行政法	形式的当事者訴訟
15	1		執行停止	45		記述－民法	失踪宣告
16	2		再調査の請求、再審査請求	46		記述－民法	地役権
17	3	行政事件訴訟法	処分性	47	2	政治	近代の政治思想
18	5		仮の救済	48	4		戦後日本の政治・外交
19	1		取消訴訟の規定の準用	49	4	経済	日本銀行
20	1	国家賠償法	国家賠償法1条	50	2		地域経済統合
21	3		損失補償	51	2	社会	環境問題
22	3	地方自治法	直接請求	52	1		雇用
23	1		長の専決処分	53	5	諸法令	登録
24	1		監査制度	54	4		戸籍法
25	3	行政法総合	行政法総合	55	5	個人情報保護・情報通信	個人情報保護法
26	1		道路に関する判例	56	2		個人情報保護法
27	5	民法	行為能力	57	3		情報通信用語
28	1		無効、取消し、追認	58	3	文章理解	空欄補充（文章）
29	5		時効と登記	59	3		文章の並び替え
30	5		留置権、質権	60	4		空欄補充（文章）

第2回　解説　法令等

基礎法学
問題1　正解　3

本問は，法の解釈に関する問題である。

ア．「縮小解釈」が入る。

　縮小解釈とは，法規の文言をその通常の意味より限定する解釈をいう。「第三者」の通常の意味は，当事者およびその包括承継人以外の者であり，民法177条の「第三者」について当事者およびその包括承継人以外の者であって，登記の欠缺を主張するにつき正当な利益を有するものと解釈することは，「第三者」の通常の意味より限定しているから，この解釈は，縮小解釈である。

イ．「類推解釈」が入る。

　類推解釈とは，ある事実に適用できる法規がない場合に，それと類似の事実に適用できる法規を間接的に適用することをいう。本肢は，不法行為に基づく損害賠償の範囲に関する規定がない場合に，それと類似の事実に適用できる法規（ここでは，債務不履行に基づく損害賠償の範囲を「通常生ずべき損害」に限定する民法416条の規定）を間接的に適用するものあるから，この解釈は，類推解釈である。

ウ．「反対解釈」が入る。

　反対解釈とは，「Aに当たる事実があればXの効果を生ずる。」との規定がある場合において，Bに当たる事実が生じたときに，B事案については，A事案と反対の法的効果が生じることを認める解釈をいう。本肢は，胎児について，法律に特段の規定のない限り，私権を享有することはできないとして，胎児について，出生した人とは反対の法的効果が生じることを認めているから，この解釈は，反対解釈である。

エ．「拡張解釈」が入る。

　拡張解釈とは，法規の文言をその通常の意味より広げる解釈をいう。「陳列」の通常の意味は，人に見せるためにならべておくことであり，刑法175条の「陳列」について映画を映写することを含むと解釈することは，「陳列」について通常の意味より広げているから，この解釈は，拡張解釈である。

　以上より，正解は3である。

問題2　正解　3

本問は，日本の法制度に関する問題である。

ア．妥当でない。

　1993（平成5）年に行政手続法が制定され，処分，行政指導および届出に関する手続に関し，共通する事項を定める規定が置かれたが，命令等を定める手続に関する規定が置かれたのは，2005（平成17）年である。

イ．妥当である。

禁治産・準禁治産の制度では，①禁治産と準禁治産の二つしかなく，各人の判断能力や保護の必要性の程度に応じた保護を提供できないこと，②禁治産・準禁治産宣告を受けた事実が戸籍に記載されるなどのように本人のプライバシーへの配慮が足りないことなどが問題であるとされていた。そこで，1999（平成11）年に，民法が改正され，従来の禁治産・準禁治産の制度にかわって，成年後見制度が創設された。

ウ．妥当でない。

　2004（平成16）年に「裁判外紛争解決手続の利用の促進に関する法律」が制定された。この法律は，裁判外紛争解決手続（＝裁判手続によらずに民事上の紛争の解決をしようとする紛争の当事者のため，公正な第三者が関与して，その解決を図る手続）についての基本理念および国等の責務に関する規定ならびに民間紛争解決手続の業務に関する認証の制度に関する規定を置いているのみならず，時効の中断（現行法では時効の完成猶予（同法25条））等に係る特例に関する規定を置いている。

エ．妥当である。

　2014（平成26）年に行政不服審査法が全面改正され，審理員制度，行政不服審査会等への諮問制度等が導入された。

オ．妥当でない。

　2021（令和3）年に個人情報保護法が改正され，①個人情報保護法，行政機関個人情報保護法および独立行政法人等個人情報保護法の三つの法律が「個人情報保護法」の下に統合され，②地方公共団体および地方独立行政法人における個人情報の取扱いについての全国的な共通ルールが設定され，③個人情報保護委員会が個人情報の取扱いを一元的に監視・監督する体制が構築された。

　以上より，妥当なものは，イおよびエであるから，正解は3である。

憲法
問題3　正解　4

　本問は，外国人の人権に関する問題である。

　判例（最大判昭53・10・4）は，「外国人の在留の許否は国の裁量にゆだねられ，わが国に在留する外国人は，憲法上わが国に在留する権利ないし引き続き在留することを要求することができる権利を保障されているものではなく，ただ，出入国管理令上法務大臣がその裁量により更新を適当と認めるに足りる相当の理由があると判断する場合に限り在留期間の更新を受けることができる地位を与えられているにすぎないものであり，したがって，外国人に対する憲法の基本的人権の保障は，右のような外国人在留制度のわく内で与えられているにすぎないものと解するのが相当であって，在留の許否を決する国の裁量を拘束するまでの保障，すなわち，在留期間中の憲法の基本的人権の保障を受ける行為を在留期間の更新の際に消極的な事情としてしんしゃくされないことまでの保障が与えられているものと解することはできない。」とした上で，それに続けて「在留中の外国人の行為が合憲合法な場合でも，法務大臣がその行為を当不当の面から日本国にとって好ましいものとはいえないと評価し，また，右行為から将来当該外国人が日本国の利益を害する行為

を行うおそれがある者であると推認することは，右行為が上記のような意味において憲法の保障を受けるものであるからといつてなんら妨げられるものではない。」としている。

1．**妥当でない。**

　　本肢は，空欄に当てはまる文章ではない。判例（最大判昭53・10・4）は，在留中の外国人の行為が合憲合法な場合でも，日本国にとって好ましいとはいえないと評価したり，日本国の利益を害する行為を行うおそれがある者と推認することができる，つまり，消極的な事情として斟酌することができるとしている。

2．**妥当でない。**

　　本肢は，空欄に当てはまる文章ではない。なお，判例（最大判昭53・10・4）は，「当時の内外の情勢にかんがみ，上告人の右活動を日本国にとつて好ましいものではないと評価し，また，上告人の右活動から同人を将来日本国の利益を害する行為を行うおそれがある者と認めて，在留期間の更新を適当と認めるに足りる相当の理由があるものとはいえないと判断したとしても，その事実の評価が明白に合理性を欠き，その判断が社会通念上著しく妥当性を欠くことが明らかであるとはいえ」ないとしている。

3．**妥当でない。**

　　本肢は，空欄に当てはまる文章ではない。なお，判例（最大判昭53・10・4）は，政治活動の自由についても外国人に保障が及ぶとしつつも，それは「わが国の政治的意思決定又はその実施に影響を及ぼす活動等外国人の地位にかんがみこれを認めることが相当でないと解されるものを除」くとしている。

4．**妥当である。**

　　判例（最大判昭53・10・4）は，本肢のように判断している。

5．**妥当でない。**

　　本肢は，空欄に当てはまる文章ではない。なお，判例（最大判昭53・10・4）は，更新を認める相当な理由がないと判断したことについて，法務大臣に任された裁量権の範囲をこえ又はその濫用があったものとして違法であるとはしていない。

問題4　正解　**5**

　本問は，政教分離に関する問題である。

　市長が市の管理する都市公園内に孔子等を祀った施設を所有する一般社団法人に対して同施設の敷地の使用料の全額を免除した行為の違憲性が争われた事案において，判例（最大判令3・2・24）は，「憲法は，20条1項後段，3項，89条において，いわゆる政教分離の原則に基づく諸規定（以下「政教分離規定」という。）を設けているところ，一般に，政教分離原則とは，国家（地方公共団体を含む。以下同じ。）の非宗教性ないし宗教的中立性を意味するものとされている。そして，我が国においては，各種の宗教が多元的，重層的に発達，併存してきているのであって，このような宗教事情の下で信教の自由を確実に実現するためには，単に信教の自由を無条件に保障するのみでは足りず，国家といかなる宗教との結び付きをも排除するため，政教分離規定を設ける必要性が大であった。しかしながら，国家と宗教との関わり合いには種々の形態があり，およそ国家が宗教との一切

の関係を持つことが許されないというものではなく，政教分離規定は，その関わり合いが我が国の社会的，文化的諸条件に照らし，信教の自由の保障の確保という制度の根本目的との関係で相当とされる限度を超えるものと認められる場合に，これを許さないとするものであると解される。そして，国又は地方公共団体が，国公有地上にある施設の敷地の使用料の免除をする場合においては，当該施設の性格や当該免除をすることとした経緯等には様々なものがあり得ることが容易に想定されるところであり，例えば，一般的には宗教的施設としての性格を有する施設であっても，同時に歴史的，文化財的な建造物として保護の対象となるものであったり，観光資源，国際親善，地域の親睦の場などといった他の意義を有していたりすることも少なくなく，それらの文化的あるいは社会的な価値や意義に着目して当該免除がされる場合もあり得る。これらの事情のいかんは，当該免除が，一般人の目から見て特定の宗教に対する援助等と評価されるか否かに影響するものと考えられるから，政教分離原則との関係を考えるに当たっても，重要な考慮要素とされるべきものといえる。そうすると，当該免除が，前記諸条件に照らし，信教の自由の保障の確保という制度の根本目的との関係で相当とされる限度を超えて，政教分離規定に違反するか否かを判断するに当たっては，当該施設の性格，当該免除をすることとした経緯，当該免除に伴う当該国公有地の無償提供の態様，これらに対する一般人の評価等，諸般の事情を考慮し，社会通念に照らして総合的に判断すべきものと解するのが相当である。」として判断基準を示した上で，本件施設が宗教施設の外観を持っていること，そこにおいて挙行される祭礼が，孔子の霊を前提として，これを崇め奉るという宗教的意義を有する外観を呈していること，外部の参拝者もあること等から，本件施設は宗教性を肯定することができ，その程度も軽微とはいえないと判断した上で，参加人が宗教団体であると断ずるまでもなく，当時の市長が，参加人に対して，本件施設の敷地に係る多額の使用料の全額免除をしたことは，社会通念に照らして総合的に判断すると，相当とされる限度を超えており，憲法20条3項で禁止された国等による宗教的活動に当たるから違憲無効な処分であると判断した。

したがって，判例は本件施設の宗教性を肯定して憲法20条3項で禁止された国等による宗教的活動に当たる（政教分離規定違反である）としているから，これを批判する肢5は判決の趣旨として妥当でない。

問題5　正解　1

本問は，選挙権および選挙制度等に関する問題である。

1. **妥当でない。**

判例（最判令2・10・23）は，「参議院（比例代表選出）議員の選挙制度は，政党等にあらかじめ候補者の氏名及び特定枠の候補者を定める場合にはその氏名等を記載した名簿を届け出させた上，選挙人が名簿登載者又は政党等を選択して投票を行い，各政党等の得票数（当該政党等に係る各参議院名簿登載者の得票数を含む。）に基づきその当選人数を決定した上，各政党等の名簿に記載された特定枠の順位及び各候補者の得票数の多寡に応じて当選人を決定する選挙制度であるから，投票の結果すなわち選挙人の総

意により当選人が決定される点において，選挙人が候補者個人を直接選択して投票する方式と異なるところはない。そうすると，本件改正後の参議院（比例代表選出）議員の選挙に関する公職選挙法の規定は憲法43条１項等の憲法の規定に違反するものではな」いとしている。したがって，判例は，比例代表選挙や特定枠制度についても，投票の結果すなわち選挙人の総意により当選人が決定される点において，選挙人が候補者個人を直接選択して投票する方式と異なるところはないとしているから，本肢は妥当でない。

2．**妥当である。**

　　判例（最大判平16・1・14）は，「名簿式比例代表制は，政党の選択という意味を持たない投票を認めない制度であるから，本件非拘束名簿式比例代表制の下において，参議院名簿登載者個人には投票したいが，その者の所属する参議院名簿届出政党等には投票したくないという投票意思が認められないことをもって，国民の選挙権を侵害し，憲法15条に違反するものとまでいうことはできない。」としている。

3．**妥当である。**

　　判例（最大判昭51・4・14）は，「投票価値の平等は，常にその絶対的な形における実現を必要とするものではないけれども，国会がその裁量によつて決定した具体的な選挙制度において現実に投票価値に不平等の結果が生じている場合には，それは，国会が正当に考慮することのできる重要な政策的目的ないしは理由に基づく結果として合理的に是認することができるものでなければならない」とする。

4．**妥当である。**

　　判例（最大判平17・9・14）は，「自ら選挙の公正を害する行為をした者等の選挙権について一定の制限をすることは別として，国民の選挙権又はその行使を制限することは原則として許されず，国民の選挙権又はその行使を制限するためには，そのような制限をすることがやむを得ないと認められる事由がなければならないと」としている。

5．**妥当である。**

　　判例（最大判令4・5・25）は，「審査権が国民主権の原理に基づき憲法に明記された主権者の権能の一内容である点において選挙権と同様の性質を有することに加え，憲法が衆議院議員総選挙の際に国民審査を行うこととしていることにも照らせば，憲法は，選挙権と同様に，国民に対して審査権を行使する機会を平等に保障しているものと解するのが相当である。憲法の以上の趣旨に鑑みれば，国民の審査権又はその行使を制限することは原則として許されず，審査権又はその行使を制限するためには，そのような制限をすることがやむを得ないと認められる事由がなければならない」とした上で，「そのような制限をすることなしには国民審査の公正を確保しつつ審査権の行使を認めることが事実上不可能ないし著しく困難であると認められる場合でない限り，上記のやむを得ない事由があるとはいえず，このような事由なしに審査権の行使を制限することは，憲法15条1項，79条2項，3項に違反する」としている。

問題6　正解　5
本問は，議院内閣制に関する問題である。

立法権と行政権との関係から民主的な政治体制を見た場合に，その一つとして議院内閣制がある。

議院内閣制の下では，行政権を担う内閣は議会に対して政治責任を負い，議会の少なくとも一院が解散されることが通例とされる。日本国憲法は，議院内閣制を採用しているものとされ，国会に対する内閣の連帯責任（憲法66条3項），内閣不信任決議（憲法69条）が定められ，また，内閣総理大臣を国会が指名すること（憲法67条1項前段），内閣総理大臣およびその他の国務大臣の過半数は国会議員であること（憲法67条1項前段，68条1項但書）がそれを示す規定とされる。

これに対し，国務大臣の訴追に対して同意を与えること（憲法75条）は，訴追が慎重に行われることを担保し，内閣総理大臣の首長的地位を確保するための規定とされる。したがって，肢5が妥当でない。

問題7　正解　1

本問は，裁判官に関する問題である。

ア．「三権分立主義」が入る。

アの後の文において，その中（アの中）で，「司法は…その任務としている」とあることから，司法が含まれるものとして，アは「三権分立主義」がふさわしい。

イ．「独立」が入る。

裁判官は，その良心に従い独立して職権を行う（憲法76条3項）ものとされることから，イには「独立」が入る。

ウ．「外見」が入る。

「　ウ　的にも中立・公正な裁判官の態度によって支えられる」とあり，態度につながるものとして，ウは「外見」がふさわしい。

エ．「政治」が入る。

裁判官が，違憲立法審査権を有し，また行政事件や国家賠償請求事件などを取り扱うことで，立法府や行政府の行為の適否を判断する権限を有しているため，　エ　的な勢力と一線を画する要請が強いとしている。判断の対象となる立法府や行政府から影響を受けることがあってはならず，それらは政治的な機関であるから，エには「政治」が入る。

以上より，正解は1である。

行政理論
問題8　正解　1

本問は，行政機関相互の関係に関する問題である。

1．妥当である。

権限の委任は，法律上定められた権限を変更するものであるから，法律の根拠が必要である。これに対して，授権代理の場合，被代理行政機関に指揮監督権が残り，その機関が責任を負うため，法律による行政の原理に反しないことから，法律の根拠を要しな

い。

2．**妥当でない。**

　権限が委任された場合には，権限が移譲されることになるから，委任行政機関はその権限を失い，受任行政機関は自己の名でその権限を行使する。

3．**妥当でない。**

　権限が委任された場合には，権限が移譲されることになるから，法律に別段の規定がない限り，委任した行政庁は，受任した行政庁に対して指揮監督権を有しない。しかし，委任した行政庁が上級行政庁であり，受任した行政庁が下級行政庁である場合は，なお上級行政庁・下級行政庁の地位に変化はないことから，上級行政庁に指揮監督権が残り，したがって，上級行政庁は，下級行政庁の権限の行使を指揮監督することができる。

4．**妥当でない。**

　授権代理の場合，被代理行政機関に指揮監督権が残る。したがって，被代理行政機関は，代理行政機関を指揮監督することができる。

5．**妥当でない。**

　専決において，外部に対する表示は，決裁権を委ねた行政庁自身の名で行われる。なお，その他の記述は妥当である。

問題9　正解　3

　本問は，行政行為の附款に関する問題である。

ア．**妥当である。**

　法律効果の一部除外は，法律によって認められた効果を制限するものであるから，法律の根拠が必要である。

イ．**妥当でない。**

　行政行為の附款に瑕疵がある場合，当該附款と本体たる行政行為が可分であれば，附款だけの取消しを求めることができる。

ウ．**妥当でない。**

　準法律行為的行政行為（＝行政行為の法律効果が行政庁の意思表示ではなく，法律の定めによって発生するもの）には，附款を付すことはできない。なぜなら，行政行為の附款は，行政行為の法律効果を制限するために付加される従たる意思表示だからである（平たく言えば，準法律行為的行政行為における法律効果は，法律の定めによって発生するものであるから，準法律行為的行政行為を行う者がその法律効果を制限することはできないからである。）。

エ．**妥当である。**

　法律によって行政行為に附款を付すことができると定められている場合のみならず，法律によって行政行為に附款を付すことができると定められていない場合でも，本体である行政行為に裁量が認められれば，その範囲で附款を付すことができる。

オ．**妥当である。**

附款を付しうるとしても，その内容は，行政行為の目的に照らして必要な限度にとどまらなくてはならない（附款の限界）。たとえば，行政上の法の一般原則である平等原則，比例原則等から適切妥当なものでなければならない。

以上より，妥当でないものは，イおよびウであるから，正解は3である。

問題10 **正解　4**

本問は，行政裁量に関する問題である。

1．妥当である。

判例（最大判昭53・10・4）は，「行政庁がその裁量に任された事項について裁量権行使の準則を定めることがあつても，このような準則は，本来，行政庁の処分の妥当性を確保するためのものなのであるから，処分が右準則に違背して行われたとしても，原則として当不当の問題を生ずるにとどまり，当然に違法となるものではない。処分が違法となるのは，それが法の認める裁量権の範囲をこえまたはその濫用があつた場合に限られるのであり，また，その場合に限り裁判所は当該処分を取り消すことができるものであつて，行政事件訴訟法30条の規定はこの理を明らかにしたものにほかならない。」と判示した。

2．妥当である。

判例（最判昭53・5・26）の判旨のとおりである。

3．妥当である。

判例（神戸税関職員懲戒免職事件，最判昭52・12・20）の判示のとおりである。

4．妥当でない。

判例（最判昭52・12・20）は，裁判所が懲戒権者の裁量権の行使としてされた公務員に対する懲戒処分の適否を審査するにあたっては，懲戒権者と同一の立場に立って懲戒処分をすべきであったかどうかまたはいかなる処分を選択すべきであったかについて判断し，その結果と当該処分とを比較してその軽重を論ずべきものではなく，それが社会観念上著しく妥当を欠き裁量権を濫用したと認められる場合に限り違法と判断すべきものであると判示した。

5．妥当である。

判例（最判平18・2・7）の判旨のとおりである。

行政手続法

問題11 **正解　4**

本問は，行政庁の義務に関する問題である。

1．誤り。

行政庁は，審査基準を定めるに当たっては，許認可等の性質に照らしてできる限り具体的なものとしなければならない（行政手続法5条2項）。これは法的義務である。

2．誤り。

行政庁は，標準処理期間を定めたときは，当該申請の提出先とされている機関の事務

所における備付けその他の適当な方法により公にしておかなければならない（行政手続法6条後段）。これは法的義務である。

3．誤り。

行政庁は，法令に定められた申請の形式上の要件に適合しない申請については，速やかに，申請をした者に対し相当の期間を定めて当該申請の補正を求め，または当該申請により求められた許認可等を拒否しなければならない（行政手続法7条後段）。これは法的義務である。

4．正しい。

行政庁は，処分基準を定め，かつ，これを公にしておくよう努めなければならない（行政手続法12条1項）。これは努力義務である。

5．誤り。

行政庁は，申請の処理をするに当たり，他の行政庁において同一の申請者からされた関連する申請が審査中であることをもって自らすべき許認可等をするかどうかについての審査または判断を殊更に遅延させるようなことをしてはならない（行政手続法11条1項）。これは法的義務である。

問題12 正解　1

本問は，聴聞手続に関する問題である。

ア．誤り。

当事者は，代理人を選任することができる（行政手続法16条1項）が，代理人の選任は義務ではない。したがって，本肢は誤り。

イ．正しい。

当事者等は，聴聞の通知があった時から聴聞が終結する時までの間，行政庁に対し，当該事案についてした調査の結果に係る調書その他の当該不利益処分の原因となる事実を証する資料の閲覧を求めることができる（行政手続法18条1項前段）。

ウ．正しい。

当事者または参加人は，聴聞の期日に出頭して，意見を述べ，および証拠書類等を提出し，ならびに主宰者の許可を得て行政庁の職員に対し質問を発することができる（行政手続法20条2項）。

エ．誤り。

主宰者は，当事者または参加人の一部が出頭しないときであっても，聴聞の期日における審理を行うことができる（行政手続法20条5項）。したがって，当事者の一部が出頭しないときであっても，主宰者は聴聞の期日における審理を行うことができるから，本肢は誤り。

オ．正しい。

当事者または参加人は，聴聞の期日への出頭に代えて，主宰者に対し，聴聞の期日までに陳述書および証拠書類等を提出することができる（行政手続法21条1項）。

以上より，誤っているものは，アおよびエであるから，正解は1である。

問題13 正解 3

本問は，意見公募手続に関する問題である。

1. 正しい。

　命令等制定機関は，命令等を定めようとする場合において，30日以上の意見提出期間を定めることができないやむを得ない理由があるときは，30日を下回る意見提出期間を定めることができる（行政手続法40条1項前段）。

2. 正しい。

　命令等制定機関は，提出意見を公示しまたは公にすることにより第三者の利益を害するおそれがあるとき，その他正当な理由があるときは，当該提出意見の全部または一部を除くことができる（行政手続法43条3項）。

3. 誤り。

　命令等制定機関は，意見公募手続を実施しないで命令等を定めた場合には，当該命令等の公布と同時期に，命令等の題名および趣旨，意見公募手続を実施しなかった旨およびその理由を公示しなければならない（行政手続法43条5項本文）。したがって，意見公募手続を実施しなかった旨およびその理由についても公示しなければならないから，本肢は誤り。

4. 正しい。

　命令等制定機関は，意見公募手続を実施して命令等を定めるに当たっては，必要に応じ，当該意見公募手続の実施について周知するよう努めるとともに，当該意見公募手続の実施に関連する情報の提供に努めるものとする（行政手続法41条）。

5. 正しい。

　命令等制定機関は，命令等を定めようとする場合には，意見公募手続を実施しなければならない（行政手続法39条1項）。この命令等には，行政指導指針が含まれる（行政手続法2条8号ニ）。

行政不服審査法

問題14 正解 5

本問は，審査請求の要件に関する問題である。

1. 妥当である。

　行政不服審査法2条は，「行政庁の処分に不服がある者は，第4条及び第5条第2項の定めるところにより，審査請求をすることができる。」と規定し，「行政庁の処分に不服がある者」について不服申立適格を認めている。なお，「行政庁の処分に不服がある者」とは，処分について不服申立てをする法律上の利益がある者，すなわち，処分により自己の権利もしくは法律上保護された利益を侵害されまたは必然的に侵害されるおそれのある者であると解されている（主婦連ジュース事件，最判昭53・3・14）。

2. 妥当である

　不作為についての審査請求の不服申立人適格は，法令に基づき行政庁に対して処分についての申請をした者について認められている（行政不服審査法3条）。

3．**妥当である。**

　審査請求の代理人は，各自，審査請求人のために，当該審査請求に関する一切の行為をすることができるが，審査請求の取下げは，特別の委任を受けた場合に限り，することができる（行政不服審査法12条2項）。

4．**妥当である。**

　審査庁となるべき行政庁は，審査請求がその事務所に到達してからその審査請求に対する裁決をするまでに通常要すべき標準的な期間を定めるよう努めなければならない（行政不服審査法16条前段）。なお，これを定めたときは，その審査庁となるべき行政庁および関係処分庁（その審査請求の対象となるべき処分の権限を有する行政庁であって，その審査庁となるべき行政庁以外のものをいう。）の事務所における備付けその他の適当な方法により公にしておかなければならない（同条後段）。

5．**妥当でない。**

　処分の取消しの訴えは，当該処分につき法令の規定により審査請求をすることができる場合においても，直ちに提起することを妨げない（自由選択主義。行政事件訴訟法8条1項本文）。

問題15　正解　1

　本問は，執行停止に関する問題である。

ア．**妥当である。**

　処分庁の上級行政庁または処分庁である審査庁は，必要があると認める場合には，審査請求人の申立てによりまたは職権で，処分の効力，処分の執行または手続の続行の全部または一部の停止その他の措置をとることができる（行政不服審査法25条2項）。

イ．**妥当でない。**

　処分庁の上級行政庁または処分庁のいずれでもない審査庁は，必要があると認める場合には，審査請求人の申立てにより，処分庁の意見を聴取した上，処分の効力，処分の執行または手続の続行の全部または一部の停止をすることができる（行政不服審査法25条3項）。このように，処分庁の上級行政庁または処分庁のいずれでもない審査庁は，執行停止をする場合でも，その他の措置をとることはできない。

ウ．**妥当である。**

　審査請求人の執行停止の申立てがあった場合において，処分，処分の執行または手続の続行により生ずる重大な損害を避けるために緊急の必要があると認めるときは，審査庁は，原則として，執行停止をしなければならない（行政不服審査法25条4項本文）が，公共の福祉に重大な影響を及ぼすおそれがあるとき，または本案について理由がないとみえるときは，執行停止をすることを要しない（行政不服審査法25条4項ただし書）。

エ．**妥当でない。**

　処分の「効力」の停止は，処分の「効力」の停止以外の措置によって目的を達することができるときは，することができない（行政不服審査法25条6項）。処分の効力の停止によらなくとも執行停止の目的を達成することができるのであれば，それにふさわし

い効力で足りるのであり，その方が行政への負担も少なくて済むことから，この規定が設けられた。

オ．**妥当でない。**

　行政不服審査法には，行政事件訴訟法27条1項の内閣総理大臣の異議と同様の規定は，置かれていない。

以上より，妥当なものは，アおよびウであるから，正解は1である。

問題16　正解　2

　本問は，再調査の請求・再審査請求に関する問題である。

1．**妥当である。**

　行政庁の処分につき処分庁以外の行政庁に対して審査請求をすることができる場合において，法律に再調査の請求をすることができる旨の定めがあるときは，当該処分に不服がある者は，処分庁に対して再調査の請求をすることができる（行政不服審査法5条1項本文）が，当該処分について審査請求をしたときは，再調査の請求をすることができない（同項ただし書）。

2．**妥当でない。**

　行政庁の処分について再調査の請求をしたときは，原則として，当該再調査の請求についての決定を経た後でなければ，審査請求をすることができない（行政不服審査法5条2項本文）。

3．**妥当である。**

　行政庁の処分について再調査の請求をしたときは，原則として，当該再調査の請求についての決定を経た後でなければ，審査請求をすることができない（行政不服審査法5条2項本文）。例外的に，①処分につき再調査の請求をした日の翌日から起算して3月を経過しても，処分庁が当該再調査の請求につき決定をしない場合，②その他再調査の請求についての決定を経ないことにつき正当の理由がある場合は，当該再調査の請求についての決定を経ずに，審査請求をすることができる（同項ただし書）。そして，この例外の場合に，審査請求がされたときは，再調査の請求は，取り下げられたものとみなされる（同法56条本文）。

4．**妥当である。**

　審査請求の裁決に不服がある者は，再審査請求において，当該裁決を争ってもよいし，当該審査請求に係る処分（すなわち原処分）を争ってもよい（行政不服審査法6条2項）。

5．**妥当である。**

　行政不服審査法64条3項の規定のとおりである。審査請求を却下し，または棄却した裁決が違法または不当であるにもかかわらず，再審査庁は，裁決で，当該再審査請求を棄却しなければならないのは，原裁決の固有の瑕疵を理由として原裁決を取り消して審査請求をやり直したとしても，原処分が違法または不当のいずれでもない以上，やり直しをした審査請求において，その請求を認容する結論に至ることはありえず，訴訟経済

の観点上，無駄であるためであり，審査請求手続の反復を避けることにしたものである。

行政事件訴訟法
問題17 正解 3
本問は，処分性に関する問題である。
1．**妥当である。**
　関税定率法に基づき税関長が行う輸入禁制品該当の通知につき，輸入業者に対し申告した貨物を適法に輸入することができなくなるという法律上の効果を及ぼすから，処分性はある（最判昭54・12・25）。
2．**妥当である。**
　第二種市街地再開発事業の事業計画の決定・公告について，近い将来確実に収用される地位に立たされ土地収用法の事業認定と同一の法律効果が生じるから処分性はある（最判平4・11・26）。
3．**妥当でない。**
　判例（最判昭43・12・24）は，「本件通達は従来とられていた法律の解釈や取扱いを変更するものではあるが，それはもっぱら知事以下の行政機関を拘束するにとどまるもので，これらの機関は右通達に反する行為をすることはできないにしても，国民は直接これに拘束されることはなく，従つて，右通達が直接に上告人の所論墓地経営権，管理権を侵害したり，新たに埋葬の受忍義務を課したりするものとはいいえない。」とした上で，通達の取消しを求める訴えを提起することはできないとする。したがって，本肢は妥当でない。
4．**妥当である。**
　判例（最判平11・1・21）は，「住民票に特定の住民と世帯主との続柄がどのように記載されるかは，その者が選挙人名簿に登録されるか否かには何らの影響も及ぼさないことが明らかであり，住民票に右続柄を記載する行為が何らかの法的効果を有すると解すべき根拠はない。したがって，住民票に世帯主との続柄を記載する行為は，抗告訴訟の対象となる行政処分には当たらないものというべきである。」とする。したがって，本肢は妥当である。
5．**妥当である。**
　判例（最判平17・7・15）は，医療法の規定に基づく病院開設中止の勧告は，医療法上は当該勧告を受けた者が任意にこれに従うことを期待してされる行政指導として定められているけれども，当該勧告を受けた者に対し，これに従わない場合には，相当程度の確実さをもって，病院を開設しても保険医療機関の指定を受けることができなくなるという結果をもたらすことから，抗告訴訟の対象となる行政処分に当たるとする。

問題18 正解 5
本問は，仮の救済に関する問題である。

1．**妥当である。**

　　義務付けの訴えの提起があった場合において，その義務付けの訴えに係る処分または裁決がされないことにより生ずる償うことのできない損害を避けるため緊急の必要があり，かつ，本案について理由があるとみえるときは，裁判所は，申立てにより，決定をもって，仮に行政庁がその処分または裁決をすべき旨を命ずることができる（行政事件訴訟法37条の5第1項）。したがって，仮の義務付けの申立てをするためには，義務付けの訴えの提起をしていなければならない。

2．**妥当である。**

　　本案について理由があるとみえるときであることは，仮の義務付けおよび仮の差止めの要件である（行政事件訴訟法37条の5第3項）。

3．**妥当である。**

　　仮の義務付けおよび仮の差止めの決定は，裁判所が職権で行うことができない（行政事件訴訟法37条の5第1項，2項）。必ず申立てが必要である。したがって，本肢は妥当である。

4．**妥当である。**

　　仮の義務付けまたは仮の差止めの決定は，裁判所が疎明に基づいて行い（行政事件訴訟法37条の5第4項・25条5項），口頭弁論を経ないですることができる（行政事件訴訟法37条の5第4項・25条6項本文）。

5．**妥当でない。**

　　執行停止は，公共の福祉に重大な影響を及ぼすおそれがあるとき，または本案について理由がないとみえるときは，することができない（行政事件訴訟法25条4項）。「本案について理由がないとみえるとき」とは，例えば，処分の取消しの訴え（＝本案）を提起した者が，執行停止の申立てをしたものの，本案における主張自体に明らかに理由がないとみえるときがこれに当たる。したがって，「理由がある」ではなく「理由がない」であるから，本肢は妥当でない。

問題19 　正解　1

　本問は，取消訴訟の規定の準用に関する問題である。

1．**妥当でない。**

　　事情判決の規定（行政事件訴訟法31条）は，無効等確認訴訟に準用されない（行政事件訴訟法38条1項～3項参照）。

2．**妥当である。**

　　処分または裁決を取り消す判決は，その事件について，処分または裁決をした行政庁その他の関係行政庁を拘束する（行政事件訴訟法33条1項）。この規定は，抗告訴訟である差止訴訟に準用される（行政事件訴訟法38条1項）。

3．**妥当である。**

　　取消訴訟においては，処分または裁決を取り消す判決は，第三者に対しても効力を有する（行政事件訴訟法32条1項）。この規定は，無効等確認訴訟に準用されない（行政

事件訴訟法38条1項～3項参照)。

4．**妥当である。**

原告適格の規定（行政事件訴訟法9条）は，無効等確認訴訟に準用されない（行政事件訴訟法38条1項～3項参照)。

5．**妥当である。**

執行停止の規定（行政事件訴訟法25条2項）は，無効等確認訴訟に準用される（行政事件訴訟法38条3項)。

国家賠償法
問題20　正解　1

本問は，国家賠償法1条に関する問題である。

1．**妥当でない。**

判例（最判昭31・11・30）は，公務員が主観的に権限行使の意思をもってする場合に限らず自己の利益を図る意図をもってする場合でも，客観的に職務執行の外形を備える行為をしてこれによって，他人に損害を加えたときには，国家賠償法1条の職務執行であると解すべきであると判示した。

2．**妥当である。**

判例（最判平9・9・9）は，「国会議員が国会で行った質疑等において，個別の国民の名誉や信用を低下させる発言があったとしても，これによって当然に国家賠償法1条1項の規定にいう違法な行為があったものとして国の損害賠償責任が生ずるものではなく，右責任が肯定されるためには，当該国会議員が，その職務とはかかわりなく違法または不当な目的をもって事実を摘示し，あるいは，虚偽であることを知りながらあえてその事実を摘示するなど，国会議員がその付与された権限の趣旨に明らかに背いてこれを行使したものと認め得るような特別の事情があることを必要とする」と判示した。

3．**妥当である。**

判例（最判平16・10・15）の判旨のとおりである。

4．**妥当である。**

判例（最判平16・4・27）は，炭鉱で粉じん作業に従事した労働者が粉じんの吸入によりじん肺にり患した場合において，炭鉱労働者のじん肺り患の深刻な実情およびじん肺に関する医学的知見の変遷を踏まえて，じん肺を炭じん等の鉱物性粉じんの吸入によって生じたものを広く含むものとして定義し，これを施策の対象とするじん肺法が成立したこと，そのころまでには，さく岩機の湿式型化によりじん肺の発生の原因となる粉じんの発生を著しく抑制することができるとの工学的知見が明らかとなっており，金属鉱山と同様に，すべての石炭鉱山におけるさく岩機の湿式型化を図ることに特段の障害はなかったのに，同法成立の時までに，鉱山保安法に基づく省令の改正を行わず，さく岩機の湿式型化等を一般的な保安規制とはしなかったことなどの事実関係の下では，じん肺法が成立した後，通商産業大臣が鉱山保安法に基づく省令改正権限等の保安規制の権限を直ちに行使しなかったことは，国家賠償法1条1項の適用上違法となると判示し

た。

5．**妥当である。**

　判例（最判平5・7・20）は，国家賠償法1条1項の規定に基づく損害賠償請求に憲法29条3項の規定に基づく損失補償請求を予備的，追加的に併合することが申し立てられた場合において，予備的請求が，主位的請求と被告を同じくする上，その主張する経済的不利益の内容が同一で請求額もこれに見合うものであり，同一の行為に起因するものとして発生原因が実質的に共通するなど，相互に密接な関連性を有するものであるときは，当該予備的請求の追加的併合は，請求の基礎を同一にするものとして民事訴訟法232条（現在の同法143条に相当する。）の規定による訴えの追加的変更に準じて許されると判示した。

問題21 正解　3

　本問は，損失補償制度に関する問題である。

1．**妥当である。**

　判例（河川附近地制限令違反事件，最大判昭43・11・27）は，河川附近地制限令（昭和40年政令第14号による改正前のもの。）4条2号による制限について同条に損失補償に関する規定がないからといって，同条があらゆる場合について一切の損失補償を全く否定する趣旨とまでは解されず，直接，憲法29条3項を根拠にして，補償請求をする余地が全くないわけではないから，河川附近地制限令4条2号は，憲法29条3項に違反しないと判示した。

2．**妥当である。**

　判例（奈良県ため池条例事件，最大判昭38・6・26）は，奈良県ため池の保全に関する条例は，ため池の堤とうを使用する財産上の権利の行使を著しく制限するものではあるが，結局それは，災害を防止し公共の福祉を保持する上で社会生活上やむを得ないものであり，そのような制約は，ため池の堤とうを使用しうる財産権を有する者が当然受忍しなければならない責務というべきものであって，憲法29条3項の損失補償はこれを必要としないと判示した。

3．**妥当でない。**

　判例（最判昭58・2・18）は，道路法70条1項の補償の対象は，道路工事の施行による土地の形状の変更を直接の原因として生じた隣接地の用益または管理上の障害を除去するためにやむを得ない必要があってした工作物の新築，増築，修繕もしくは移転または切土もしくは盛土の工事に起因する損失に限られるとし，したがって，警察法規が一定の危険物の保管場所等につき保安物件との間に一定の離隔距離を保持すべきことなどを内容とする技術上の基準を定めている場合において，道路工事の施行の結果，警察違反の状態を生じ，危険物保有者が技術上の基準に適合するように工作物の移転等を余儀なくされ，これによって損失を被ったとしても，それは道路工事の施行によって警察規制に基づく損失がたまたま現実化するに至ったものにすぎず，このような損失は，道路法70条1項の定める補償の対象には属しないとの基準を示した上で，これを本件につい

てみると，被上告人は，その経営する石油給油所においてガソリン等の地下貯蔵タンクを埋設していたところ，上告人を道路管理者とする道路工事の施行に伴い，地下貯蔵タンクの設置状況が消防法等の定める技術上の基準に適合しなくなって警察違反の状態を生じたため，地下貯蔵タンクを別の場所に移設せざるを得なくなったというのであって，これによって被上告人が被った損失は，まさしく先にみた警察規制に基づく損失にほかならず，道路法70条1項の定める補償の対象には属しないと判示した。

4．妥当である。

　判例（輪中堤収用事件，最判昭63・1・21）は，土地収用法88条にいう「通常受ける損失」とは，客観的社会的にみて収用に基づき被収用者が当然に受けるであろうと考えられる経済的・財産的な損失をいうと解するのが相当であって，経済的価値でない特殊な価値についてまで補償の対象とする趣旨ではないと判示した。

5．妥当である。

　判例（最判平9・1・28）は，土地収用法による「補償金の額は，「相当な価格」（同法71条参照）等の不確定概念をもって定められているものではあるが，右の観点から，通常人の経験則及び社会通念に従って，客観的に認定され得るものであり，かつ，認定すべきものであって，補償の範囲及びその額（以下，これらを「補償額」という。）の決定につき収用委員会に裁量権が認められるものと解することはできない。」と判示している。

地方自治法

問題22　正解　3

本問は，普通地方公共団体の住民の直接請求に関する問題である。

1．妥当でない。

　地方税の賦課徴収ならびに分担金，使用料および手数料の徴収に関する条例の制定の請求をすることはできない（地方自治法74条1項かっこ書）。

2．妥当でない。

　普通地方公共団体の議会の議員および長の選挙権を有する者は，その総数の「50分の1」以上の者の連署をもって，その代表者から，普通地方公共団体の監査委員に対し，当該普通地方公共団体の事務の執行に関し，監査の請求をすることができる（地方自治法75条1項）。

3．妥当である。

　普通地方公共団体の議会の議員および長の選挙権を有する者は，その総数の3分の1（その総数が40万を超え80万以下の場合にあってはその40万を超える数に6分の1を乗じて得た数と40万に3分の1を乗じて得た数とを合算して得た数，その総数が80万を超える場合にあってはその80万を超える数に8分の1を乗じて得た数と40万に6分の1を乗じて得た数と40万に3分の1を乗じて得た数とを合算して得た数）以上の者の連署をもって，その代表者から，当該普通地方公共団体の選挙管理委員会に対し，当該普通地方公共団体の議会の解散請求をすることができる（地方自治法76条1条）。

4．妥当でない。

　　普通地方公共団体の議会の議員および長の選挙権を有する者は，その総数の「3分の
1」（その総数が40万を超え80万以下の場合にあってはその40万を超える数に6分の1
を乗じて得た数と40万に3分の1を乗じて得た数とを合算して得た数，その総数が80万
を超える場合にあってはその80万を超える数に8分の1を乗じて得た数と40万に6分の
1を乗じて得た数と40万に3分の1を乗じて得た数とを合算して得た数）以上の者の連
署をもって，その代表者から，当該普通地方公共団体の選挙管理委員会に対し，当該普
通地方公共団体の長の解職の請求をすることができる（地方自治法81条1項）。このよ
うに，普通地方公共団体の長の解職の請求は，「50分の1」ではなく，「原則として，3
分の1」である。

5．妥当でない。

　　普通地方公共団体の議会の議員および長の選挙権を有する者は，その総数の3分の1
（その総数が40万を超え80万以下の場合にあってはその40万を超える数に6分の1を乗
じて得た数と40万に3分の1を乗じて得た数とを合算して得た数，その総数が80万を超
える場合にあってはその80万を超える数に8分の1を乗じて得た数と40万に6分の1を
乗じて得た数と40万に3分の1を乗じて得た数とを合算して得た数）以上の者の連署を
もって，その代表者から，「普通地方公共団体の長」に対し，副知事もしくは副市町村
長，選挙管理委員もしくは監査委員または公安委員会の委員の解職の請求をすることが
できる（地方自治法86条1項）。このように，副知事等の役員の解職の請求先は，「選挙
管理委員会」ではなく，「普通地方公共団体の長」である。

問題23　正解　1

　本問は，長の専決処分に関する問題である。

1．妥当でない。

　　地方自治法179条1項は，「普通地方公共団体の議会が成立しないとき，第113条ただ
し書の場合においてなお会議を開くことができないとき，普通地方公共団体の長におい
て議会の議決すべき事件について特に緊急を要するため議会を招集する時間的余裕がな
いことが明らかであると認めるとき，または議会において議決すべき事件を議決しない
ときは，当該普通地方公共団体の長は，その議決すべき事件を処分することができる。」
と規定している。このように，普通地方公共団体の長において必要があると認める場合
に専決処分をすることができる旨の規定は存在しない。

2．妥当である。

　　地方自治法179条2項は，「議会の決定すべき事件に関しては，前項の例による。」と
規定している。なお，議会の決定すべき事件とは，たとえば，議会の選挙における投票
の異議の決定（同法118条1項）等である。

3．妥当である。

　　地方自治法179条3項の規定のとおりである。

4．妥当である。

地方自治法180条１項の規定のとおりである。

5．**妥当である。**

地方自治法180条２項は，「前項の規定により専決処分をしたときは，普通地方公共団体の長は，これを議会に報告しなければならない。」と規定している。このように，長が議会の委任による専決処分をした場合には，これを議会に報告をしなければならないが，その承認を受けることを要しない。

問題24 正解 1

本問は，監査制度に関する問題である。

1．**妥当でない。**

監査委員の定数は，都道府県および政令で定める市にあっては４人，その他の市および町村にあっては２人とされ，条例でその定数を増加することができる（地方自治法195条２項）。このように監査委員の定数は，条例でその定数を増加することができる。

2．**妥当である。**

監査委員は，普通地方公共団体の財務に関する事務の執行および普通地方公共団体の経営に係る事業の管理を監査する（地方自治法199条１項，財務監査）。

3．**妥当である。**

監査委員は，必要があると認めるときは，普通地方公共団体の事務の執行について監査（いわゆる行政監査）をすることができるが，自治事務にあっては労働委員会および収用委員会の権限に属する事務で政令で定めるものは除かれ，法定受託事務にあっては国の安全を害するおそれがあることその他の事由により監査委員の監査の対象とすることが適当でないものとして政令で定めるものは除かれる（地方自治法199条２項）。

4．**妥当である。**

平成29年改正地方自治法は，監査の専門性を高める観点から，専門性の高い外部の人材を積極的に活用することとし，監査委員に常設または臨時の監査専門委員を置くことができることとした（同法200条の２第１項）。そして，監査専門委員は，専門の学識経験を有する者の中から，代表監査委員が，代表監査委員以外の監査委員の意見を聴いて，これを選任することとされた（同条２項）。

5．**妥当である。**

上記肢４の解説のとおり，平成29年改正地方自治法は，監査専門委員制度を導入し，監査専門委員は，監査委員の委託を受け，その権限に属する事務に関し必要な事項を調査することとされた（同法200条の２第４項）。

行政法総合

問題25 正解 3

本問は，行政法の総合問題である。

ア．**妥当である。**

都道府県公安委員会（地方自治法180条の５第２項１号）には，上級行政庁は存在し

ない（自治体執行機関の多元主義，地方自治法138条の４第１項）。このように，処分庁に上級行政庁がない場合，審査請求は，当該処分庁に対してしなければならない（行政不服審査法４条１号）。

イ．**妥当でない。**

処分についての審査請求は，原則として，処分があったことを知った日の翌日から起算して３月を経過したときは，することができない（行政不服審査法18条１項本文）。したがって，Ｘが本件処分についての審査請求をしようとするときは，Ａ県公安委員会のした本件処分があったことを知った日の翌日から起算して「３月」以内にしなければならない。

ウ．**妥当である。**

審査請求は，原則として，審査請求書を提出してしなければならない（行政不服審査法19条１項）。したがって，Ｘが本件処分についての審査請求をしようとするときは，書面を提出してしなければならない。

エ．**妥当でない。**

行政庁に一定の処分を求める旨の法令に基づく申請に対し不許可処分がされた場合において，当該処分が取り消されるべきものであり，または無効もしくは不存在であるときは，義務付けの訴えを提起することができる（行政事件訴訟法37条の３第１項２号）が，この訴えを提起するときは，当該処分に係る取消訴訟または無効等確認の訴えをその義務付けの訴えに併合して提起しなければならない（同条３項２号）。したがって，Ｘが申請に応じた許可処分の義務付けの訴えを提起するときは，本件処分に係る取消訴訟または無効等確認の訴えを併合して提起しなければならない。

オ．**妥当である。**

処分につき審査請求をすることができる場合において，審査請求があったときは，処分に係る取消訴訟は，その審査請求をした者については，これに対する裁決があったことを知った日から６か月を経過したときは，提起することができない（行政事件訴訟法14条３項本文）。したがって，Ｘが本件処分についての審査請求をした後に本件処分の取消しの訴えを提起するときは，当該審査請求に対する裁決があったことを知った日の翌日から起算して６か月以内にしなければならない。

以上より，妥当でないものは，イおよびエであるから，正解は３である。

問題26 正解 1

本問は，道路に関する判例に関する問題である。

１．**妥当でない。**

里道の用途廃止についての取消訴訟を提起した者の原告適格について，判例（最判昭62・11・24）は，当該里道が上告人に個別的具体的な利益をもたらしていて，その用途廃止により上告人の生活に著しい支障が生ずるという特段の事情は認められず，上告人は本件用途廃止処分の取消しを求めるにつき原告適格を有しないとした原審の認定判断は，原判決挙示の証拠関係およびその説示に照らし，正当として是認することができ，

原判決に所論の違法はないと判示した。

2．**妥当である。**

判例（最判昭50・6・26）は，本件事故発生当時，道路管理者において設置した工事標識板，バリケードおよび赤色灯標柱が道路上に倒れたまま放置されていたから，道路の安全性に欠如があったといわざるを得ないが，それは夜間，しかも事故発生の直前に先行した他車によって惹起されたものであり，時間的に道路管理者において遅滞なくこれを原状に復し道路を安全良好な状態に保つことは不可能であったのであるから，道路管理者の道路管理に瑕疵がなかったと認めるのが相当であると判示した。

3．**妥当である。**

判例（最判昭39・1・16）は，地方公共団体が開設している村道に対しては，村民各自は，他の村民がその道路に対して有する利益ないし自由を侵害しない程度において，自己の生活上必須の行動を自由に行い得べきところの使用の自由権（民法710条参照）を有しており，その通行の自由権は，公法関係から由来するものであるけれども，各自が日常生活上諸般の権利を行使するについて欠くことのできない要具であるから，これに対しては，民法の保護を与えるべきことは，当然の筋合であると判示した。なお，当該判決は，これに続けて，一村民がこの権利を妨害されたときは，民法上不法行為の問題の生ずるのは当然であり，この妨害が継続するときは，これが排除を求める権利を有すると判示した。

4．**妥当である。**

判例（最判昭52・4・28）は，本肢のとおりの事情がある場合には，本件土地は，黙示的に公用が廃止されたものというべきであるとして，これに対する取得時効の成立を肯定した。

5．**妥当である。**

判例（最判昭44・12・4）は，道路法所定の手続を経て道路の供用が開始された以上，道路敷地については公物たる道路の構成部分として道路法4条所定の制限が加えられるが，当該制限は，道路敷地が公の用に供せられた結果発生するものであって，道路敷地使用の権原に基づくものではないから，その後に至って，道路管理者が対抗要件を欠くため当該道路敷地の使用権原をもって後に当該敷地の所有権を取得した第三者に対抗しえないこととなっても，当該道路の廃止がされない限り，敷地所有権に加えられた当該制限は消滅しないと判示した。

民法

問題27 正解 5

本問は，行為能力に関する問題である。

1．**妥当でない。**

精神上の障害により事理を弁識する能力を欠く常況にある者については，家庭裁判所は，本人，配偶者，四親等内の親族，未成年後見人，未成年後見監督人，保佐人，保佐監督人，補助人，補助監督人または検察官の請求により，後見開始の審判をすることが

できる（民法7条）。したがって，本人は後見開始の審判を請求することができるから，本肢は妥当でない。

2．**妥当でない。**

　認知をするには，父または母が未成年者または成年被後見人であるときであっても，その法定代理人の同意を要しない（民法780条）。したがって，法定代理人である成年後見人の同意は不要であるから，本肢は妥当でない。

3．**妥当でない。**

　代理権は，本人の死亡，代理人の死亡または代理人が破産手続開始の決定もしくは後見開始の審判を受けたことによって消滅する（民法111条1項）。したがって，保佐開始の審判は代理権の消滅事由ではないから，本肢は妥当でない。

4．**妥当でない。**

　制限行為能力者の相手方が，制限行為能力者が行為能力者とならない間に，その法定代理人，保佐人または補助人に対し，その権限内の行為について1か月以上の期間を定めて，その期間内にその取り消すことができる行為を追認するかどうかを確答すべき旨の催告をした場合において，これらの者が当該期間内に確答を発しないときは，その行為を追認したものとみなされる（民法20条2項）。したがって，確答がない場合，追認が擬制されるから，本肢は妥当でない。

5．**妥当である。**

　制限行為能力者が他の制限行為能力者の法定代理人としてした行為は，制限行為能力について定める規定に従って，取り消すことができる（民法102条ただし書）。したがって，本肢は妥当である。

問題28　正解　1

　本問は，無効，取消し，追認に関する問題である。

1．**誤り。**

　本人が追認を拒絶すれば無権代理行為の効力が本人に及ばないことが確定し，追認拒絶の後は本人であっても追認によって無権代理行為を有効とすることができない（最判平10・7・17）。したがって，本肢は誤り。

2．**正しい。**

　事実上の夫婦の一方が他方の意思に基づかないで婚姻届を作成提出した場合において，その当時，両名に夫婦としての実質的生活関係が存在しており，かつ，のちに他方の配偶者が届出の事実を知ってこれを追認したときは，その婚姻は追認によりその届出の当初にさかのぼって有効となる（最判昭47・7・25）。

3．**正しい。**

　無効な行為に基づく債務の履行として給付を受けた者は，相手方を原状に復させる義務を負う（民法121条の2第1項）。もっとも，行為の時に制限行為能力者であった者は，その行為によって現に利益を受けている限度において，返還の義務を負う（民法121条の2第3項）。

4．正しい。

　　取り消すことができる行為の追認は，取消しの原因となっていた状況が消滅し，か
つ，取消権を有することを知った後にしなければ，その効力を生じない（民法124条1
項）。

5．正しい。

　　追認をすることができる時以後に，異議をとどめることなく，取り消すことができる
行為について，全部または一部の履行があったときは，追認をしたものとみなされる
（民法125条1号）。全部または一部の履行については，取消権者が履行をする場合だけ
でなく，債権者として相手方の履行を受ける場合も含まれる（大判昭8・4・28）。

問題29　正解　5

　本問は，時効と登記に関する問題である。

1．正しい。

　　取得時効（民法162条）は，前主とかかわりのない原始取得であるから，新権利者は，
前権利者のもとで存在した制限に拘束されない。したがって，Bは登記なくしてCに抵
当権設定登記の抹消を請求できるから，本肢は正しい。

2．正しい。

　　BはAの相続人たるCと物権変動の当事者の関係に立つので，BとCとの間には対抗
問題を生じない（大連判明41・12・15，最判昭38・2・22）。相続は包括承継，つまり，
相続によってこれまで被相続人が主体であったすべての法律関係が相続人にその担い手
を変えるという相続法の基本原理（民法896条）から導かれる。したがって，本肢は正
しい。

3．正しい。

　　判例（最判平24・3・16）は，「不動産の取得時効の完成後，所有権移転登記がされ
ることのないまま，第三者が原所有者から抵当権の設定を受けて抵当権設定登記を了し
た場合において，上記不動産の時効取得者である占有者が，その後引き続き時効取得に
必要な期間占有を継続したときは，上記占有者が上記抵当権の存在を容認していたなど
抵当権の消滅を妨げる特段の事情がない限り，上記占有者は，上記不動産を時効取得
し，その結果，上記抵当権は消滅する」とした。

4．正しい。

　　判例（大連判大14・7・8，最判昭33・8・28）は，時効完成時によるAからBへの
権利の得喪と，時効完成後のAからCへの贈与によって，甲土地があたかもAからB，
Cに二重譲渡されたものと同視し得るとして，B・Cを対抗関係に立たせる。したがっ
て，登記のないBは時効による甲不動産の取得をCに対抗できないから，本肢は正し
い。

5．誤り。

　　CはBの取得時効完成前に甲不動産を譲り受けており，時効完成の時点ではBとCは
時効による権利得喪の当事者たる関係に立ち，Cは第三者（民法177条）にあたらない

ので，BはCに対して登記なくして時効による甲不動産の取得を主張し得る。このことは，Cの登記が時効完成後になされた場合でも変わらない（最判昭42・7・21）。したがって，本肢は誤っている。

問題30 正解 5

本問は，留置権，質権に関する問題である。

1．妥当である。

　他人の物の売買における買主は，売主の履行不能による損害賠償請求権に基づいて，所有者の返還請求に対し，留置権を主張することはできない（最判昭51・6・17）。したがって，BはAに対する債務不履行による損害賠償請求権を被担保債権として甲土地について留置権を主張することはできないから，Cからの返還請求に対し甲土地を留置することはできない。

2．妥当である。

　賃貸人は，敷金を受け取っている場合において，賃貸借が終了し，かつ，賃貸物の返還を受けたときは，賃借人に対し，その受け取った敷金の額から賃貸借に基づいて生じた賃借人の賃貸人に対する金銭の給付を目的とする債務の額を控除した残額を返還しなければならない（民法622条の2第1号）。したがって，敷金の返還を受けるためには乙建物を先に返還する必要があるから，Aは敷金の返還がないことを理由として乙建物の留置権を主張し，乙建物を留置することはできない。

3．妥当である。

　判例（最判平9・7・3）は，「留置物の所有権が譲渡等により第三者に移転した場合において，右につき対抗要件を具備するよりも前に留置権者が民法298条2項所定の留置物の使用又は賃貸についての承諾を受けていたときには，留置権者は右承諾の効果を新所有者に対し対抗することができ，新所有者は右使用等を理由に同条3項による留置権の消滅請求をすることができない」とする。

4．妥当である。

　判例（大判大9・3・29）は，質物の所有者は，被担保債権を弁済しなければ，目的物の返還請求をすることができないとする。質権の場合は，弁済と目的物の返還は引換給付とはならない。

5．妥当でない。

　質権については，留置権の場合（民法301条）とは異なり，担保の供与による消滅は規定されていない。

問題31 正解 4

本問は，詐害行為取消権に関する問題である。

1．正しい。

　債権者は，受益者に対して財産の返還を請求する場合において，その返還の請求が金銭の支払を求めるものであるときは，受益者に対してその支払を，自己に対してするこ

とを求めることができる（民法424条の9第1項）。

2．正しい。

　債権者は，その債権が詐害行為の前の原因に基づいて生じたものである場合に限り，詐害行為取消請求をすることができる（民法424条3項）。詐害行為後に発生した遅延損害金は，詐害行為前に成立していた債権についてのものであるから，詐害行為の前の原因に基づいて生じたものにあたり，被保全債権に含まれる。

3．正しい。

　詐害行為取消請求に係る訴えについては，受益者に対する詐害行為取消請求に係る訴えは受益者を被告とし，転得者に対する詐害行為取消請求に係る訴えはその詐害行為取消請求の相手方である転得者を被告とする（民法424条の7第1項）。債務者は，被告とならない。

4．誤り。

　債権者は，受益者に対して詐害行為取消請求をすることができる場合において，受益者に移転した財産を受益者から転得した者が，転得の当時，債務者がした行為が債権者を害することを知っていたときは，その転得者に対しても，詐害行為取消請求をすることができる（民法424条の5第1号）。転得者に対する詐害行為取消請求が認められるためには，受益者に対して詐害行為取消請求をすることができる場合であることが必要であるから，本肢は誤り。

5．正しい。

　詐害行為取消請求に係る訴えは，債務者が債権者を害することを知って行為をしたことを債権者が知った時から2年を経過したときは，提起することができない。行為の時から10年を経過したときも，同様とする（民法426条）。

問題32　正解　1

本問は，保証に関する問題である。

ア．正しい。

　主たる債務者は，事業のために負担する債務を主たる債務とする保証または主たる債務の範囲に事業のために負担する債務が含まれる根保証の委託をするときは，委託を受ける者に対し，財産および収支の状況に関する情報を提供しなければならない（民法465条の10第1項柱書1号）。したがって，本肢は正しい。なお，保証をする者が法人である場合には，主たる債務者は本肢の情報提供義務を負わない（民法465条の10第3項）。

イ．誤り。

　主たる債務者が期限の利益を有する場合において，その利益を喪失したときは，債権者は，保証人に対し，その利益の喪失を知った時から2か月以内に，その旨を通知しなければならない（民法458条の3第1項）。しかし，保証人が法人である場合は，債権者は本肢の情報提供義務を負わない（民法458条の3第3項）。したがって，債権者Cは，法人である保証人Aに対し，期限の利益の喪失を通知する義務を負わないから，本肢は

誤っている。

ウ. 正しい。

　　個人根保証契約は，極度額を定めなければ，その効力を生じない（民法465条の2第2項）。

エ. 誤り。

　　保証人が主たる債務者の委託を受けて保証をした場合において，主たる債務の弁済期前に債務の消滅行為をしたときは，その保証人は，主たる債務者に対し，主たる債務者がその当時利益を受けた限度において求償権を有する（民法459条の2第1項前段）。したがって，主たる債務の弁済期前に債務の消滅行為をしたときは，主たる債務者がその当時利益を受けた限度となるが，保証人は求償権を有するので，本肢は誤り。

オ. 誤り。

　　主たる債務者が債権者に対して相殺権，取消権または解除権を有するときは，これらの権利の行使によって主たる債務者がその債務を免れるべき限度において，保証人は，債権者に対して債務の履行を拒むことができる（民法457条3項）。したがって，保証人は，債務の履行を拒むことができるが，主たる債務者の相殺権を行使することはできないから，本肢は誤り。

　　以上より，正しいものは，アおよびウであるから，正解は1である。

問題33　正解　3

　　本問は，弁済に関する問題である。

1. 妥当である。

　　弁済をする者は，弁済と引換えに，弁済を受領する者に対して受取証書の交付を請求することができる（民法486条1項）。

2. 妥当である。

　　債権に関する証書がある場合において，弁済をした者が全部の弁済をしたときは，その証書の返還を請求することができる（民法487条）。

3. 妥当でない。

　　債務の性質が第三者の弁済を許さないとき，または当事者が第三者の弁済を禁止し，もしくは制限する旨の意思表示をしたときは，第三者は弁済をすることができない（民法474条4項）。したがって，当事者が第三者の弁済を禁止した場合，第三者は弁済をすることができないから，本肢は妥当でない。

4. 妥当である。

　　弁済者が，債権者との間で，債務者の負担した給付に代えて他の給付をすることにより債務を消滅させる旨の契約をした場合において，その弁済者が当該他の給付をしたときは，その給付は，弁済と同一の効力を有する（民法482条）。「他の給付をした」といえるためには，権利の移転に加え，第三者に対する登記等の対抗要件の具備が必要である（最判昭39・11・26）。したがって，債務消滅の効果は，移転登記が完了するまで生じない。

5．妥当である。

　弁済をすべき場所について別段の意思表示がないときは，特定物の引渡しは債権発生の時にその物が存在した場所において，その他の弁済は債権者の現在の住所において，それぞれしなければならない（民法484条）。

問題34　正解　3

本問は，不法行為に関する問題である。

1．正しい。

　人の生命または身体を害する不法行為による損害賠償請求権は，被害者またはその法定代理人が損害および加害者を知った時から５年間行使しないときには，時効によって消滅する（民法724条の２）。

2．正しい。

　判例（最判昭42・6・27）は，被害者本人が幼児である場合における民法第722条第２項にいう被害者の過失には，被害者側の過失をも包含するが，いわゆる被害者側の過失とは，被害者本人である幼児と身分上ないしは生活関係上一体をなすとみられる関係にある者の過失をいうものと解するのが相当であるとした上で，保育園の保母が当該保育園の被用者として被害者たる幼児を監護していたにすぎないときは，右保育園と被害者たる幼児の保護者との間に，幼児の監護について保育園側においてその責任を負う旨の取極めがされていたとしても，保母の監護上の過失は，民法第722条第２項にいう被害者の過失にあたらないとしている。

3．誤り。

　胎児の母は，出生前の子の代理人として，子の固有の慰謝料請求権を行使できない（大判昭7・10・6）。したがって，出生前に胎児を代理することはできないから，本肢は誤り。

4．正しい。

　他人の生命を侵害した者は，被害者の父母，配偶者および子に対しては，その財産権が侵害されなかった場合においても，損害の賠償をしなければならない（民法711条）。

5．正しい。

　判例（最判平15・7・11）は，「複数の加害者の過失及び被害者の過失が競合する一つの交通事故において，その交通事故の原因となったすべての過失の割合（以下「絶対的過失割合」という。）を認定することができるときには，絶対的過失割合に基づく被害者の過失による過失相殺をした損害賠償額について，加害者らは連帯して共同不法行為に基づく賠償責任を負うものと解すべきである。」とする。

問題35　正解　3

本問は，相続人に関する問題である。

1．正しい。

　兄弟姉妹が相続人となる場合，代襲相続が認められる（民法889条２項，887条２項）。

したがって，Aの兄Bの子CがAの代襲相続人になることはある。

2．**正しい。**

被相続人に子およびその代襲相続人または再代襲相続人がいない場合，被相続人の直系尊属が相続人となる（民法889条1項1号）。したがって，Aの祖父BがAの相続人となることはある。

3．**誤り。**

養子と養親およびその血族との間においては，養子縁組の日から，血族間におけるのと同一の親族関係を生ずる（民法727条）。そして，被相続人の子が，欠格事由に該当し，その相続権を失ったときは，その者の子がこれを代襲して相続人となる（民法887条2項）。本肢では，CはBとの養子縁組によりAとは親族関係にあり，CはAの直系卑属である。したがって，被相続人Aの子Bの子であるCはAの代襲相続人となるから，本肢は誤っている。

4．**正しい。**

胎児は，相続については，既に生まれたものとみなされる（民法886条1項）。したがって，出生した子CはAの相続人となる。

5．**正しい。**

被相続人の子が，相続の開始以前に死亡したとき，欠格事由に該当し，もしくは廃除によって，その相続権を失ったときは，その者の子がこれを代襲して相続人となる（民法887条2項）。したがって，代襲原因に相続放棄は含まれていないから，Aの子Bが相続を放棄したときは，Bの子CはAの代襲相続人となることはない。

商法・会社法
問題36　正解　1

本問は，商号に関する問題である。

ア．**誤り。**

商人（会社および外国会社を除く。）は，その氏，氏名その他の名称をもってその商号とすることができる（商法11条1項）。商号について，商人は，その商号の登記をすることができる（商法11条2項）とされ，登記が義務付けられているわけではないから，本肢は誤り。

イ．**正しい。**

譲受人が譲渡人の商号を引き続き使用しない場合においても，譲渡人の営業によって生じた債務を引き受ける旨の広告をしたときは，譲渡人の債権者は，その譲受人に対して弁済の請求をすることができる（商法18条1項）。

ウ．**正しい。**

営業を譲り受けた商人が譲渡人の商号を引き続き使用する場合には，その譲受人も，譲渡人の営業によって生じた債務を弁済する責任を負う（商法17条1項）。

エ．**誤り。**

商人の商号は，営業とともにする場合または営業を廃止する場合に限り，譲渡するこ

とができる（商法15条1項）。したがって，営業とともにする場合にも商号を譲渡することができるから，本肢は誤っている。

オ．**正しい。**

　自己の商号を使用して営業または事業を行うことを他人に許諾した商人は，当該商人が当該営業を行うものと誤認して当該他人と取引をした者に対し，当該他人と連帯して，当該取引によって生じた債務を弁済する責任を負う（商法14条）。

　以上より，誤っているものは，アおよびエであるから，正解は1である。

問題37　正解　3

　本問は，株式会社の設立に関する問題である。

ア．**正しい。**

　設立時の現物出資は，発起人に限り認められる（会社法34条1項本文）。募集設立の場合，発起人でない設立時募集株式の引受人が，割当てを受けた設立時募集株式についてする出資は金銭に限られ，現物出資をすることはできない（会社法63条1項）。

イ．**誤り。**

　発起人の資格については会社法に制限は定められていない。したがって，法人や未成年者であっても発起人になることができるから，本肢は誤り。

ウ．**正しい。**

　募集設立の場合には，発起人は，払込みの取扱いをした銀行等に対し，払い込まれた金額に相当する金銭の保管に関する証明書の交付を請求することができる（会社法64条1項）。

エ．**正しい。**

　株式会社は，その本店の所在地において設立の登記をすることによって成立する（会社法49条）。

オ．**誤り。**

　設立に際して出資される財産の価額について，会社法に本肢のような制限規定はない。したがって，本肢は誤り。

　以上より，誤っているものは，イおよびオであるから，正解は3である。

問題38　正解　5

　本問は，会計監査人に関する問題である。

ア．**正しい。**

　公開会社でない大会社は，会計監査人を置かなければならない（会社法328条2項）。

イ．**正しい。**

　会計監査人は，いつでも，株主総会の決議によって解任することができる（会社法339条1項）。このほか，監査役は，会計監査人が，職務上の義務に違反し，または職務を怠ったとき等の法定の事由があるときは，その会計監査人を解任することができる（会社法340条1項）。

ウ．**正しい。**

　　役員（取締役，会計参与および監査役をいう。）および会計監査人は，株主総会の決議によって選任する（会社法329条1項）。

エ．**誤り。**

　　会計監査人は，公認会計士または監査法人でなければならない（会社法337条1項）。したがって，税理士や税理士法人は会計監査人になれないから，本肢は誤り。

オ．**誤り。**

　　会計監査人は，取締役会への出席義務を負わない。したがって，本肢は誤り。

　　以上より，誤っているものは，エおよびオであるから，正解は5である。

問題39 **正解　2**

　本問は，募集株式の発行に関する問題である。

1．**妥当である。**

　　募集株式の引受人は，払込みを仮装した場合には，株式会社に対し，払込みを仮装した払込金額の全額の支払をする義務を負う（会社法213条1項1号）。

2．**妥当でない。**

　　株式会社は，申込者の中から募集株式の割当てを受ける者を定め，かつ，その者に割り当てる募集株式の数を定めなければならない。この場合において，株式会社は，当該申込者に割り当てる募集株式の数を，申込者が引き受けようとする募集株式の数よりも減少することができる（会社法204条1項）。したがって，割り当てる募集株式の数を定める場合，申込者が引き受けようとする募集株式の数よりも減少することができるから，本肢は妥当でない。

3．**妥当である。**

　　株式の発行または自己株式の処分が著しく不公正な方法により行われる場合において，株主が不利益を受けるおそれがあるときは，株主は，株式会社に対し，募集に係る株式の発行または自己株式の処分をやめることを請求することができる（会社法210条2号）。

4．**妥当である。**

　　株式会社は，その発行する株式またはその処分する自己株式を引き受ける者の募集ごとに，募集事項を均等に定めなければならない（会社法199条5項）。

5．**妥当である。**

　　株式会社は，その発行する株式を引き受ける者の募集をしようとするときは，その都度，募集株式の数，募集株式の払込金額またはその算定方法等を定めなければならない（会社法199条1項）。公開会社では，この募集事項の決定は取締役会の決議によらなければならない（会社法201条1項，199条2項）。

問題40 **正解　1**

　本問は，持分会社に関する問題である。

1．**誤り。**

　持分会社は，定款に別段の定めがある場合を除き，総社員の同意によって，定款の変更をすることができる（会社法637条）。したがって，総社員の同意が必要であるから，本肢は誤っている。

2．**正しい。**

　合同会社の債権者は，当該合同会社の営業時間内は，いつでも，その計算書類について，計算書類が書面をもって作成されているときは，当該書面の閲覧または謄写の請求をすることができる（会社法625条）。持分会社のうち合同会社の債権者については，計算書類の閲覧等が認められる。

3．**正しい。**

　利益または損失の一方についてのみ分配の割合についての定めを定款で定めたときは，その割合は，利益および損失の分配に共通であるものと推定される（会社法622条2項）。

4．**正しい。**

　持分会社は，会計帳簿の閉鎖の時から10年間，その会計帳簿およびその事業に関する重要な資料を保存しなければならない（会社法615条2項）。

5．**正しい。**

　持分会社の社員は，当該持分会社の営業時間内は，いつでも，計算書類が書面をもって作成されているときは，当該書面の閲覧または謄写の請求をすることができる（会社法618条1項1号）。

正解

ア. 17　政治　　　イ. 9　自律　　　ウ. 3　自治権能　　　エ. 15　一定の制約

　本問は，政党の自律権に関する問題である。

　本判決文は，政党に関して論じているものであり，その冒頭に政党の定義が書かれている。とすれば，　ア　には「政治」が入ることは簡単に分かるであろう。　イ　と　ウ　は政党の内部的統制に関する説明の中で出てくる単語である。　イ　は，自主性と並んで書かれており自主的に組織運営をするための規範であることから，「自律」が入る。すなわち，自主的な組織運営を支える一つの要素が内部的統制であり，これを確保する手段が自律的な内部規範である。そして，これらのまとめたことばが　ウ　であり，選択肢の中で該当する言葉は「自治権能」である。
　最後に，　エ　は権利や自由が受けるものであるから何らかの制約であることが分かり，選択肢の中で該当するものは「一定の制約」のみである。

問題42

正　解

ア．18　無名抗告　　　イ．5　不利益処分　　　ウ．6　差止めの

エ．4　緩やかな

本問は，無名抗告訴訟に関する問題である。

(1) まず，| ア |であるが，「本件職務命令への不服従を理由とする懲戒処分の予防を目的として，本件職務命令に基づく公的義務の不存在確認を求める訴訟」は，本件職務命令への不服従を理由とする懲戒処分の差止めの訴えを本件職務命令に服従する義務がないことの確認を求める訴えの形式に引き直したものと捉えられる。そして，このような訴えは，抗告訴訟のうち行政事件訴訟法3条2項以下において個別の訴訟類型として法定されていないものであり，無名抗告訴訟と呼ばれる。よって，| ア |には，「無名抗告」が入る。

(2) 次に，| イ |であるが，「本件職務命令への不服従を理由とする懲戒処分の予防を目的として」との記述と「将来の| イ |の予防を目的として」との記述が同内容と考えられることから，本件職務命令への不服従を理由とする懲戒処分と同内容である「不利益処分」が入ることが分かる。よって，| イ |には，「不利益処分」が入る。

(3) さらに，| ウ |であるが，将来の不利益処分の予防を目的として当該処分の前提となる公的義務の不存在確認を求める無名抗告訴訟は，将来の不利益処分を予防するためにされる当該処分に係る差止めの訴えと目的が同じである。よって，| ウ |には，「差止めの」が入る。

(4) 最後に，| エ |であるが，「上記無名抗告訴訟（＝将来の不利益処分の予防を目的として当該処分の前提となる公的義務の不存在確認を求める無名抗告訴訟）は，確認の訴えの形式で，差止めの訴えに係る本案要件の該当性を審理の対象とするものということができる」との記述より，「緩やかな」が入ることが分かる。なぜなら，判例は，上記無名抗告訴訟と当該処分に係る差止めの訴えとを同じ目的を達成するための手段と捉えており，そうであるとすれば，その要件も基本的に同一であるべきと解しているからである。よって，| エ |には，「緩やかな」が入る。なお，「厳しい」は，入らない。なぜなら，「厳しい訴訟要件により，これが許容されている」というような言い方はせず，「厳しい訴訟要件が必要とされている」という言い方がされるからである。

正 解
ア．20　職務上の法的義務　　イ．6　損害　　　ウ．16　違法
エ．4　違憲

本問は，立法行為の違法性に関する問題である。

(1)　まず，アであるが，本判決と同様に，立法行為の違法性が問題となった判例（最判昭和60年11月21日）において，国家賠償法1条の違法性について，「国又は公共団体の公権力の行使に当たる公務員が個別の国民に対して負担する職務上の法的義務に違反」することと捉え，義務違反的構成を採ったことは有名である。したがって，アには，「職務上の法的義務」が入る。

(2)　次に，イであるが，国家賠償法上の責任が生じるためには，損害が生じなければならない。したがって，イには，「損害」が入る。

(3)　さらに，ウであるが，本判例の中心論点は，立法行為の違法性（国家賠償法1条1項に違反すること）であるから，ウには，「違法」が入る。

(4)　最後に，エであるが，直後の文章が「仮に当該立法の内容又は立法不作為が憲法の規定に違反するものであるとしても」としていることから，エには，「違憲」が入る。

記述式
問題44

〔解答例〕

　<u>A</u>を被告として，<u>損失補償の増額を求める訴え</u>を提起すべきであり，<u>形式的当事者訴訟</u>と呼ばれる。(45字)

※下線部分がキーワードである。

〔採点の目安〕
　「<u>A</u>」（6点）
　「<u>損失補償の増額を求める訴え</u>」（6点）
　「<u>形式的当事者訴訟</u>」（8点）

　本問は，形式的当事者訴訟に関する問題である。

1　形式的当事者訴訟

　行政事件訴訟法4条は，「この法律において『当事者訴訟』とは，当事者間の法律関係を確認し又は形成する処分又は裁決に関する訴訟で法令の規定によりその法律関係の当事者の一方を被告とするものおよび公法上の法律関係に関する確認の訴えその他の公法上の法律関係に関する訴訟をいう。」と規定している。

　このうち，本条前段の「当事者間の法律関係を確認し又は形成する処分又は裁決に関する訴訟で法令の規定によりその法律関係の当事者の一方を被告とするもの」は，処分または裁決という公権力の行使を争うものであり，本来は，抗告訴訟として提起されるべきものであるが，立法政策により，本来認められない当事者訴訟が例外的に個別法によって可能とされている（形式的に当事者訴訟とされている）ことから，「形式的当事者訴訟」と呼ばれている。

　この形式的当事者訴訟の特徴は，「法令の規定によりその法律関係の当事者の一方を被告とする」こととされていることである。例えば，土地収用法133条3項は，「前項の規定による訴え（＝収用委員会の裁決のうち損失の補償に関する訴え）は，これを提起した者が起業者であるときは土地所有者又は関係人を，土地所有者又は関係人であるときは起業者を，それぞれ被告としなければならない。」と規定し，収用委員会の裁決のうち損失の補償に関する訴えは，形式的当事者訴訟によることを定めている。

　なお，本問の場合，土地所有者は，起業者に対し，損失補償額の増額を求めることは明らかである。

2　本問について
(1)　形式の検討

　問題文の問いかけは，「Xは，誰を被告として，どのような内容の訴えを提起しなけれ

ばならないか。また，このような訴訟類型は，どのような名称で呼ばれるか。」である。
したがって，解答は，「（Xは，） ① を被告として， ② という内容の訴えを提起すべきであり， ③ と呼ばれる。」とすることが考えられる。

(2) 内容の検討

　上記解説1のとおり，土地所有者Xは，起業者Aを被告として，損失補償額の増額を求める訴えを提起することになる。そして，当該訴訟類型は，形式的当事者訴訟である。

　以上により，適切な語句を書き出そう。「起業者A」，「損失補償額の増額を求める訴え」，「形式的当事者訴訟」がこれに当たる。

(3) 解答の作成

　上記(1)で検討した形式に，上記(2)で書き出した語句を挿入すると， ① には「起業者A」を， ② には「損失補償額の増額を求める」を， ③ には「形式的当事者訴訟」を挿入することになるから，「（Xは，）起業者Aを被告として，損失補償額の増額を求める内容の訴えを提起すべきであり，形式的当事者訴訟と呼ばれる。」となる。

　この文章を制限字数の範囲内に収まり，かつ，自然な文章表現となるようにすると，解答例のとおりとなる。

解答例

　船の沈没後１年間Ａの生死が不明のときであり，Ａは船が沈没した時に死亡したものとみなされる。（45字）

※下線部分がキーワードである。

〔採点の目安〕

　　「船の沈没後１年間」（４点）

　　「Ａの生死が不明」（４点）

　　「船が沈没した時に」（４点）

　　「死亡したもの」（４点）

　　「みなされる」（４点）

　本問は，特別失踪の場合の失踪宣告の要件および効果を問う問題である。

１　特別失踪の場合の失踪宣告

　戦地に臨んだ者，沈没した船舶の中に在った者その他死亡の原因となるべき危難に遭遇した者の生死が，それぞれ，戦争が止やんだ後，船舶が沈没した後またはその他の危難が去った後１年間明らかでないときは，家庭裁判所は，利害関係人の請求により，失踪の宣告をすることができる（民法30条２項）。特別失踪の場合，失踪宣告を受けた者はその危難が去った時に，死亡したものとみなされる（民法31条後段）。

２　本問について

(1)　形式の検討

　どのような形式の解答が要求されているか。問題文の問いかけは，「Ａの子Ｂは，家庭裁判所にＡの失踪宣告の申立てを行った。この場合において，家庭裁判所が失踪宣告をすることができるのは，どのようなときであり，また，宣告を受けた者は，どの時点でどのような効力が生じるのか」である。したがって，解答は，「　①　ときであり，宣告を受けた者は，　②　時点で　③　効力が生じる。」とすることが考えられる。

(2)　内容の検討

　どのような内容にするか。問題文に「失踪宣告」と明記されており，かつ船が沈没した場合についての話であることから特別失踪の場合に関する失踪宣告が問われていることが分かる。

　そして，家庭裁判所が失踪宣告をすることができるのは，「どのようなとき」と問われているので，ここで論じるのは特別失踪における失踪宣告の要件である。それは危難の発生および危難が去ったときから１年間の生死不明である（民法30条２項）。本問では危難の発生は問題文で書かれているので，後者を記述することが求められている。

次に，宣告を受けた者は，「どの時点でどのような効力が生じるのか」と問われているので，ここで記述すべきは，失踪宣告の効果である。特別失踪の場合，危難が去った時に死亡したものとみなされる（民法31条後段）。危難が去った時とは，船舶の沈没の場合は，船舶が沈没した時である。

(3)　解答の作成

　上記(1)で検討した形式に，上記(2)で検討した内容を挿入する。 ① には「船が沈没した後1年間Aの生死が不明である」， ② には「船舶が沈没した」， ③ には「死亡したものとみなされる」を挿入することになるから，「船舶が沈没した後1年間Aの生死が不明であるときであり，宣告を受けた者は，船舶が沈没した時点で死亡したものとみなされる効力が生じる。」となる。

　この文章を制限字数の範囲内に収まる自然な文章表現となるようにすると，解答例のとおりとなる。

〔解答例〕

　　本件の地役権が，継続的に行使され，かつ，外形上認識することができるものであること。（41字）

※下線部分がキーワードである。

〔採点の目安〕

　　「継続的に行使」（8点）

　　「かつ」（4点）

　　「外形上認識することができるもの」（8点）

本問は，地役権の時効取得に関する条文知識を問う問題である。

1　地役権の時効取得

　地役権も財産権であるので，時効によって取得することは認められている。しかし，その存在が必ずしも外形上明らかではない場合もあり，所有権等と同じ規律で時効取得を認めるとすると，不測の損害が生じる可能性がある。

　そのため，民法は地役権の時効取得については，時効の一般的要件の他に，継続的に行使され，かつ，外形上認識することができるものであることを要求している（民法283条）。承役地所有者に時効の更新等の措置をとる余地を与えるためである。

2　本問について

(1)　形式の検討

　どのような形式の解答が要求されているか。問題文の問いかけは，「地役権の時効取得が認められるために，地役権に特有の要件として，Aは，本件の地役権がどのようなものであることを主張する必要があるのか，民法の規定に照らし，…記述しなさい。」である。したがって，解答は，「本件の地役権が，　①　ことを主張する必要がある。」とすることが考えられる。

(2)　内容の検討

　どのような内容にするか。時効取得できる地役権について問われている。地役権については時効取得できる地役権が限定されており，継続的に行使され，かつ，外形上認識することができるものである必要があることから，これを指摘する。

(3)　解答の作成

　上記(1)で検討した形式に，上記(2)で検討した内容を挿入する。　①　に「継続的に行使され，かつ，外形上認識することができるものである」を挿入すると，「本件の地役権が，継続的に行使され，かつ，外形上認識することができるものであることを主張する必要がある。」となる。

この文章を制限字数の範囲内に収まる自然な文章表現となるようにすると，解答例のとおりとなる。

基礎知識

政治

問題47 正解　2

　本問は，近代の政治思想に関する問題である。

ア．妥当である。

　ホッブズは，社会契約を唱えた最初の人物とされる。彼は，万人の争いの状態では，自己保存すら困難になるので，人々は自然法に従って相互の自由を制限し，社会契約を結んで国家に権力を譲渡して平和の維持と安全保障を図るべきとした。

イ．妥当でない。

　ロックの主著は『社会契約論』ではなく，『市民政府二論』が正しい。ロックはホッブズとは逆の使い方で社会契約論を展開した。すなわち，国家が人民の委託に背いて権力を濫用しているとし，国家に対する人民の抵抗権を正当化した。

ウ．妥当でない。

　ルソーの主著は『市民政府二論』ではなく，『社会契約論』が正しい。ロックよりも後の時代に活躍したルソーは，自然状態を情愛に満ちた理想的な状態とみなし，「自然に帰れ」のスローガンのもとに堕落した文明社会の変革を訴えた。

エ．妥当である。

　直接民主主義は，国民が政治に直接参加し，最終的な意思決定を行う制度であり，古代ギリシアのアテネの民会や，現代ではスイスの州（カントン）で実施されている。

オ．妥当でない。

　「福沢諭吉」ではなく，「中江兆民」である。明治時代の啓蒙思想家・政治家である中江兆民は，ルソーの影響を受け，フランス流の急進的民権論を説いて，「東洋のルソー」と呼ばれた。

　以上より，妥当なものは，アおよびエであるから，正解は2である。

問題48 正解　4

　本問は，戦後の日本政治・外交に関する問題である。

ア．誤り。

　ＯＥＣＤ（経済協力開発機構）加盟や夏季オリンピック東京大会開催時の内閣は，岸信介内閣ではなく，「池田勇人内閣」である。

イ．誤り。

　1965（昭和40）年に，佐藤栄作内閣の下で，日韓基本条約が調印された。これにより日本は韓国を朝鮮半島の唯一の合法政府と認め，韓国との間に国交を樹立した。

ウ．正しい。

　1971（昭和46）年に佐藤栄作内閣の下で「琉球諸島及び大東諸島に関する日本国とアメリカ合衆国との間の協定」（沖縄返還協定）が調印され，1972（昭和47）年に，沖縄

返還協定が発効し，沖縄の施政権が日本に返還された。

エ．正しい。

1970年代の田中角栄内閣では，田中の訪中により日中共同声明が発表され，中華民国（台湾）との外交関係は断絶した。一方，国内では，工業地帯の再配置や交通・情報通信網の整備を内容とする日本列島改造論を唱えて，高度成長の促進を図った。

オ．誤り。

「日本専売公社，日本電信電話公社，日本国有鉄道，日本郵政公社の公共企業体（四公社）」ではなく，「日本専売公社，日本電信電話公社，日本国有鉄道の公共企業体（三公社）」が正しい。郵政事業が民営化されたのは，後の小泉純一郎内閣によってである。また，郵便事業は「公社」ではなく，「郵政・造幣・印刷・国有林野・アルコール専売」の五事業の1つで，国の「事業」であった。

以上より，正しいものは，ウおよびエであるから，正解は4である。

経済

問題49 正解 4

本問は，日本銀行に関する問題である。

1．妥当でない。

日本銀行は，独立行政法人通則法に基づく独立行政法人ではなく，日本銀行法に基づく財務省所管の認可法人である。

2．妥当でない。

量的金融引締政策ではなく，「量的金融緩和政策」である。通常，中央銀行は政策金利を引き下げて金融緩和するが，金利水準は0％が下限で，それ以上の金融緩和はできなくなる。これに対して，量的緩和政策では，仮に金利が0％に張り付いても，資金量増加を目標とするため，マーケットに潤沢な資金を供給でき，一段の緩和効果を期待できる。

※ 日本銀行は，令和6年3月19日の金融政策決定会合において，マイナス金利政策（＝民間銀行が日本銀行に預け入れる超過準備（＝民間銀行が日本銀行の当座預金預け入れる預金のうち，法定額を超過した部分）について，名目金利をゼロ未満にまで下げる政策）を解除した。また，長短金利操作（＝短期金利をマイナス0.1％，長期金利を0％程度に誘導すること）についても終了することとした。量的金融緩和政策との関連では，金融市場に多量の資金を供給する目的で行われてきたETF（上場投資信託）およびREIT（不動産投資信託）の新規購入についても終了することとし，企業が資金調達を目的として発行する社債等の買い入れも段階的に終了することとされた。

3．妥当でない。

景気が過熱してインフレが生じている時は，日本銀行は公開市場操作を通じて短期の市場金利を「上昇」させようとして，「手元の国債や手形を銀行に売却する」。

4．妥当である。

日本銀行には，役員として，総裁，副総裁（2人），審議委員（6人），監事（3人以内），理事（6人以内），参与（若干人）が置かれている。このうち，総裁，副総裁および審議委員が，最高意思決定機関である政策委員会を構成する。

5．妥当でない。

政策委員会の構成員となる者は，総裁・副総裁を含めすべて国会の同意を得て，内閣が任命する。

問題50 正解 2

本問は，地域経済統合に関する問題である。

ア．妥当である。

EPA（経済連携協定）は，貿易の自由化に加え，投資，人の移動，知的財産の保護や競争政策におけるルール作り，様々な分野での協力の要素等を含む，幅広い経済関係の強化を目的とする協定である。

イ．妥当でない。

APECは，アジア太平洋地域の21の国と地域（エコノミー）が参加する経済協力の枠組みである。参加地域は，オーストラリア，ブルネイ，カナダ，チリ，中国，香港，インドネシア，日本，韓国，マレーシア，メキシコ，ニュージーランド，パプアニューギニア，ペルー，フィリピン，ロシア，シンガポール，台湾，タイ，米国，ベトナムである。したがって，中国も参加していることから，本肢は妥当でない。

ウ．妥当でない。

TPP（環太平洋戦略的経済連携協定）の原加盟国は，シンガポール，ブルネイ，チリ，ニュージーランドの4か国で，さらに，アメリカ，オーストラリア，ペルー，ヴェトナム，マレーシア，メキシコ，カナダおよび日本が交渉に参加していた。その後，2017年にトランプ政権下のアメリカが離脱したため，11か国で，2018年12月に発効した。

エ．妥当でない。

地域的な包括的経済連携（RCEP）は，東南アジア諸国連合加盟10か国に，日本，中国，韓国，オーストラリア，ニュージーランドの5か国を含めた計15か国よる自由貿易協定であり，2020年11月，第4回RCEP首脳会議の機会に署名行われた。したがって，アメリカではなく，ニュージーランドが参加国であるから，本肢は妥当でない。

オ．妥当である。

米国・メキシコ・カナダ協定（USMCA）は，保護主義的政策を進めたアメリカ大統領トランプの意向を受け，2018年に従来の北米自由貿易協定（NAFTA）を抜本的に見直すかたちで合意された協定であり，2020年に発効した。

以上より，妥当なものは，アおよびオであるから，正解は2である。

社会

問題51　正解　2

　本問は，環境問題に関する問題である。

1．妥当でない。

　「公害対策基本法」と「環境基本法」が逆である。環境基本法は，1993（平成5）年に制定された。環境基本法の施行により，従来の公害対策基本法は廃止され，自然環境保全法も環境基本法の趣旨に沿って改正された。

2．妥当である。

　2018（平成30）年，改正海岸漂着物処理推進法（「美しく豊かな自然を保護するための海岸における良好な景観及び環境の保全に係る海岸漂着物等の処理等の推進に関する法律の一部を改正する法律」）が公布され，改正法には，プラスチックの排出抑制が盛り込まれた。

3．妥当でない。

　「有害廃棄物の国境を越える移動及びその処分の規制に関するバーゼル条約」を実施するため，1992年に「特定有害廃棄物等の輸出入等の規制に関する法律（バーゼル法）」を制定し，1993年には同条約に加入している。

4．妥当でない。

　「地球温暖化対策のための税」は，2012年から段階的に施行され，2016年に予定されていた最終税率への引上げが完了している。本税制は，石油・天然ガス・石炭といったすべての化石燃料の利用に対し，環境負荷（CO_2排出量）に応じて広く公平に負担を求めるものである。

5．妥当でない。

　2016年に発効したパリ協定は，京都議定書に代わる，2020年以降の温室効果ガス排出削減等のための新たな国際枠組みであり，歴史上初めてすべての国が参加する枠組みである点が特長である。

問題52　正解　1

　本問は，雇用・労働に関する問題である。

ア．妥当である。

　労働契約法の改正により，有期労働契約が繰り返し更新されて通算5年を超えたときは，労働者の申込みにより，無期労働契約への転換が必要となった。

イ．妥当である。

　最低賃金法では，①地域別最低賃金（同法9条），②特定最低賃金（同法15条）の2種類の最低賃金が定められているが，地域別最低賃金は，都道府県ごとに定めるものとされている。

ウ．妥当でない。

　2007（平成19）年に，男女雇用機会均等法が大幅に改正され，①性別による差別禁止の範囲の拡大（間接差別を含む），②妊娠・出産等を理由とする不利益取扱いの禁止，

③セクシュアルハラスメント対策，④母性健康管理措置などが新たに規定された。しかし，ポジティブ・アクションは努力義務であって，義務化されたわけではない。

エ．**妥当でない。**

法改正の内容は，定年の引上げだけでなく，事業主が，雇用する高年齢者の65歳までの安定した雇用の確保のため，①定年の定めの廃止，②定年の引上げ，③継続雇用制度の導入のいずれかの措置を講じなければならない（高年齢者雇用確保措置）というものであり，定年の引上げに限られない。

オ．**妥当でない。**

障害者の働く場を増やすため，民間企業における障害者雇用率は，2024（令和6）年4月から「2.5％」，2025年（令和7）年4月から「2.7％」に引き上げられる予定となった。

以上より，妥当なものは，アおよびイであるから，正解は1である。

諸法令
問題53　正解　5

本問は，行政書士法が定める登録に関する問題である。

1．**妥当でない。**

行政書士となる資格を有する者が，行政書士となるには，行政書士名簿に，住所，氏名，生年月日，事務所の名称および所在地その他日本行政書士会連合会の会則で定める事項の登録を受けなければならない（行政書士法6条1項）。したがって，「都道府県知事が定める事項」ではなく，「日本行政書士会連合会の会則で定める事項」が妥当である。

2．**妥当でない。**

行政書士名簿は，「全国の行政書士会」ではなく，「日本行政書士会連合会」に備えられる（行政書士法6条2項）。その他の記述は，妥当である（同条3項）。

3．**妥当でない。**

行政書士の登録を受けようとする者は，行政書士となる資格を有することを証する書類を添えて，日本行政書士会連合会に対し，その事務所の所在地の属する都道府県の区域に設立されている行政書士会を経由して，登録の申請をしなければならない（行政書士法6条の2第1項）。このように，行政書士の登録を受けようとする者は，直接にではなく，その事務所の所在地の属する都道府県の区域に設立されている行政書士会を経由して，登録の申請をしなければならない。

4．**妥当でない。**

日本行政書士会連合会は，行政書士の登録を受けた者が死亡したときは，登録を「抹消」しなければならない（行政書士法7条1項3号）。

5．**妥当である。**

行政書士法9条2項の規定のとおりである。

本問は，戸籍法に関する問題である。

1．**妥当である。**

戸籍法は，昭和23年の改正民法の施行に伴って全面改正され，従来「家」を編製単位としていた戸籍から，夫婦とその間の同氏の子を編製単位とする戸籍に改められた。

2．**妥当である。**

戸籍法1条の規定のとおりである。戸籍に関する事務は，国民との関連が密である市区町村長がこれを管掌することとされている。

3．**妥当である。**

戸籍法2条の規定のとおりである。

4．**妥当でない。**

法務大臣は，市町村長が戸籍事務を処理するに当たりよるべき基準を定めることができる（戸籍法3条1項）。このように，総務大臣ではなく，法務大臣が妥当である。

5．**妥当である。**

戸籍法3条2項前段の規定のとおりである。

個人情報保護・情報通信

問題55　正解　5

本問は，個人情報保護法の定義規定に関する問題である。

1．**誤り。**

「個人情報」とは，生存する個人に関する情報であって，①当該情報に含まれる氏名，生年月日その他の記述等により特定の個人を識別することができるもの（他の情報と容易に照合することができ，それにより特定の個人を識別することができることとなるものを含む。），②個人識別符号が含まれるもの，のいずれかに該当するものをいう（個人情報保護法2条1項）。したがって，個人識別符号が含まれるものも個人情報にあたるから，本肢は誤り。

2．**誤り。**

「要配慮個人情報」とは，本人の人種，信条，社会的身分，病歴，犯罪の経歴，犯罪により害を被った事実その他本人に対する不当な差別，偏見その他の不利益が生じないようにその取扱いに特に配慮を要するものとして政令で定める記述等が含まれる個人情報をいう（個人情報保護法2条3項）。したがって，年齢は含まれないから，本肢は誤り。

3．**誤り。**

「匿名加工情報」とは，個人情報に含まれる記述等の一部を削除する措置を講じて特定の個人を識別することができないように個人情報を加工して得られる個人に関する情報であって，当該個人情報を復元することができないようにしたものをいう（個人情報保護法2条6項1号，なお，個人識別符号が含まれるものについては2号参照）。本肢の内容は，仮名加工情報についてのものである。

4．誤り。

　「仮名加工情報」とは，個人情報に含まれる記述等の一部を削除する措置を講じて他の情報と照合しない限り特定の個人を識別することができないように個人情報を加工して得られる個人に関する情報をいう（個人情報保護法2条5項1号，なお，個人識別符号が含まれるものについては2号参照）。本肢の内容は，匿名加工情報についてものである。

5．正しい。

　「個人関連情報」とは，生存する個人に関する情報であって，個人情報，仮名加工情報および匿名加工情報のいずれにも該当しないものをいう（個人情報保護法2条7項）。

問題56　正解　2

本問は，個人情報の保護に関する法律に定める行政機関等の義務に関する問題である。

1．正しい。

　行政機関等は，個人情報を保有するに当たっては，法令（条例を含む。）の定める所掌事務または業務を遂行するため必要な場合に限り，かつ，その利用目的をできる限り特定しなければならない（個人情報保護法61条1項）。

2．誤り。

　行政機関等は，本人から直接書面（電磁的記録を含む。）に記録された当該本人の個人情報を取得するときは，あらかじめ，本人に対し，その利用目的を明示しなければならないとされるが，取得の状況からみて利用目的が明らかであると認められるときは除外されている（個人情報保護法62条4号）。したがって，取得の状況からみて利用目的が明らかであると認められるときは，利用目的を明示しなくてもよいから，本肢は誤り。

3．正しい。

　行政機関の長等は，偽りその他不正の手段により個人情報を取得してはならない（個人情報保護法64条）。

4．正しい。

　行政機関の長等は，利用目的の達成に必要な範囲内で，保有個人情報が過去または現在の事実と合致するよう努めなければならない（個人情報保護法65条）。

5．正しい。

　保有個人情報の漏えい，滅失，毀損その他の保有個人情報の安全の確保に係る事態であって個人の権利利益を害するおそれが大きいものとして個人情報保護委員会規則で定めるものが生じた場合には，原則として，行政機関の長等は，本人に対し，個人情報保護委員会規則で定めるところにより，当該事態が生じた旨を通知しなければならない（個人情報保護法68条2項）。

問題57　正解　3

本問は，情報通信用語に関する問題である。

ア．**妥当である。**

　デジタルトランスフォーメーション（digital transformation）とは，ＩＴ（情報技術）の浸透が，人々の生活をあらゆる面で良い方向に変化させることをいう。

イ．**妥当でない。**

　デジタイゼーションとは，事務や業務をデジタル化することをいい，たとえば，情報を伝達する手段としてするＦＡＸ送信をインターネット経由によるＰＤＦの送信に変えるなどをあげることができる。なお，本肢の説明は，デジタライゼーションに関するものである。

ウ．**妥当である。**

　デジタルディバイド（digital divide）とは，情報通信技術の恩恵を受けることのできる人とできない人の間に生ずる格差をいう。

エ．**妥当でない。**

　デジタライゼーションとは，業務等をデジタル化することだけにとどまらず，デジタルを活用してビジネスモデルを変革するなどの新たな事業価値を創造することをいい，いわばデジタルトランスフォーメーション実現に向けた第一歩目に位置づけられる。なお，本肢の説明は，デジタイゼーションに関するものである。

オ．**妥当である。**

　デジタルコンテンツ（digital content）とは，文字，画像，音楽，映像等をデジタル形式で記録したり，表現したものをいう。デジタルコンテンツは，複製が容易であり，かつ，複製による劣化がほとんどないことから，著作者に無断で音楽・映像等の複製が行われるようになった。この行為は，個人的にまたは家庭内その他これに準ずる限られた範囲内において使用すること（以下「私的使用」という。）を目的とするときを除いて（ただし，この場合でも，いくつかの例外がある。），複製権を侵害するものである（著作権法21条，30条１項柱書）。なお，インターネットの普及やパソコンの高性能化等と相まって，現在では，インターネット上のウェブサイト経由により，私的使用の目的で，または，その他の目的でダウンロードがなされるようになっている。特に，ファイル交換システム等を利用したＰtoＰ（Peer to Peer。ピアツーピア）による著作権侵害が顕在化している。

　以上より，妥当でないものは，イおよびエであるから，正解は３である。

文章理解
問題58　正解　3

　文の空欄補充である。4つある段落のうち第３段落の一部が空欄になっている。論旨が展開されている部分だと考えられることから，この文章全体の要旨が問われていると考えて解法を組み立てる必要がある。また選択肢を見れば図式化できることもわかる。しがって，要旨を把握し，選択肢を図式化してから吟味するのが解き方の原則になる。

　この文章の要旨は次のようになる。

　「伝統文化の生き残っているものと，そうでないものには共通する原因がある。」

「代々継承することは共通した構図である。」

「継承は言語化できるか否かが，生き残れるか，生き残れないかの原因である。」

| |。

「共通に認識し理解している言語でなければならず，共通認識があれば，一般性，普遍性は問われない。」

「技術を論理的に解明する必要がある。論理的に言語化して説明できる共通認識言語を持った一流が生き残る。」

また，選択肢を一瞥すれば次のように図式化できることもわかる。

技術を「○○的」に解明し言語化＋ここでの言語とは「○○○」である

したがって「技術」と「言語」について，この文章での定義が入ることがわかる。この点に着目して選択肢を吟味すればよいが，この文章の要旨を先に把握しておけば「技術」＝「論理的」，「言語」＝「共通認識」であると明らかになっている。このように要旨の把握が解法の原則になる。

1．妥当でない。「論理的に解明」は妥当だが，「普遍性を持った言語」が妥当でない。

2．妥当でない。「感覚的に理解」「技術的に確立されている方法」ともに妥当でない。

3．妥当である。要旨から明らかなように「論理的に解明」も「共通に認識されている言語」ともに妥当である。

4．妥当でない。「段階的に解明」が妥当でない。

5．妥当でない。「論理的に解明」は妥当だが，「段階的に継承されている技術」が妥当でない。

以上のことから，3が妥当である。

問題59 　正解　3

本問は文章の整序を問う問題だが，最初の段落以降の5つの段落の整序であり，ほぼ文章の全体の整序である。最後の1文が明らかにされている点も解法の手掛かりになる。

ほぼ文章の全体の整序であるから，文章の論旨の展開が解法のポイントになる。最後の1文が明らかにされているから，ここに至る論旨の展開になっているはずである。

最初の段落では

「同じことの繰り返しに意味があるのかの疑問に答えるために」とあり，最後の1文では「大いなる意味がある。」となっていることから，「意味があることの論証」が空欄部分の論旨の展開と考えられる。

文章整序は「接続詞や指示語を手掛かりにして，文と文の前後関係を明らかにしていく」のが大原則である。ア～オの中で，接続詞や指示語で始まってるのは次の3つである。

ア「ここで「間奏」に注目してみる。」

イ「さて，その「歌」が始まったとする。」

エ「もし，繰り返しに意味が「無い」とすれば，こうした変化は何も起きないはずだ。」

まずこのように冒頭部分だけに着目し，解法の手順を考えるのが早道である。「意味が

あることの論証」が空欄部分の論旨の展開と考えられることから，空欄の最初の段落はイ「さて，その「歌」が始まったとする。」と考えられる。最初に論証の前提を示すはずだからである。ウと迷うかもしれないが，ウの内容は「一方旋律は「同じことの繰り返し」をしている」と「一方旋律は」と述べていることから，論証の展開部分と考えられ，前提を示してはいない。したがって【イ→】と続く順序になることがわかる。

次に，アの「ここで」に着目してみる。アの段落の論旨は「間奏の印象が変化することこそ「同じことの繰り返し」が持つ意味である。」とある。「ここで」の意味は，その前の段落で述べた内容の中から「間奏」を取り出して論じていることになる。したがってアの前の段落は「間奏」と「何か（「旋律」と考えられる）」の２つについて述べていると考えられる。「間奏」という語が出てくるのは，イ・ウの２つであり，内容からウが合致する。オと迷うかもしれないが，オには「間奏」という語は出てこないから除外できる。したがって【ウ→ア】の順が明らかになる。

ここまでで【イ→】と【ウ→ア】が明らかになり，残るはエ・オの順序となる。

エの内容を見ると「もし」に対し「しかし」と反論し「変化は起きている。」と結論付けている。したがって空欄の最後の段落と考えられる。また，エの「こうした変化」は，アの「印象が変化する」を受けていることからも【ア→エ】となり矛盾は生じない。

一方，オの内容を見ると「何が起きたかといえば」とあり「そこでも「同じことの繰り返し」が起きている。」とあることから，その前の段落は「同じことの繰り返し」が起きていると考えられる。イの内容から【イ→オ】となり，次に【ウ→ア→エ】と続くのが矛盾が生じない。最後は【→エ】と判明していることから，全体の順序は【イ→オ→ウ→ア→エ】となり，３が妥当である。

問題60　正解　4

本問のように空欄が２か所にある形式の出題も，過去に頻出している。

選択肢を見ると，どちらの空欄も文が入ることがわかる。語句でなく文が入るという場合は，全文に目を通しながら，空欄が出てきたら，自分なりに空欄に入る文を予測しておき，予測と照らし合わせるようにして吟味する。また，全文に目を通しながら要旨も把握しなければならない。

全部で３段落の文章であり，第２段階，第３段落に空欄がある。段落ごとに要旨を把握するが，要旨把握では「たとえば」のような実際の例は無視して構わない。そこから導き出された部分が要旨になるからだ。段落ごとの要旨は次のようになる。

第１段落「日本語は奇妙である。裏側には文化的な違いによる大前提となる了解事項がある。」

第２段階「我々は知っている暗黙の了解がある。　Ⅰ　そのことを説明すれば納得するはずである。」

第３段階「ここでの暗黙の了解は双方にとって重要なことである。　Ⅱ　実務的な面を優先。」

図式化すると

「日本語は奇妙」→「文化的な違いによる了解事項」

「我々は知っている暗黙の了解」＝ $\boxed{\text{I}}$

「暗黙の了解」＝「双方に重要」＝ $\boxed{\text{II}}$ ＝「実務的」

となる。

$\boxed{\text{I}}$

　図式化から「暗黙の了解事項」が入り，その「暗黙の了解」とは「文化的な違い」であると予測できる。

$\boxed{\text{II}}$

　図式化から「暗黙の了解」「双方」「実務的」といった内容であると予測できる。

　このようにある程度空欄に入る文を予測してから吟味する。選択肢を注意して見るとア～ウが $\boxed{\text{I}}$ ，エ～オが $\boxed{\text{II}}$ になることもわかる。

ア．妥当でない。そもそも「習慣的」という語はどこにも使われておらず，述べられてもいない。

イ．妥当でない。「暗黙の了解ではなく」の部分が誤り。

ウ．妥当である。$\boxed{\text{I}}$ の内容として妥当である。

エ．妥当でない。「有益的」は意味としては誤りとはいえないが，この文章中では「有益的」は使われていない。同様の意味を「実務的」と表現している

オ．妥当である。$\boxed{\text{II}}$ の内容として妥当である。

カ．妥当でない。後半の「実務的な」の部分は妥当であるが，前半の「暗黙の了解ではない」の部分が妥当ではない。

　以上のことから $\boxed{\text{I}}$ はウ，$\boxed{\text{II}}$ はオとなり4が妥当である。

文章理解とっておきの話

文章理解には理系の思考が必要!?

　「時間をかければ正解できる」のは「正解できない」のと同じとみなされる。その理由も行政書士の業務と関連している。どんな依頼であっても相談であっても，全ての業務に共通しているのは「期限がある」ことである。期限に間に合うかどうかの次元ではなく，いかに短時間に，かつ正確に業務を処理できるかが問われる。文章理解も同じことが問われている。

　文章理解を「正確に」「短時間に」解くためには，出題に応じた解法を身に着けているかがポイントになる。解法とは「手順」である。手順を身に着けていれば，どの問題も同じように解くことができるからだ。依頼された業務に対応するために手順が重要なのと同じである。そのことを試すため，文章理解の出題のパターンもある程度決まっている。基本的には「文章整序」「空欄1個に文」「空欄5個（2個）に文」「空欄5個に語句」の4パターンである。それぞれに解法の手順がある。公式のようなものである。つまり文章理解は文系ではない。「国語」だからといって文系科目だ

と思うのは間違いである。文章理解は理系の科目である。文章の「理解」だからである。「理解しているかどうか」が試されている。文章であるいは口頭で何かを伝えるのは実際の行政書士の業務でも同じだ。何かを伝えるということは，情報を伝達することであり，情報を論理的に分析して理解する必要がある。そこには主観や感想，想像，推測は無用である。論理的に分析するには理系の思考が必要となる。それが解法の手順である。出題パターンに応じて，いつも同じ解き方で解けるようにするのが文章理解の攻略法である。

第3回　解説

第3回

正解・出題要旨一覧

問	正解	分類	出題の要旨	問	正解	分類	出題の要旨
1	4	基礎法学	法の効力・適用範囲	31	3	民法	種類債権
2	4		判例	32	5		連帯債務
3	3	憲法	平等原則	33	2		相殺
4	5		思想良心の自由	34	3		不当利得
5	3		財産権	35	4		遺留分
6	5		国会	36	3	会社法	商人
7	1		司法審査	37	3		株式の併合、分割
8	3	行政理論	行政上の法律関係	38	5		取締役の報酬
9	2		職権取消しと撤回	39	5		監査等委員会設置会社
10	1		行政強制	40	4		新株予約権
11	4	行政手続法	適用除外	41		多肢 - 憲法	適正手続
12	5		不利益処分	42		多肢 - 行政法	行政調査
13	2		行政指導	43	解説参照	多肢 - 行政法	処分性
14	2	行政不服審査法	不服申立ての種類	44		記述－行政法	求償権
15	3		審査請求の審理手続等	45		記述－民法	代理権の濫用
16	2		裁決	46		記述－民法	債権者代位権
17	4	行政事件訴訟法	訴えの利益	47	4	政治	選挙制度の沿革
18	4		管轄、被告適格、出訴期間等	48	5		国際機関
19	3		義務付け訴訟	49	2	経済	国家財政
20	1	国家賠償法	国家賠償法2条	50	5		貿易
21	1		国家賠償法3条以下	51	3	社会	高齢者問題
22	3	地方自治法	住民	52	3		社会における差別
23	4		長と議会の関係	53	1	諸法令	行政書士の義務
24	4		住民訴訟	54	2		住民基本台帳法
25	2	行政組織	公物	55	1	個人情報保護・情報通信	仮名加工情報等
26	3		内閣府設置法	56	2		個人情報の取扱い
27	3	民法	意思表示	57	5		情報セキュリティ
28	2		時効	58	3	文章理解	空欄補充（文章）
29	1		物権的請求権	59	3		空欄補充（文章）
30	5		抵当権	60	4		空欄補充（文章）

第3回　解説　法令等

基礎法学
問題1　正解　4

本問は，法の効力・適用範囲に関する問題である。

1．妥当でない。

　教育基本法，環境基本法等のような「基本法」という名称をもつ法律は，一般に国の政策等の基本方針や基本法と同一の分野に関する総論的な内容を設けているのであって，他の法律に優越する効力を有するものではない。

2．妥当でない。

　わが国においては，成文法主義がとられているため，慣習法は，原則として，制定法を補充する効力を有している。しかし，商法1条2項は，「商事に関し，この法律に定めがない事項については商慣習に従い，商慣習がないときは，民法の定めるところによる。」と規定し，慣習法について制定法に優越する効力を認めている。

3．妥当でない。

　公法とは国家や公共団体の内部関係および国家や公共団体と国民との関係を規律する法であり，私法は私人相互の関係を規律する法であるが，公法と私法が1つの事件に対して同時に適用されることがある。たとえば，酒酔い運転で人身事故を起こした運転者に対しては，公法に分類される刑法に基づいて懲役などの刑罰が科され，道路交通法に基づいて運転免許の取消し等の行政処分が科され，私法に分類される民法に基づいて被害者は損害賠償責任を追及することが可能であり，これらの規定が同時に適用されることがある。

4．妥当である。

　わが国では，犯罪と刑罰に関して罪刑法定主義を採っている。罪刑法定主義とは，ある行為を犯罪とし，これに刑罰を科するためには，その行為の時に，成文の法律が存在しなければならないとする建前をいう。この罪刑法定主義からは，慣習刑法の排除（＝刑罰法規の法源は，法律あるいは法律の委任を受けた政令などであることを必要とし，慣習法によって処罰することは許されないという原則）等が導かれ，慣習法は，刑法の直接の法源とはなりえない。

5．妥当でない。

　たとえば，刑法1条は，1項で「この法律は，日本国内において罪を犯したすべての者に適用する。」とし，2項で「日本国外にある日本船舶又は日本航空機内において罪を犯した者についても，前項と同様とする。」と規定している。したがって，わが国の法令は，原則として，わが国の領域内でのみ効力を有するが，わが国に属する船舶または航空機内では，それがわが国の領域外にあるときであっても，わが国の法令は効力を有することがある。

問題2 正解 4

本問は，判例に関する問題である。

1．妥当でない。

判決は，主文で述べられた結論に至る法的推論過程を説明する理由（英米法の「レイシオ・デシデンダイ」）とそれ以外の判断部分（たとえば，訴訟事件の論点についての判断ではない説示の部分等）である傍論（英米法の「オビター・ディクタム」）とに分けることができる。この判決のどの部分に先例として意義を認めるかについては争いがあるが，多数説は，レイシオ・デシデンダイの部分に限ると解している。

2．妥当でない。

わが国は，ドイツ，フランス等の大陸法系の制度を継受して，成文法主義を採っている。この成文法主義の下では，成文法が第一順位の法源となり，成文法以外の法源については，明文の規定がない限り，補充的効力が認められるにすぎず，成文法と同様の効力が認められるわけではない。

3．妥当でない。

裁判所法4条は，「上級審の裁判所の裁判における判断は，その事件について下級審の裁判所を拘束する。」と規定し，上級審の裁判の拘束力を肯定し，三審制を担保している。

4．妥当である。

刑事裁判において，高等裁判所がした第一審または第二審の判決に対しては，最高裁判所の判例と相反する判断をしたことを理由として上告の申立てをすることができる（刑事訴訟法405条2号）。

5．妥当でない。

判例（最判平8・11・18）は，行為当時の最高裁判所の判例の示す法解釈に従えば無罪となるべき行為であっても，これを処罰することは事後法の禁止（憲法39条前段）等に違反しないと判示した。

憲法

問題3 正解 3

本問は，平等原則に関する問題である。

1．妥当である。

外国人の公務就任権に関する判例（最大判平17・1・26）では，管理職登用試験の受験要件に日本国籍を要求することが平等原則に反するか，という形で争われた。そこでは，「普通地方公共団体が，公務員制度を構築するに当たって，公権力行使等地方公務員の職とこれに昇任するのに必要な職務経験を積むために経るべき職とを包含する一体的な管理職の任用制度を構築して人事の適正な運用を図ることも，その判断により行うことができるものというべきである。そうすると，普通地方公共団体が上記のような管理職の任用制度を構築した上で，日本国民である職員に限って管理職に昇任することができることとする措置を執ることは，合理的な理由に基づいて日本国民である職員と在

— 278 —

留外国人である職員とを区別するものであ」るとして，憲法14条1項に違反するものではないと判示した。

2．**妥当である。**

　判例（最判平25・9・26）は本肢のような規定について，記載によって法的地位に差異が生じるものではないこと等を理由として，嫡出でない子について嫡出子との関係で不合理な差別的取扱いを定めたものではなく，憲法14条に反しないと判示している。

3．**妥当でない。**

　尊属殺違憲判決（最大判昭48・4・4）は，「尊属の殺害は通常の殺人に比して一般に高度の社会的道義的非難を受けて然るべきであるとして，このことをその処罰に反映させても，あながち不合理であるとはいえない。」として，尊属殺という類型を設けること自体は合憲であるとしたが，その法定刑の加重が不合理に著しいとして違憲の判断をしている。

4．**妥当である。**

　判例（最大決平25・9・4）は，本肢のような規定について，法律婚という制度自体は我が国に定着しているとしても，その制度の下で父母が婚姻関係になかったという，子にとっては自ら選択ないし修正する余地のない事柄を理由としてその子に不利益を及ぼすことは許されず，子を個人として尊重し，その権利を保障すべきであるという考えが確立されてきていること等を理由として，立法府の裁量権を考慮しても，嫡出子と嫡出でない子の法定相続分を区別する合理的な根拠は失われており，憲法14条に違反すると判示している。

5．**妥当である。**

　従前の判例（最判平7・12・5）は，父性推定の重複を避けるために合理性があるとして女性のみに再婚禁止期間を定める民法の規定を合憲であると解していた。しかし，判例（最大判平27・12・16）は，父性推定の重複を避けるという立法目的の合理性を肯定したものの，100日の婚姻禁止期間を設ければこの目的を達成することができるので，これを超える期間の婚姻禁止期間を設けることは合理的理由が無く憲法14条1項に反すると判示した。

問題4　**正解　5**

　本問は，団体の行動と団体構成員の権利に関する判例（最判平8・3・19）の理解を問う問題である。

1．**妥当である。**

　引用判例は，目的の範囲を判断するに当たって本肢のように述べ，構成員の権利との関係で考慮が必要として，具体論を展開している。

2．**妥当である。**

　税理士会の意思決定方法やその拘束力について，このような説明がなされている。

3．**妥当である。**

　政治団体への寄付の意味について，引用判例は本肢のように論じている。

4．妥当である。

　引用判例は，税理士会が強制加入団体であることから，構成員が負うべき義務について他の団体と同様の判断はできないとしている。

5．妥当でない。

　本肢は，引用判例の原審の判断である。引用判例は，税理士会から寄付を受けた政治団体の活動範囲は必ずしも本肢のように限定されるものではないとして，この判断を排斥している。

問題5　正解　3

　本問は，財産権に関する問題である。

1．妥当でない。

　判例（農地改革事件，最大判昭28・12・23）は，憲法29条3項にいうところの財産権を公共の用に供する場合の「正当な補償」とは，その当時の経済状態において成立することを考えられる価格に基づき，合理的に算出された相当な額をいうのであって，必ずしも常にこのような価格と完全に一致することを要するものでないと判示した。したがって，判例は，その当時の経済状態において成立することを考えられる価格に基づき，合理的に算出された相当な額をいうとしているから，本肢は妥当でない。

2．妥当でない。

　私有財産の収用と損失補償の時間的関係について，判例（最大判昭24・7・13）は，「憲法は「正当な補償」と規定しているだけであつて，補償の時期についてはすこしも言明していないのであるから，補償が財産の供与と交換的に同時に履行さるべきことについては，憲法の保障するところではないと言わなければならない。もつとも，補償が財産の供与より甚しく遅れた場合には，遅延による損害をも填補する問題を生ずるであらうが，だからといつて，憲法は補償の同時履行までをも保障したものと解することはできない。」としている。

3．妥当である。

　判例（最判昭29・1・22）は，「自創法〔注：自作農創設特別措置法〕により買収された農地，宅地，建物等が買収申請人である特定の者に売渡されるとしても，それは農地改革を目的とする公共の福祉の為の必要に基いて制定された自創法の運用による当然の結果に外ならないのであるから，この事象のみを捉えて本件買収の公共性を否定する論旨は（中略）採用できない。」と判示している。

4．妥当でない。

　憲法29条2項は，財産権の内容は法律で定める旨を規定する。そして，法律で定められた財産権の内容を法律で改正することが許されるかについて判例（最大判昭53・7・12）は，「法律でいつたん定められた財産権の内容を事後の法律で変更しても，それが公共の福祉に適合するようにされたものである限り，これをもつて違憲の立法ということができないことは明らかである。そして，右の変更が公共の福祉に適合するようにされたものであるかどうかは，いつたん定められた法律に基づく財産権の性質，その内容

を変更する程度，及びこれを変更することによつて保護される公益の性質などを総合的に勘案し，その変更が当該財産権に対する合理的な制約として容認されるべきものであるかどうかによつて，判断すべきである。」と判示している。

5．**妥当でない。**

　判例（最大判昭43・11・27）は，損失補償が必要となるような財産権を制限する法令が補償規定を欠く場合であっても必ずしも違憲無効とならないとしている。その理由として，憲法29条3項を直接の根拠として損失補償を請求することができることを挙げている。

問題6 正解 5

本問は，国会の運営に関する問題である。

1．**妥当でない。**

　会期の日数に関して，衆議院の優越を定めた明文上の規定は憲法に存在しない。会期の日数や延長については国会法に規定が置かれている。

2．**妥当でない。**

　両議院のそれぞれの定足数は，総議員の3分の1以上である（憲法56条1項）。

3．**妥当でない。**

　秘密会の開催は，出席議員の3分の2以上の賛成による（憲法57条1項）。

4．**妥当でない。**

　法律案について，衆議院と参議院が異なった議決をした場合，両議院の協議会の開催は任意である（憲法59条3項）。

5．**妥当である。**

　予算については，衆議院の先議が明文で規定されている（憲法60条1項）。

問題7 正解 1

本問は，統治行為を論じた判例に関する問題である。

　まず，引用判例は「直接国家統治の基本に関する高度に政治性のある国家行為」が司法審査の対象となるかについて論じているので，国家と無関係の私的団体における紛争事例である肢2および肢3は，正解でないことが分かる。また，肢5は地方公共団体についての事例なので一旦保留にしておく。

　次に，引用判例で問題となっている事案は法律上の争訟であるので，法律上の争訟ではないとされた肢5の事案（宝塚パチンコ条例事件，最判平14・7・9）は該当しない。

　残るは肢1か肢4である。肢4は条約の憲法適合性が問題となっており，判例（最大判昭34・12・16）は「一見極めて明白に違憲無効であると認められない限り」司法審査の対象とならないとの立場をとっているところ，引用判例にはそのような限定は付されておらず，妥当でないことが分かる。

　したがって，引用判例が想定しているのは肢1の事案である。

行政理論
問題8 正解 3

　本問は，行政上の法律関係に関する問題である。

ア．妥当である。

　判例（最大判昭28・2・18）は，政府の農地買収処分は，国家が権力的手段をもって農地の強制買上げを行うものであって，対等の関係にある私人相互の経済取引を本旨とする民法上の売買とは，その本質を異にするから，私経済上の取引の安全を保障するために設けられた民法177条の規定は，自作農創設特別措置法による農地買収処分には適用されないと判示した。

イ．妥当でない。

　判例（最判昭41・11・1）は，国の普通財産の売払いは，国有財産法および会計法の各規定に準拠して行われるとしても，その法律関係は本質上私法関係というべきであり，その結果生じた代金債権もまた私法上の金銭債権であって，公法上の金銭債権ではないから，会計法30条の規定により5年の消滅時効に服すべきものではないと判示した。

ウ．妥当である。

　判例（最判平元・9・19）は，建築基準法65条は，防火地域または準防火地域内にある外壁が耐火構造の建築物について，その外壁を隣地境界線に接して設けることができる旨を規定しているが，これは，同条所定の建築物に限り，その建築については民法234条1項の適用が排除される旨を定めたものと解すべきであるとし，その理由について，建築基準法65条は，耐火構造の外壁を設けることが防火上望ましいという見地や，防火地域または準防火地域における土地の合理的ないし効率的な利用を図るという見地に基づき，相隣関係を規律する趣旨で，当該各地域内にある建物で外壁が耐火構造のものについては，その外壁を隣地境界線に接して設けることができることを規定したものと解すべきだからであると判示した。

エ．妥当でない。

　判例（最判昭50・2・25）は，会計法30条が金銭の給付を目的とする国の権利および国に対する権利につき5年の消滅時効期間を定めたのは，国の権利義務を早期に決済する必要があるなど主として行政上の便宜を考慮したことに基づくものであるとした上で，国が，公務員に対する安全配慮義務を懈怠し違法に公務員の生命，健康等を侵害して損害を受けた公務員に対し損害賠償の義務を負う事態は，その発生が偶発的であって多発するものとはいえないから，当該義務につき行政上の便宜を考慮する必要はなく，また，国が義務者であっても，被害者に損害を賠償すべき関係は，公平の理念に基づき被害者に生じた損害の公正なてん補を目的とする点において，私人相互間における損害賠償の関係とその目的，性質を異にするものではないとし，国に対する当該損害賠償請求権の消滅時効期間は，会計法30条所定の5年と解すべきではなく，民法の適用により10年と解すべきであると判示した。

オ．妥当である。

判例（最判昭35・3・18）は，本件売買契約が食品衛生法による取締の対象に含まれるかどうかはともかくとして同法は単なる取締法規にすぎないものと解するのが相当であるから，上告人が食肉販売業の許可を受けていないとしても，当該法律により本件取引の効力が否定される理由はないと判示した。

以上より，妥当でないものは，イおよびエであるから，正解は3である。

問題9 正解 2

本問は，行政行為の職権取消しおよび撤回に関する問題である。

ア．**妥当でない。**

　行政行為の職権取消しとは，私人の不服申立てに基づくことなしに，処分庁またはその監督庁が成立時の瑕疵ある行政行為を取り消すことをいう。このように，処分庁の監督庁も，これを取り消すことができる。

イ．**妥当である。**

　行政行為の撤回とは，瑕疵なく成立した行政行為について，公益上その法律関係を存続させることが許されない新たな事由が生じたことを理由に，その法律関係を将来に向かって消滅させる行政行為をいう。たとえば，公務員の懲戒免職処分等がこれに当たる。

ウ．**妥当である。**

　行政行為の職権取消しおよび撤回はいずれも，行政活動の適法性ないし合目的性の回復を目的とするものであることから，法律の特別の根拠を要しないと解されている。判例（最判昭63・6・17）も，撤回について，これを認めている。

エ．**妥当でない。**

　行政行為の撤回は，後発的事情により行政行為の効力を失わせるものであるから，その事柄の性質上，「将来に向かって」のみ効力を生じる。なお，行政行為の職権取消しは，行政行為に当初から存在した瑕疵を理由に，その効力を失わせるものであるから，取消しの効果は遡及する。

オ．**妥当である。**

　授益的行政行為（＝国民に権利・利益を与える行政行為をいう。たとえば，生活保護の支給，各種許認可等がこれに当たる。）を自由に撤回することができるとすると，行政に対する信頼や，私人の側の利益を損ねる危険がある。このため，授益的行政行為の撤回は，既得の権利・利益の侵害を正当化するだけの公益上の必要があり，かつ，その目的に必要な限度においてのみすることができると解されている。

以上より，妥当でないものは，アおよびエであるから，正解は2である。

問題10 正解 1

本問は，行政強制に関する問題である。

ア．**妥当である。**

　行政代執行法1条は，「行政上の義務の履行確保に関しては，別に法律で定めるもの

を除いては，この法律の定めるところによる。」と規定している。そこで，「別に法律で定めるものを除いては」の「法律」に条例が含まれるかが問題となる。この点，同法2条は，「法律（法律の委任に基く命令，規則及び条例を含む。以下同じ。）により直接に命ぜられ，又は法律に基き行政庁により命ぜられた行為（他人が代つてなすことのできる行為に限る。）について義務者がこれを履行しない場合・・・」と規定しており，同法1条の「法律」に条例が含まれるとすれば，同法2条ではなく，同法1条に，たとえば，「別に法律（条例を含む。以下同じ。）で定めるものを除いては」と規定するはずである。そのように規定していないことから，行政代執行法は，当該「法律」に条例が含まれるとする趣旨でないことがわかる。したがって，行政上の義務の履行の確保に関しては，条例で強制執行手続を定めることは許されない。

イ．**妥当でない。**

　行政代執行は，代替的作為義務の不履行がある場合にすることができるが，非代替的作為義務や不作為義務の不履行に対しては，することができない（これについては，間接的な強制方法である執行罰や直接強制によらなければならない。）。このように，作為義務の不履行であっても，非代替的作為義務の不履行に対しては，行政代執行をすることができない。

ウ．**妥当である。**

　義務の不履行に対し，直接，義務者の身体または財産に実力を加え，義務の履行があったのと同一の状態を実現するものを直接強制という。このような直接強制は，たとえば，違法建築物の中止命令に従わない事業者に対して，その敷地を封鎖して，建築資材の搬入を中止させる行為がこれに当たる。

エ．**妥当でない。**

　行政主体が私人に対して有する公法上の金銭債権に関して，裁判に基づくことなく，滞納処分の手続により自ら強制的に取り立てることを行政上の強制徴収という。わが国においては，国税に関してその強制徴収を定める国税徴収法はあるものの，公法上の金銭債権に関しては，その強制徴収を定める一般法は存在しない。

オ．**妥当でない。**

　即時強制とは，「行政上の義務の存在を介在させない」で，行政目的達成のため，直接身体または財産に対して強制を加える作用をいう。その他の記述は妥当である。

　以上より，妥当なものは，アおよびウであるから，正解は1である。

行政手続法
問題11　正解　4

　本問は，行政手続法の適用除外に関する問題である。

1．**正しい。**

　刑務所，少年刑務所，拘置所，留置施設，海上保安留置施設，少年院，少年鑑別所または婦人補導院において，収容の目的を達成するためにされる処分および行政指導については，行政手続法第2章〔申請に対する処分〕から第4章の2〔処分等の求め〕まで

の規定は，適用されない（行政手続法3条1項8号）。したがって，第3章の不利益処分の規定は適用されないから，本肢は正しい。

2．**正しい。**

外国人の出入国，難民の認定または帰化に関する処分および行政指導については，行政手続法第2章〔申請に対する処分〕から第4章の2〔処分等の求め〕までの規定は，適用されない（行政手続法3条1項10号）。したがって，第3章の不利益処分の規定は適用されないから，本肢は正しい。

3．**正しい。**

聴聞もしくは弁明の機会の付与の手続その他の意見陳述のための手続において法令に基づいてされる処分および行政指導については，行政手続法第2章〔申請に対する処分〕から第4章の2〔処分等の求め〕までの規定は，適用されない（行政手続法3条1項16号）。したがって，第3章の不利益処分の規定は適用されないから，本肢は正しい。

4．**誤り。**

地方公共団体の機関がする処分（その根拠となる規定が条例または規則に置かれているものに限る。）および行政指導，地方公共団体の機関に対する届出（根拠となる規定が条例または規則に置かれているものに限る。）ならびに地方公共団体の機関が命令等を定める行為については，第2章〔申請に対する処分〕から第6章〔意見公募手続等〕までの規定は，適用されない（行政手続法3条3項）。地方公共団体の機関がする処分については，根拠規定が条例・規則に置かれている処分に限り適用除外とされている。したがって，根拠規定が法律に置かれている処分については，不利益処分の規定が適用されるから，本肢は誤り。

5．**正しい。**

法律の施行期日について定める政令を定める行為については，第6章〔意見公募手続等〕の規定は，適用されない（行政手続法3条2項1号）。

問題12　正解　5

本問は，不利益処分に関する問題である。

1．**誤り。**

行政庁は，処分基準を定め，かつ，これを公にしておくよう努めなければならない（行政手続法12条1項）。したがって，処分基準を公にしておくことは努力義務であるから，本肢は誤り。

2．**誤り。**

行政庁は，不利益処分をしようとするときには，当該不利益処分の名あて人となるべき者について，意見陳述のための手続を執らなければならない（行政手続法13条1項柱書）。もっとも，公益上，緊急に不利益処分をする必要があるため，意見陳述のための手続を執ることができないときは，意見陳述のための手続を執らなくてもよいものとされる（行政手続法13条2項1号）。したがって，本肢は誤り。

3．**誤り。**

行政庁は，不利益処分をする場合には，その名あて人に対し，同時に，当該不利益処分の理由を示さなければならない（行政手続法14条1項本文）。もっとも，当該理由を示さないで処分をすべき差し迫った必要がある場合は，処分と同時に理由の提示をしなくてもよい（行政手続法14条1項ただし書）。したがって，本肢後段のような理由提示の例外規定はないから，本肢は誤り。

4. **誤り。**

聴聞手続は，主宰者の下で，期日に出頭した処分の名あて人が行政庁と，口頭でやり取りをする手続である（行政手続法20条）。したがって，聴聞は，口頭で行われるものであるから，本肢は誤り。なお，当事者は，聴聞の期日への出頭に代えて，主宰者に対し，聴聞の期日までに陳述書および証拠書類等を提出することができる（行政手続法21条1項）。

5. **正しい。**

聴聞の期日における審理は，行政庁が公開することを相当と認めるときを除き，公開しない（行政手続法20条6項）。

問題13 正解 2

本問は，行政指導に関する問題である。

1. **正しい。**

同一の行政目的を実現するため一定の条件に該当する複数の者に対し行政指導をしようとするときは，行政機関は，あらかじめ，事案に応じ，行政指導指針を定め，かつ，行政上特別の支障がない限り，これを公表しなければならない（行政手続法36条）。

2. **誤り。**

行政指導に携わる者は，当該行政指導をする際に，行政機関が許認可等をする権限または許認可等に基づく処分をする権限を行使し得る旨を示すときは，その相手方に対して，法定の事項を示さなければならない（行政手続法35条2項）とされるが，当該権限を行使し得る旨を示すことはできないとはされていない。したがって，本肢は誤り。

3. **正しい。**

行政指導に携わる者は，その相手方に対して，当該行政指導の趣旨および内容ならびに責任者を明確に示さなければならない（行政手続法35条1項）。この規定は，口頭で行政指導をする場合であっても除外されず，適用される。

4. **正しい。**

行政指導がその相手方について弁明その他意見陳述のための手続を経てされたものである場合，相手方は行政指導の中止等を求めることはできない（行政手続法36条の2第1項ただし書）。

5. **正しい。**

申請の取下げまたは内容の変更を求める行政指導にあっては，行政指導に携わる者は，申請者が当該行政指導に従う意思がない旨を表明したにもかかわらず当該行政指導を継続すること等により当該申請者の権利の行使を妨げるようなことをしてはならない

（行政手続法33条）。

行政不服審査法
問題14 正解 2

本問は，不服申立ての種類に関する問題である。

1．**妥当でない。**

　行政庁の処分に不服がある者は，処分庁以外の行政庁に対して審査請求をすることができる場合であっても，法律に再調査の請求をすることができる旨の定めのあるときは，再調査の請求をすることができる（行政不服審査法5条1項本文）。そして，行政不服審査法は，審査請求は，再調査の請求をすることができないときにすることができる旨の定めを置いていない。これらの規定および理由により，再調査の請求をすることができる場合には，行政庁の処分に不服がある者は，審査請求または再調査の請求のいずれかを選択することができると解されている。

2．**妥当である。**

　行政不服審査法5条1項本文の規定のとおりである。

3．**妥当でない。**

　再調査の請求は，行政庁の処分についてはすることができる（行政不服審査法5条1項本文）が，行政庁の不作為についてはすることができない。

4．**妥当でない。**

　行政庁の処分につき法律に再審査請求をすることができる旨の定めがある場合にのみ，その処分についての審査請求の裁決に不服がある者は，再審査請求をすることができる（行政不服審査法6条1項）。

5．**妥当でない。**

　行政庁の不作為についての審査請求の裁決については，再審査請求は認められていない（行政不服審査法6条1項参照）。

問題15 正解 3

本問は，審査請求の開始および審理手続に関する問題である。

1．**妥当である。**

　審査請求がされた行政庁は，原則として，審査庁に所属する職員のうちから審理手続を行う者（以下「審理員」という。）を指名するとともに，その旨を審査請求人および処分庁等に通知しなければならない（行政不服審査法9条1項本文）。なお，平成26年改正行政不服審査法は，審査請求に係る処分または不作為に係る処分に関与し，もしくは関与することとなる者は，審理員となることはできないと規定し（同条2項1号），審理の公正を担保することとした。

2．**妥当である。**

　審査庁となるべき行政庁は，審査請求がその事務所に到達してからその審査請求に対する裁決をするまでに通常要すべき標準的な期間を定めるよう努めるとともに，これを

定めたときは，その審査庁となるべき行政庁および関係処分庁（その審査請求の対象となるべき処分の権限を有する行政庁であって，その審査庁となるべき行政庁以外のものをいう。）の事務所における備付けその他の適当な方法により公にしておかなければならない（行政不服審査法16条）。

3．**妥当でない。**

審査庁は，審査請求書の必要的記載事項に記載漏れがあるなどした場合には，相当の期間を定め，その期間内に不備を補正すべきことを命じなければならない（行政不服審査法23条）。審査請求は，行政手続法における申請に不備がある場合と異なり，その数が少ないことから，審査請求書に不備がある場合に，いきなり却下するのではなく，再度の提出を求めることとした。

4．**妥当である。**

審査請求人，参加人および処分庁等ならびに審理員は，簡易迅速かつ公正な審理の実現のため，審理において，相互に協力するとともに，審理手続の計画的な進行を図らなければならない（行政不服審査法28条）。

5．**妥当である。**

審査庁が審理員意見書の提出を受けた場合において，審査庁が主任の大臣等であるときは，審査庁は，原則として，行政不服審査会に諮問しなければならない（行政不服審査法43条1項前段）。審査請求の審理に第三者機関を関与させ，公正さを期すためである。

問題16 正解 2

本問は，裁決に関する問題である。

1．**妥当である。**

審査庁は，行政不服審査会等から諮問に対する答申を受けたときは，遅滞なく，裁決をしなければならない（行政不服審査法44条）。

2．**妥当でない。**

処分についての審査請求が法定の期間経過後にされたものである場合その他不適法である場合には，審査庁は，裁決で，当該審査請求を「却下」しなければならない（行政不服審査法45条1項）。このように，審査請求の「却下」は，審査請求の申立要件を欠く場合に言い渡される。これに対して，審査請求の「棄却」は，審査請求の申立要件を満たすものの，審査請求に理由がない場合に言い渡される（同条2項）。

3．**妥当である。**

処分についての審査請求が理由がない場合には，審査庁は，裁決で，当該審査請求を棄却しなければならない（行政不服審査法45条2項）。

4．**妥当である。**

処分についての審査請求において，審査庁が，裁決で，当該処分の全部もしくは一部を変更する場合には，審査庁は，審査請求人の不利益に当該処分を変更することはできない（行政不服審査法48条）。

5．妥当である。

　　裁決は，主文，事案の概要，審理関係人の主張の要旨および理由を記載し，審査庁が記名押印した裁決書によりしなければならない（行政不服審査法50条1項）。

行政事件訴訟法

問題17　正解　4

　　本問は，狭義の訴えの利益に関する問題である。

1．正しい。

　　判例（最判平14・2・28）は，本件条例所定の公開請求権者は，本件条例に基づき公文書の公開を請求して，所定の手続により請求に係る公文書を閲覧し，または写しの交付を受けることを求める法律上の利益を有するというべきであるから，請求に係る公文書の非公開決定の取消訴訟において当該公文書が書証として提出されたとしても，当該公文書の非公開決定の取消しを求める訴えの利益は消滅するものではないとする。

2．正しい。

　　衆議院議員選挙を無効とする判決を求める訴訟において，判例（最判平17・9・27）は，衆議院が解散されたことによって本件選挙の効力は将来に向かって失われたものと解すべきであるから，本件訴えについては，訴えの利益が失われたとする。

3．正しい。

　　判例（最大判昭28・12・23）は，「狭義の形成訴訟の場合においても，形成権発生後の事情の変動により具体的に保護の利益なきに至ることあるべきは多言を要しないところである。（例えば離婚の訴提起後協議離婚の成立した場合の如きである。）また，被上告人は5月1日（メーデー）における皇居外苑の使用の許可をしなかっただけで，上告人に対して将来に亘り使用を禁じたものでないことも明白である。」とした上で，「されば，上告人の本訴請求は，同日の経過により判決を求める法律上の利益を喪失したものといわなければならない」としている。

4．誤り。

　　判例（最判平10・4・10）は，再入国の許可申請に対する不許可処分を受けた外国人が再入国の許可（出国にもかかわらず同人が有していた在留資格を存続させる処分にすぎない）を受けないまま日本から出国した場合には，同人がそれまで有していた在留資格は消滅し，不許可処分が取り消されても同人が当該在留資格のままで再入国することを認める余地はなくなるから，同人は当該不許可処分の取消しを求める訴えの利益を失うとする。したがって，取消しを求める訴えの利益は失われるから，本肢は誤っている。

5．正しい。

　　判例（最判平27・12・14）は，市街化調整区域内にある土地を開発区域とする開発許可の場合，工事が完了し，検査済証が交付された後においても，市街化区域内の土地を開発区域とする場合とは異なり，当該開発許可の取消しを求める訴えの利益は失われないとする。工事完了・検査済証の交付によって，開発許可を受けなければ適法に開発行

為を行うことができないという法的効果は消滅するが，市街化調整区域内での開発許可については，許可を前提とした予定建築物等の建築等が可能になるという法的効果が生じているため，開発許可の取消しにより当該法的効果を排除することができるからである。

問題18 正解 4

本問は，管轄等の訴訟要件に関する問題である。

1．**正しい。**

取消訴訟は，被告の普通裁判籍の所在地を管轄する裁判所または処分もしくは裁決をした行政庁の所在地を管轄する裁判所の管轄に属する（行政事件訴訟法12条1項）。

2．**正しい。**

取消訴訟においては，自己の法律上の利益に関係のない違法を理由として取消しを求めることができない（行政事件訴訟法10条1項）。

3．**正しい。**

処分または裁決をした行政庁が国または公共団体に所属しない場合には，取消訴訟は，当該行政庁を被告として提起しなければならない（行政事件訴訟法11条2項）。

4．**誤り。**

取消訴訟は，処分または裁決があったことを知った日から6か月を経過したときは，提起することができない。ただし，正当な理由があるときは，この限りでない（行政事件訴訟法14条1項）。したがって，取消訴訟の主観的出訴期間は6か月であるから，本肢は誤っている。

5．**正しい。**

国を被告とする取消訴訟は，原告の普通裁判籍の所在地を管轄する高等裁判所の所在地を管轄する地方裁判所（特定管轄裁判所）にも，提起することができる（行政事件訴訟法12条4項）。

問題19 正解 3

本問は，義務付け訴訟に関する問題である。

1．**妥当でない。**

非申請型の義務付け訴訟の場合，他の抗告訴訟との併合提起は義務付けられていない。したがって，本肢は妥当でない。なお，申請型の義務付け訴訟の場合，他の抗告訴訟との併合提起が義務付けられている（行政事件訴訟法37条の3第3項）。

2．**妥当でない。**

申請型の義務付け訴訟においては，「処分がされないことにより重大な損害を生ずるおそれがあり，かつ，その損害を避けるため他に適当な方法がない」ことは必要とされない。したがって，本肢は妥当でない。なお，非申請型の義務付け訴訟においては，「処分がされないことにより重大な損害を生ずるおそれがあり，かつ，その損害を避けるため他に適当な方法がない」ことが必要である（行政事件訴訟法37条の2第1項）。

3．妥当である。

　　裁判所は，非申請型の義務付け訴訟の要件である，重大な損害を生ずるか否かを判断するに当たっては，損害の回復の困難の程度を考慮するものとし，損害の性質および程度ならびに処分の内容および性質をも勘案するものとする（行政事件訴訟法37条の２第２項）。

4．妥当でない。

　　申請型の義務付け訴訟の本案勝訴要件として，併合提起された訴えの「請求に理由があると認められ」ることが必要である（行政事件訴訟法37条の３第５項）。したがって，併合提起した訴えに係る請求に理由があることが必要であるから，本肢は妥当でない。

5．妥当でない。

　　申請型の義務付け訴訟については，「法令に基づく申請又は審査請求をした者に限り，提起することができる」とされている（行政事件訴訟法37条の３第２項）が，「行政庁が一定の処分をすべき旨を命ずることを求めるにつき法律上の利益を有する者に限り，提起することができる」とはされていない。したがって，本肢は妥当でない。なお，非申請型の義務付け訴訟においては，「行政庁が一定の処分をすべき旨を命ずることを求めるにつき法律上の利益を有する者に限り，提起することができる」（行政事件訴訟法37条の２第３項）とされている。

国家賠償法
問題20　正解　1

　　本問は，国家賠償法２条に関する問題である。

1．妥当でない。

　　国家賠償法２条１項は，「道路，河川その他の公の営造物」の設置または管理の瑕疵を問題としているから，その文言から明らかなように，国家賠償法２条１項にいう「公の営造物」には，民法717条とは異なり，河川等の自然公物が含まれる。

2．妥当である。

　　判例（最判平２・12・13）は，工事実施基本計画が策定され，当該計画に準拠して改修，整備がされ，あるいは当該計画に準拠して新規の改修，整備の必要がないものとされた河川の改修，整備の段階に対応する安全性とは，当該計画に定める規模の洪水における流水の通常の作用から予測される災害の発生を防止するに足りる安全性をいうものと解すべきであると判示した。同判例は，その理由について，河川管理の特質から考えれば，改修，整備がされた河川は，その改修，整備がされた段階において想定された洪水から，当時の防災技術の水準に照らして通常予測し，かつ，回避しうる水害を未然に防止するに足りる安全性を備えるべきものであるというべきであり，水害が発生した場合においても，当該河川の改修，整備がされた段階において想定された規模の洪水から当該水害の発生の危険を通常予測することができなかった場合には，河川管理の瑕疵を問うことができないからであると判示した。

3．妥当である。

— 291 —

判例（最判昭45・8・20）は，国家賠償法2条1項の営造物の設置または管理の瑕疵とは，営造物が通常有すべき安全性を欠いていることをいい，これに基づく国および公共団体の賠償責任については，その過失の存在を必要としないと判示した。

4．**妥当である。**

判例は，人工公物である道路に関しては，整備に予算上の制約があることを理由として，賠償責任を免れることはできないと判示した（最判昭45・8・20）が，自然公物である河川に関しては，諸般の事情を総合的に考慮し，河川管理の特質に由来する財政的・技術的・社会的制約も判断基準に含まれる旨を判示し，河川管理については，予算上の制約があることを理由として，賠償責任を免れることができることを認めた（最判昭59・1・26）。

5．**妥当である。**

公の営造物の設置管理の瑕疵に基づく損害について，国または公共団体は，賠償責任を負う（国家賠償法2条1項）が，他に損害の原因について責任を負うべき者がいる場合には，国または公共団体は，これに対して求償権を有する（同条2項）。

問題21 正解 **1**

本問は，国家賠償法3条以下の規定に関する問題である。

1．**妥当でない。**

国家賠償法3条1項は，同法2条の規定によって国または公共団体が損害を賠償する責任を負う場合において，公の営造物の設置または管理に当たる者と公の営造物の設置または管理の費用を負担する者とが異なるときは，費用を負担する者もまた，その損害を賠償する責任を負うと規定している。このように，公の営造物の管理者と費用負担者とが異なる場合，被害者に対して損害賠償責任を負うのは，管理者および費用負担者である。

2．**妥当である。**

国家賠償法4条は，「国又は公共団体の損害賠償の責任については，前三条の規定によるの外，民法の規定による。」と規定しているが，この意味については，①国家賠償法1条または2条による損害賠償請求に際して，民法の不法行為に関する規定（非財産的損害の賠償に関する民法710条の規定，共同不法行為者の責任に関する民法719条の規定，過失相殺に関する民法722条の規定，損害賠償請求権の消滅時効に関する民法724条の規定等）等が適用されるということ，②国家賠償法1条1項，2条1項の要件に該当しない国または公共団体の活動により損害を被った者は，民法の規定を根拠として損害賠償を請求することができるということであると解されている。

3．**妥当である。**

選択肢2の解説のとおりである。

4．**妥当である。**

国家賠償法5条は，「国又は公共団体の損害賠償の責任について民法以外の他の法律に別段の定があるときは，その定めるところによる。」と規定し，公務員の不法行為に

よる国または公共団体の損害賠償責任について，民法以外の他の法律に別段の定めがある場合は，当該定めが国家賠償法に対して優先適用されるとしている。すなわち，国家賠償法は，国または公共団体の損害賠償の責任についての一般法であり，民法以外の他の法律において別段の定めをすることにより，その責任を加重したり，軽減したりすることができる。具体的には，①責任を加重（無過失責任）する定め（たとえば，消防法6条3項等），②責任を軽減または免除する定め（鉄道営業法11条の2〜13条等）等である。

5．**妥当である。**

外国人が被害者である場合でも，相互の保証があるときは，国家賠償法が適用される（同法6条）。

地方自治法
問題22　正解　3

本問は，普通地方公共団体の住民に関する問題である。

ア．**妥当でない。**

住民とは，自然人のみならず，法人が含まれる。なお，本選択肢前段の記述は，妥当である。

イ．**妥当である。**

判例（最大判昭29・10・20）は，「およそ法令において人の住所につき法律上の効果を規定している場合，反対の解釈をなすべき特段の事由のない限り，その住所とは各人の生活の本拠を指すものと解するを相当とする。」とし，公職選挙法上の住所を大学の学生寮にあると判示した。

ウ．**妥当でない。**

普通地方公共団体の議会の議員の選挙権を有する者で年齢満25年以上のものは，普通地方公共団体の議会の議員の被選挙権を有する（地方自治法19条1項）。ここに「普通地方公共団体の議会の議員の選挙権を有する者」とは，日本国民たる年齢満18年以上の者で引き続き3箇月以上市区町村の区域内に住所を有するものである。したがって，ある都道府県の住民がその都道府県議会の議員の被選挙権を有することとなるためには住所要件も満たす必要があるので，本肢は妥当でない。

エ．**妥当である。**

普通地方公共団体の議会の議員の選挙権を有する者で年齢満25年以上のものは，普通地方公共団体の議会の議員の被選挙権を有する（地方自治法19条1項，283条1項）。

オ．**妥当でない。**

日本国民で年齢「満30年」以上のものは，都道府県知事の被選挙権を有する（地方自治法19条2項）。なお，ある都道府県の住民がその都道府県の知事の被選挙権を有することとなる要件について，日本国民であることのみに限定し，住所要件を課していないのは，それ以外の都道府県からも広く人材を集めることができるようにするためである。

以上より，妥当なものは，イおよびエであるから，正解は3である。

問題23　正解　4

本問は，普通地方公共団体の長と議会の関係に関する問題である。

1．**妥当でない。**

普通地方公共団体の議会の議決について異議があるときは，当該普通地方公共団体の長は，この法律に特別の定めがあるものを除くほか，その議決の日（条例の制定もしくは改廃または予算に関する議決については，その送付を受けた日）から「10日」以内に理由を示してこれを再議に付することができる（地方自治法176条1項）。

2．**妥当でない。**

議会が一般再議に付された議決を再び可決するには，原則として，出席議員の過半数の者の同意がなければならないが，条例の制定もしくは改廃または予算に関するものについては，出席議員の「3分の2」以上の者の同意がなければならない（地方自治法116条1項，176条3項）。

3．**妥当でない。**

平成24年改正前地方自治法177条1項は，「普通地方公共団体の議会の議決が，収入又は支出に関し執行することができないものがあると認めるときは，当該普通地方公共団体の長は，理由を示してこれを再議に付さなければならない。」と規定し，収支執行不能議決に係る再議を定めていた。しかし，収支執行不能議決は，違法議決となることもあり，また，一般再議の対象を拡大することによって，この規定を廃止しても不都合はないと考えられることから，平成24年改正地方自治法は，収支執行不能議決に係る再議の規定を削除した。そのため，収支執行不能議決の内容に応じて，違法再議または一般再議の対象となる。よって，長が議会の議決に収入または支出に関し執行することができないものがあると認めるときは，必ず再議に付さなければならないわけではない。

4．**妥当である。**

議会において，議員数の3分の2以上の者が出席し，その4分の3以上の者の同意を得て長の不信任の議決をしたときは，直ちに議長からその旨を長に通知しなければならず，長は，その通知を受けた日から10日以内に議会を解散することができる（地方自治法178条1項3項）。

5．**妥当でない。**

議会において，当該普通地方公共団体の長の不信任の議決をした場合において，その解散後初めて招集された議会において再び不信任の議決があり，議長から当該普通地方公共団体の長に対しその旨の通知があつたときは，普通地方公共団体の長は，議長から通知があった日においてその職を失う（地方自治法178条2項）。このように，普通地方公共団体の長がその職を失うのは，「解散後初めて議会の招集があったとき」ではない。

問題24　正解　4

本問は，住民監査請求および住民訴訟に関する問題である。

ア．**妥当でない。**

　判例（最判平2・6・5）は，住民監査請求においては，対象とする財務会計上の行為または怠る事実（以下「当該行為等」という。）を監査委員が行うべき監査の端緒を与える程度に特定すれば足りるというものではなく，当該行為等を他の事項から区別して特定認識できるように個別的，具体的に摘示することを要すると判示した。

イ．**妥当でない。**

　判例（最判平10・12・18）は，監査委員が適法な住民監査請求を不適法であるとして却下した場合，その請求をした住民は，適法な住民監査請求を経たものとして直ちに住民訴訟を提起することができると判示した。

ウ．**妥当である。**

　判例（最判平2・4・12）は，地方自治法242条の2の規定する住民訴訟は，地方財務行政の適正な運営を確保することを目的とし，その対象とされる事項は，同法242条1項に定める事項，すなわち公金の支出，財産の取得・管理・処分，契約の締結・履行，債務その他の義務の負担，公金の賦課・徴収を怠る事実，財産の管理を怠る事実に限られると判示した。

エ．**妥当である。**

　判例（最判昭60・9・12）は，地方自治法242条の2が規定する住民訴訟の対象が普通地方公共団体の執行機関または職員の違法な財務会計上の行為または怠る事実に限られることは，同条の規定に照らして明らかであるが，その行為が違法となるのは，単にそれ自体が直接法令に違反し許されない場合だけでなく，その原因となる行為が法令に違反し許されない場合の財務会計上の行為もまた，違法となるとした上で，本件条例の下においては，分限免職処分がされれば当然に所定額の退職手当が支給されることとなっており，本件分限免職処分は本件退職手当の支給の直接の原因をなすものであるから，前者が違法であれば後者も当然に違法となると判示した。

オ．**妥当でない。**

　判例（最判平15・1・17）は，地方自治法（平成14年法律第4号による改正前のもの。）242条の2第1項4号の規定に基づき職員に損害賠償責任を問うことができるのは，先行する原因行為に違法事由がある場合であっても，原因行為を前提にしてされた当該職員の行為自体が財務会計法規上の義務に違反する違法なものであるときに限られる（最判平4・12・15参照）とした上で，ところで，議会は，その裁量により議員を派遣することができるが，予算執行権を有する普通地方公共団体の長は，議会を指揮監督し，議会の自律的行為を是正する権限を有していないから，議会がした議員の派遣に関する決定については，これが著しく合理性を欠きそのために予算執行の適正確保の見地から看過し得ない瑕疵がある場合でない限り，議会の決定を尊重しその内容に応じた財務会計上の措置を執る義務があり，これを拒むことは許されないとの判断基準を提示し，これを本件についてみると，県議会議長が行った議員に対する旅行命令は違法なものではあるが，県議会議長が行った旅行命令が，著しく合理性を欠き，そのために予算執行の適正確保の見地から看過し得ない瑕疵があるとまでいうことはできないから，知

事としては，県議会議長が行った旅行命令を前提として，これに伴う所要の財務会計上の措置を執る義務があるから，知事に代わって専決の権限を有する補助職員が行った議員の旅費についての支出負担行為および支出命令は，財務会計法規上の義務に違反してされた違法なものであるということはできないと判示した。

以上より，妥当なものは，ウおよびエであるから，正解は4である。

行政組織

問題25　正解　2

本問は，公物に関する問題である。

1．妥当である。

判例（最判昭61・12・16）は，海は，古来より自然の状態のままで一般公衆の共同使用に供されてきたところのいわゆる公共用物であって，国の直接の公法的支配管理に服し，特定人による排他的支配の許されないものであるから，そのままの状態においては，所有権の客体たる土地に当たらないとの原則論を述べた上で，海も，およそ人の支配の及ばない深海を除き，その性質上当然に私法上の所有権の客体となり得ないというものではなく，国が行政行為などによって一定範囲を区画し，他の海面から区別してこれに対する排他的支配を可能にした上で，その公用を廃止して私人の所有に帰属させる措置を執った場合の当該区画部分は所有権の客体たる土地に当たると判示した。

2．妥当でない。

判例（最判昭44・5・22）は，自作農創設特別措置法の規定に基づき，政府から土地の売渡しを受けた者が，その売渡しが無効であることを知らないまま耕作を続けていた場合において，当該土地に対し，建設大臣が都市計画上公園と決定したとしても，（その土地の所有権が移転されることが予定されていた）京都市が当該土地につき直ちに現実に外見上児童公園の形態を具備させたわけではなく（すなわち，公用開始行為がない），したがって，それは，現に公共用財産としてその使命を果たしているものではないときは，その者の当該土地に対する取得時効の進行は妨げられないと判示した。

3．妥当である。

判例（最判昭37・4・10）は，公水使用権は，それが慣習によるものであると行政庁の許可によるものであるとを問わず，公共用物たる公水の上に存する権利であることにかんがみ，河川の全水量を独占排他的に利用しうる絶対不可侵の権利ではなく，使用目的を充たすに必要な限度の流水を使用しうるに過ぎないと判示した。

4．妥当である。

判例（最判平16・4・23）は，道路法は，道路に広告塔その他これに類する工作物等を設け，継続して道路を使用しようとする場合においては，道路管理者の許可を受けなければならないと定めた上で，道路管理者は道路の占用につき占用料を徴収することができる旨を定めている。したがって，道路管理者は道路の占用につき占用料を徴収して収入とすることができるのであるから，道路が権原なく占有された場合には，道路管理者は，占有者に対し，占用料相当額の損害賠償請求権又は不当利得返還請求権を取得す

ると判示した。

5．**妥当である。**

　判例（最判昭51・12・24）は，公共用財産が，長年の間事実上公の目的に供用されることなく放置され，公共用財産としての形態，機能を全く喪失し，その物のうえに他人の平穏かつ公然の占有が継続したが，そのため実際上公の目的が害されるようなこともなく，もはやその物を公共用財産として維持すべき理由がなくなった場合には，当該公共用財産については，黙示的に公用が廃止されたものとして，これについて取得時効の成立を妨げないと判示した。

問題26 正解 3

　本問は，内閣府設置法に関する問題である。

ア．**妥当でない。**

　内閣府の長は，内閣総理大臣である（内閣府設置法6条1項）。なお，その他の記述は，妥当である（同法2条）。

イ．**妥当である。**

　内閣総理大臣は，内閣府の命令として内閣府令を発することができる（同法7条3項）。

ウ．**妥当でない。**

　内閣府には，副大臣，大臣政務官および事務次官が置かれる（内閣府設置法13条1項，14条1項，15条1項）。このように，大臣政務官は，内閣が必要と認めるときにおいて，閣議決定により置かれるわけではない。

エ．**妥当である。**

　内閣府には，その外局として，委員会および庁を置くことができる（内閣府設置法49条1項）。そして，当該委員会および庁の設置および廃止は，法律で定めなければならない（同条3項）。なお，この規定に基づいて，内閣府に置かれる委員会および庁は，公正取引委員会（根拠法は，私的独占の禁止及び公正取引の確保に関する法律），国家公安委員会（根拠法は，警察法），個人情報保護委員会（根拠法は，個人情報の保護に関する法律），カジノ管理委員会（根拠法は，特定複合観光施設区域整備法），金融庁（根拠法は，金融庁設置法），消費者庁（根拠法は，消費者庁及び消費者委員会設置法）およびこども家庭庁（根拠法は，こども家庭庁設置法）である（同法64条）。

オ．**妥当でない。**

　内閣府設置法の行政委員会は，職務遂行における政治的中立性の確保，準司法的手続の必要等の観点から，職務行使における独立性が保障されている一方で，法律案提出権を有しないこと（内閣府設置法7条2項参照），財務省に対して直接予算要求をすることができないこと（財政法21条参照）などにより，内閣府から完全に独立しているわけではない。

　以上より，妥当なものは，イおよびエであるから，正解は3である。

民法

問題27 正解 3

本問は，意思表示に関する問題である。

1．正しい。

相手方が正当な理由なく意思表示の通知が到達することを妨げたときは，その通知は，通常到達すべきであった時に到達したものとみなされる（民法97条2項）。

2．正しい。

相手方に対する意思表示について第三者が詐欺を行った場合においては，相手方がその事実を知り，または知ることができたときに限り，その意思表示を取り消すことができる（民法96条2項）。

3．誤り。

錯誤に基づく意思表示の取消しは，善意でかつ過失がない第三者に対抗することができない（民法95条4項）。したがって，過失のある第三者Cに対して，Aは取消しを対抗することができるから，本肢は誤っている。

4．正しい。

錯誤が表意者の重大な過失によるものであった場合には，①相手方が表意者に錯誤があることを知り，または重大な過失によって知らなかったとき，②相手方が表意者と同一の錯誤に陥っていたときを除き，錯誤による意思表示の取消しをすることができない（民法95条3項）。したがって，Bには過失があるに過ぎないから，重大な過失のあるAは意思表示を取り消すことができない。

5．正しい。

相手方と通じてした虚偽の意思表示は，無効であるが，この無効は，善意の第三者に対抗することができない（民法94条）。したがって，過失はあるものの第三者Cは善意であるからAは意思表示の無効を対抗できない。

問題28 正解 2

本問は，時効に関する問題である。

1．正しい。

確定判決または確定判決と同一の効力を有するものによって確定した権利については，10年より短い時効期間の定めがあるものであっても，その時効期間は，10年とする（民法169条1項）。

2．誤り。

時効は，権利の承認があったときは，その時から新たにその進行を始める（民法152条1項）。承認は，処分行為ではないため，相手方の権利についての処分につき行為能力の制限を受けていないことまたは権限があることを要しない（民法152条2項）から，被保佐人であっても承認をすることができる。したがって，本肢は誤っている。

3．正しい。

時効の完成猶予または更新は，完成猶予または更新の事由が生じた当事者およびその

承継人の間においてのみ，その効力を有する（民法153条1項）。

4．正しい。

催告によって時効の完成が猶予されている間にされた再度の催告は，時効の完成猶予の効力を有しない（民法150条2項）。

5．正しい。

利息を支払うことは元本債務の承認にあたる（大判昭3・3・24）。したがって，時効の更新の効果が生じる（民法152条1項）。

問題29　正解　1

本問は，物権的請求権に関する問題である。

1．誤り。

物権的請求権は，物権の円満な支配状態を回復させるための請求権であるから，物権と切り離して譲渡することはできない（大判大5・6・23）。したがって，本肢は誤りである。

2．正しい。

無権原で建てられた建物の実際の所有者と登記名義人とが異なる場合，土地所有者は，実際の建物所有者に対して建物収去土地明渡請求ができるのが原則である（最判平6・2・8）。

3．正しい。

地役権は物権であるから，その侵害に対して物権的請求権を行使することができる。しかし，地役権は承役地を占有する権能を当然には含まないため，原則として返還請求権は認められない。したがって，通行地役権者は，承役地の通行を妨害して地役権を侵害する者に対して，妨害排除・予防請求権を行使して通行妨害行為の禁止ができるが，承役地の返還請求権は認められない。

4．正しい。

物権的請求権には，占有が完全に奪われた場合の返還請求権，占有喪失以外の事情によって物の利用を妨害された場合の妨害排除請求権，利用を妨害されるおそれがある場合の妨害予防請求権の3つの種類がある。物権的妨害予防請求権とは，将来，物権の侵害が起こりそうな場合に，その侵害を予防することを請求する権利であるから，本肢のような場合，隣人にその木の除去や補修を求めて物権的妨害予防請求権を行使することができる。

5．正しい。

物権的妨害排除請求権とは，占有の喪失以外の事情によって物権の行使が権原なく妨害されている場合に，その排除を請求する権利である。土地の所有者は，登記の抹消を求めて物権的妨害排除請求権を行使することができる。

問題30　正解　5

本問は，抵当権に関する問題である。

1．**正しい。**

　抵当不動産について所有権を買い受けた第三者が，抵当権者の請求に応じてその抵当権者にその代価を弁済したときは，抵当権は，その第三者のために消滅する（民法378条）。

2．**正しい。**

　抵当権者に対抗することができない賃貸借により抵当権の目的である建物の使用または収益をする者であって競売手続の開始前から使用または収益をする者は，その建物の競売における買受人の買受けの時から6か月を経過するまでは，その建物を買受人に引き渡すことを要しない（民法395条1項1号）。

3．**正しい。**

　債権者が同一の債権の担保として数個の不動産につき抵当権を有する場合において，ある不動産の代価のみを配当すべきときは，抵当権者は，その代価から債権の全部の弁済を受けることができる（民法392条2項）。つまり，異時配当ができる。

4．**正しい。**

　土地の抵当権者が，土地とともに土地上の建物についても競売できるのは，抵当権の設定後に抵当地に建物が築造された場合（民法389条1項本文）である。したがって，抵当権者は，土地とともに抵当権設定時に存在した建物を競売することはできない。

5．**誤り。**

　登記をした賃貸借は，その登記前に登記をした抵当権を有するすべての者が同意をし，かつ，その同意の登記があるときは，その同意をした抵当権者に対抗することができる（民法387条1項）。したがって，抵当権を有するすべての者が同意をしている必要があるから，本肢は誤っている。

問題31　正解　3

　本問は，種類債権に関する問題である。

ア．**正しい。**

　債権の目的物を種類のみで指定した場合において，法律行為の性質または当事者の意思によってその品質を定めることができないときは，債務者は，中等の品質を有する物を給付しなければならない（民法401条1項）。

イ．**誤り。**

　種類債権について，特定前は，債務者は調達義務を負うが，具体的な物について，善管注意義務を負うわけではない。特定によって，債務者に善管注意義務（民法400条）が発生する。したがって，本肢では，種類債権の発生原因となる売買契約が締結されたのみで，種類債権について具体的な目的物の特定は生じていないから，Bは善管注意義務を負わない。よって，本肢は誤っている。

ウ．**正しい。**

　新品のタンスは種類物であり，家具店は持参債務を負う（民法484条1項後段）。そして，持参債務においては，債務者が債権者の住所地に持参して提供した時に，目的物が

特定する（民法401条2項，大判大8・12・25）。そうだとすると，Aの自宅に持参する前に滅失しているので，売買の目的物は特定しておらず，タンスの引渡債務はいまだ消滅していないことになる。したがって，Bはタンスを調達して引き渡す義務を負うから，本肢は正しい。

エ．誤り。

特定後に，目的物が滅失した場合は履行不能になり，債権者は引渡しを請求できなくなる。そして，引渡債務の発生原因が双務契約である場合，当事者双方の責めに帰することができない事由によって債務を履行することができなくなったときは，債権者は，反対給付の履行を拒むことができる（民法536条1項）。したがって，本肢では，特定後引渡し前に当事者の責めに帰することができない事由によって目的物が滅失しているから，債務者主義，すなわち，物の引渡しに関する債務者である売主Bが危険を負担し，物の引渡しに関する債権者Aは反対給付たる代金の支払を拒むことができる。よって，本肢は誤っている。

オ．正しい。

通常の種類債権とは異なり，制限種類債権は特定前であっても，債務者の手元にある制限種類債権の目的物がすべて滅失したときには，履行不能となる（最判昭30・11・18）。したがって，本肢は正しい。

以上より，誤っているものは，イおよびエであるから，正解は3である。

問題32 **正解** **5**

本問は，連帯債務に関する問題である。

1．正しい。

平成29年債権法改正により，履行の請求は相対的効力事由となった（民法441条）。したがって，本肢は正しい。

2．正しい。

連帯債務者の一人が債権者に対して債権を有する場合において，その連帯債務者が相殺を援用したときは，債権は，すべての連帯債務者の利益のために消滅する（民法439条1項）。したがって，本肢は正しい。

3．正しい。

連帯債務者の一人について生じた事由は，他の連帯債務者に対してその効力を生じないのが原則である（民法441条）。したがって，Bの不確定期限の到来の了知（民法412条2項）は相対的効力しか有しないから，本肢は正しい。

4．正しい。

連帯債務者の一人について生じた事由は，他の連帯債務者に対してその効力を生じないのが原則である（民法441条）。したがって，Bへの債権譲渡の通知は相対的効力しか有しないから，本肢は正しい。

5．誤り。

平成29年債権法改正により，免除は相対的効力事由となった（民法441条）。このこと

は，各連帯債務が別個のものであることを意味している。したがって，CおよびDは依然として300万円の連帯債務を負うから，本肢は誤っている。

問題33 正解 2

本問は，相殺に関する問題である。

1．**妥当である。**

相殺は，当事者の一方から相手方に対する意思表示によってする。この場合において，その意思表示には，条件または期限を付することができない（民法511条1項後段）。

2．**妥当でない。**

債権譲渡があった場合において，債務者が相殺の意思表示をなすべき相手とは（民法506条1項），自己の債務を履行すべき相手方である債権者，すなわち，受働債権の債権者を指す（最判昭32・7・19）。相殺により自己の債権を消滅させられる受働債権の債権者を基準とすべきである。したがって，債権譲渡があった場合，相殺の意思表示は債権の譲受人になすべきであるから，本肢は妥当でない。

3．**妥当である。**

人の生命または身体の侵害による損害賠償の債務の債務者は，相殺をもって債権者に対抗することができない（民法509条2号）。

4．**妥当である。**

過失に基づく物損事故による不法行為に基づく損害賠償請求権同士の相殺は許される（民法509条1号・2号に不該当）。

5．**妥当である。**

差押えを受けた債権の第三債務者は，差押え後に取得した債権による相殺をもって差押債権者に対抗することはできない（民法511条1項）。もっとも，差押え後に取得した債権が差押え前の原因に基づいて生じたものであるときは，その第三債務者は，その債権による相殺をもって差押債権者に対抗することができる（民法511条2項本文）。したがって，乙債権が差押え前の原因に基づいて生じた債権であるから，乙債権がCの差押え後に取得したものであっても，Bは乙債権による相殺をもってCに対抗することができる。

問題34 正解 3

本問は，不当利得に関する問題である。

1．**正しい。**

悪意の受益者は，その受けた利益に利息を付して返還しなければならない。この場合において，なお損害があるときは，その賠償の責任を負う（民法704条）。したがって，本肢は正しい。

2．**正しい。**

債務者は，弁済期にない債務の弁済として給付をしたときは，その給付したものの返

還を請求することができない（民法706条本文）。

3．誤り。

　債務の弁済として給付をした者は，その時において債務の存在しないことを知っていたときは，その給付したものの返還を請求することができない（民法705条）。したがって，悪意の場合は返還請求できないが，過失により知らなかったときは返還請求できるから，本肢は誤っている。

4．正しい。

　判例（最判平16・10・26）は，弁済受領権限があるとして債務者から債務の弁済を受けた者が，債務者に過失があったことを主張して，真の債権者からの不当利得返還請求を拒絶することは信義誠実の原則に反し許されないとする。

5．正しい。

　債務者でない者が錯誤によって債務の弁済をした場合において，債権者が善意で証書を滅失させもしくは損傷し，担保を放棄し，または時効によってその債権を失ったときは，その弁済をした者は，返還の請求をすることができない（民法707条1項）。

問題35　正解　4

　本問は，遺留分に関する問題である。

1．正しい。

　共同相続人の1人のした遺留分の放棄は，他の各共同相続人の遺留分に影響を及ぼさない（民法1049条2項）。

2．正しい。

　相続の開始前における遺留分の放棄は，家庭裁判所の許可を受けたときに限り，その効力を生ずる（民法1049条1項）。

3．正しい。

　遺留分侵害額の請求権は，遺留分権利者が，相続の開始および遺留分を侵害する贈与または遺贈があったことを知った時から1年間行使しないときは，時効によって消滅する（民法1048条前段）。

4．誤り。

　贈与は，相続開始前の1年間にしたものに限り，遺留分を算定するための財産にその価額を算入する。当事者双方が遺留分権利者に損害を加えることを知って贈与をしたときは，1年前の日より前にしたものについても，同様とする（民法1044条1項）。しかし，生前贈与が相続人に対してなされ，それが特別受益とされる場合は，相続開始前の10年間にしたものに限り，遺留分算定のための財産の価額に算入される（民法1044条3項）。したがって，特別受益としての贈与については，相続開始より1年間にしたものに限られず，相続開始前の10年間にしたものであれば遺留分算定の基礎となる財産に算入されるから，本肢は誤っている。

5．正しい。

　判例（最判平14・11・5）は，自己を被保険者とする生命保険契約の契約者が死亡保

険金の受取人を変更する行為は，民法1031条〔改正後の1046条に相当〕に規定する遺贈または贈与に当たるものではなく，これに準ずるものということもできないとする。したがって，死亡保険金請求権は受取人が自己の固有の権利として取得するものであり，遺留分権利者はその変更行為について遺留分侵害額に相当する金銭の支払の請求をすることはできないから，本肢は正しい。

会社法

問題36 正解 3

本問は，商人に関する問題である。

1. 正しい。

商人とは，自己の名をもって商行為をすることを業とする者をいう（商法4条1項）。

2. 正しい。

店舗その他これに類似する設備によって物品を販売することを業とする者または鉱業を営む者は，商行為を行うことを業としない者であっても，商人とみなされる（商法4条2項）。

3. 誤り。

商人は，その営業のために使用する財産について，法務省令で定めるところにより，適時に，正確な商業帳簿（会計帳簿および貸借対照表）を作成しなければならない（商人19条2項）。しかし，小商人〔こしょうにん〕（商人のうち，法務省令で定めるその営業のために使用する財産の価額が法務省令で定める金額を超えないものをいう。）については，第5章〔商業帳簿〕の規定は適用されないから，小商人は，本肢のような商業帳簿の作成義務を負わない。したがって，本肢は誤り。

4. 正しい。

登記すべき事項は，登記の後でなければ，これをもって善意の第三者に対抗することができない（商法9条1項前段）が，登記の後であっても，第三者が正当な事由によってその登記があることを知らなかったときは，その第三者には対抗することができない（商法9条1項後段）。

5. 正しい。

商人は，帳簿閉鎖の時から10年間，その商業帳簿およびその営業に関する重要な資料を保存しなければならない（商法19条3項）。

問題37 正解 3

本問は，株式の併合および分割に関する問題である。

1. 妥当である。

株式の併合が法令または定款に違反する場合において，株主が不利益を受けるおそれがあるときは，株主は，株式会社に対し，当該株式の併合をやめることを請求することができる（会社法182条の3）。

2. 妥当である。

株式会社は，株式の併合をしようとするときは，その都度，株主総会の特別決議によって，併合の割合を定めなければならない（会社法180条2項1号，309条2項4号）。

3．**妥当でない。**

　株式会社が株式の併合をすることにより株式の数に一株に満たない端数が生ずる場合には，反対株主は，当該株式会社に対し，自己の有する株式のうち一株に満たない端数となるものの全部を公正な価格で買い取ることを請求することができる（会社法182条の4）。したがって，買い取りの対象になるのは，保有する株式全部ではなく保有株式のうち一株に満たない端数となるものの全部であるから，本肢は誤っている。

4．**妥当である。**

　株式会社は，定款変更に本来必要な株主総会の特別決議によらないで，株式の分割の効力発生日における発行可能株式総数を，その日の前日の発行可能株式総数に分割の割合を乗じて得た数の範囲内で増加する定款の変更をすることができる（会社法184条2項）。

5．**妥当である。**

　株式の併合をした株式会社の株主または効力発生日に当該株式会社の株主であった者は，当該株式会社に対して，その営業時間内は，いつでも，株式の併合に関する書面の閲覧の請求をすることができる（会社法182条の6第3項1号）。

問題38 **正解　5**

本問は，取締役の報酬に関する問題である。

1．**妥当である。**

　取締役の報酬，賞与その他の職務執行の対価として株式会社から受ける財産上の利益について報酬の額等は，定款に当該事項を定めていないときは，株主総会の普通決議によって定める（会社法361条1項）。

2．**妥当である。**

　判例（最判昭39・12・11）は，株式会社の役員に対する退職慰労金は，その在職中における職務執行の対価として支給されるものである限り，報酬に含まれるものと解すべく，これにつき定款にその額の定めがない限り株主総会の決議をもって定めるべきであるとしている。

3．**妥当である。**

　判例（最判平17・2・15）は，定款または株主総会の決議を経ずに支払われた役員報酬について事後に株主総会の決議を経た場合には，特段の事情があると認められない限り，当該役員報酬の支払は株主総会の決議に基づく適法有効なものになるとしている。

4．**妥当である。**

　判例（最判平4・12・18）は，株式会社において，定款または株主総会の決議によって取締役の報酬額が具体的に定められた場合には，その報酬額は，会社と取締役間の契約内容となり，契約当事者である会社と取締役の双方を拘束するから，その後株主総会が当該取締役の報酬につきこれを無報酬とする旨の決議をしたとしても，当該取締役

は，これに同意しない限り，報酬の請求権を失うものではないとする。

5．**妥当でない。**

　　取締役の報酬等のうち当該株式会社の募集株式と引換えにする払込みに充てるための金銭については，取締役が引き受ける当該募集株式の数（種類株式発行会社にあっては，募集株式の種類および種類ごとの数）の上限その他法務省令で定める事項については，定款に定めていないときは，株主総会の決議によって定める（会社法361条1項5号イ）。したがって，報酬等のうち募集株式の払込みに充てるための金銭についても，定款の定めか株主総会の決議が必要であるから，本肢は妥当でない。

問題39 正解　5

　　本問は，監査等委員会設置会社に関する問題である。

1．**誤り。**

　　指名委員会等設置会社を除く非公開会社は，ある種類の株式の種類株主を構成員とする種類株主総会において取締役または監査役を選任するという定めのある種類株式を発行することができる（会社法108条1項9号）。つまり，この種類の株式を発行できないのは，指名委員会等設置会社および公開会社である（会社法108条1項ただし書）。したがって，監査等委員会設置会社は公開会社でなければ，本肢の種類株式を発行できるから，本肢は誤り。

2．**誤り。**

　　監査等委員会設置会社は，監査役を置いてはならない（会社法327条4項）。したがって，監査役を置くことはできないから，本肢は誤り。なお，監査等委員会設置会社は，取締役会を置かなければならない（会社法327条1項3号）とされている。

3．**誤り。**

　　監査等委員会設置会社は，監査役を置いてはならない（会社法327条4項）。したがって，監査役を置くことはできないから，本肢は誤り。なお，監査等委員会設置会社は，会計監査人を置かなければならない（会社法327条5項）とされている。

4．**誤り。**

　　株主総会の決議による取締役の選任は，監査等委員である取締役とそれ以外の取締役とを区別してしなければならない（会社法329条2項）。したがって，監査等委員である取締役とそれ以外の取締役とを区別して選任しなければならないから，本肢は誤り。

5．**正しい。**

　　監査等委員である取締役は，3人以上で，その過半数は，社外取締役でなければならない（会社法331条6項）。

問題40 正解　4

　　本問は，新株予約権に関する問題である。

1．**妥当である。**

　　株式会社が新株予約権を発行する場合において，金銭以外の財産を当該新株予約権の

行使に際してする出資の目的とするときは，その旨ならびに当該財産の内容および価額を当該新株予約権の内容としなければならない（会社法236条1項3号）。

2．妥当である。

新株予約権者は，株式会社の承諾を得て，募集新株予約権の払込金額の全額払込みに代えて，払込金額に相当する金銭以外の財産を給付し，または当該株式会社に対する債権をもって相殺することができる（会社法246条2項）。

3．妥当である。

新株予約権が2以上の者の共有に属するときは，共有者は，当該新株予約権についての権利を行使する者1人を定め，株式会社に対し，その者の氏名または名称を通知しなければ，当該新株予約権についての権利を行使することができない。ただし，株式会社が当該権利を行使することに同意した場合は，この限りでない（会社法237条）。

4．妥当でない。

新株予約権者は，その有する新株予約権を譲渡することができる（会社法254条1項）。しかし，新株予約権付社債は，新株予約権部分と社債部分を分離することができず，常に一体として譲渡しなければならないから，新株予約権のみを譲渡することはできない（会社法254条2項）。

5．妥当である。

金銭を新株予約権の行使に際してする出資の目的とする場合，新株予約権者は，行使価額の払込債務と株式会社に対する債権とを相殺することができない（会社法281条3項）。

多肢選択式
問題41

正　解

ア. 1　刑事　　　イ. 14　強制　　　ウ. 12　司法　　　エ. 3　事前

　本問は，適正手続に関する憲法の規定が行政手続にも適用があるのかを論じた判例に関する問題である。

　まず，憲法35条が本来的に適用のある手続は，その文言から刑事手続であるので，ア には，「刑事」が入る。次に イ には，刑事手続の有する性質のうち，他の手続とも共通するものであって，その性質があるからこそ憲法35条の趣旨を適用できるとするものである。刑事手続は，本人の意思に反して強制的に自由を制限するものであり，行政手続においても一定程度強制権限を有する手続が存在する。したがって，イ には「強制」が入る。

　次に，ウ および エ であるが，引用判例の後半部分に「あらかじめ裁判官の発する令状」という言葉が書かれている。これは「ウ 権による エ 抑制」の具体的内容であることに気が付くことができれば，ウ には「司法」が，エ には「事前」が入ることが分かる。

正　解

ア．11　強制力　　　イ．8　任意　　　　ウ．4　負担　　　エ．10　適法

本問は，行政調査に関する問題である。

(1)　まず，[ア]および[イ]であるが，「交通の安全及び交通秩序の維持などに必要な警察の諸活動は，[ア]を伴わない[イ]手段による限り，一般的に許容されるべきものである」との記述に注目すると，行政活動が一般的に許容されるべきものとされるのは，それが任意（＝たとえば，本人の承諾を得てなされることなど）になされるからであり，したがって，[イ]には「任意」が入ることが分かる。そして，「[ア]を伴わない[イ]手段」という記述から，[ア]には，[イ]と対義的な言葉である「強制力」が入ることが分かる。よって，[ア]には，「強制力」が，[イ]には，「任意」が入る。

(2)　次に，[ウ]であるが，「自動車の運転者は，公道において自動車を利用することを許されていることに伴う当然の[ウ]として，合理的に必要な限度で行われる交通の取締に協力すべきものである」との記述から，[ウ]には，義務または負担が入ることが分かる（なお，「義務」であるとしても，交通の取締に協力すべき義務であり，「注意義務」は妥当でない。）。よって，[ウ]には，「負担」が入る。

(3)　最後に，[エ]であるが，本判決は，行政調査として行われる質問などは，任意手段によるからといって無制限に許されるべきものではないが，それが相手方の任意の協力を求める形で行われ，自動車の利用者の自由を不当に制約することにならない方法，態様で行われる限り違法とならないとするものである。よって，[エ]には，「適法」が入る。

ア．12　応答　　　　イ．11　行政処分　　　ウ．1　事実上　　　エ．9　直接

本問は，処分性に関する問題である。

(1)　まず，　ア　であるが，「上告人子につき住民票の記載をすることを求める上告人父の申出は，住民基本台帳法（以下「法」という。）の規定による届出があった場合に市町村（特別区を含む。以下同じ。）の長にこれに対する　ア　義務が課されている（住民基本台帳法施行令（以下「令」という。）11条参照）のとは異なり，申出に対する　ア　義務が課されておらず，住民票の記載に係る職権の発動を促す法14条2項所定の申出とみるほかない」との記述より，行政庁の応答義務について述べていることが分かる。よって，　ア　には，「応答」が入る。

(2)　次に，　イ　であるが，「原審は，本件　ア　（＝応答）が抗告訴訟の対象となる　イ　に当たり，その取消しを求める上告人子の訴えが適法な取消訴訟であることを前提として，同訴えに係る請求を棄却した」との記述より，行政庁の処分その他公権力の行使に当たる行為に当たることを述べていることが分かる。よって，　イ　には，「行政処分」が入る。

(3)　さらに，　ウ　であるが，「本件　ア　（＝応答）は，法令に根拠のない　ウ　の　ア　（＝応答）にすぎず」との記述より，本件応答は，法令に根拠のない事実上のものにすぎないと述べていることが分かる。よって，　ウ　には，「事実上」が入る。

(4)　最後に，　エ　であるが，「上告人子又は上告人父の権利義務ないし法律上の地位に　エ　影響を及ぼすものではない」との記述より，処分性の定義について述べていることが分かる。ここに行政庁の処分（処分性）とは，行政庁の法令に基づく行為のすべてを意味するものではなく，公権力の主体たる国または公共団体が行う行為のうち，その行為によって，直接国民の権利義務を形成しまたはその範囲を確定することが法律上認められているものをいう（最判昭39・10・29）。よって，　エ　には，「直接」が入る。

解答例

　　Xに故意又は重大な過失があるとの要件を満たさなければならず，求償権と呼ばれる。(39字)

※下線部分がキーワードである。

〔採点の目安〕
　　「Xに」（2点）
　　「故意」（4点）
　　「又は」（2点）
　　「重大な過失」（4点）
　　「求償権」（8点）
　本問は，国家賠償法1条2項が規定する求償権に関する問題である。

1　国家賠償法1条2項が規定する求償権

　国家賠償法1条1項は，公務員の公権力の行使に基づく損害の賠償責任について規定しているが，この場合，当該公務員に，「故意又は過失」があれば，国または公共団体は被害者に対して損害賠償責任を負う。しかし，国または公共団体が損害賠償をした場合において，当該公務員に対して求償権を行使するためには，当該公務員に「故意又は重過失」があることが要件とされている（同条2項）。ここで「故意又は重過失」が求償権行使の要件とされているのは，公務員に軽過失があるときまで求償権を行使することができるとすると，公務員の職務の遂行が停滞し，国民の利益にならないおそれがあるからである。

2　本問について

⑴　形式の検討

　問題文の問いかけは，「A県がXに対し，自己の支出の返還を求める権利を行使するためには，どのような要件を満たさなければならないか。また，この権利は，どのような名称で呼ばれるか。」である。したがって，解答は，「（A県がXに対し，自己の支出の返還を求める権利を行使するためには，）　①　要件を満たさなければならず，（この権利は，）　②　と呼ばれる。」とすることが考えられる。

⑵　内容の検討

　上記解説1のとおり，「この権利」は求償権と呼ばれており，国または公共団体が公務員に対して求償権を行使するためには，当該公務員に「故意又は重過失」があることが要件とされている。

　以上により，適切な語句を書き出すと，「求償権」，「公務員に故意又は重過失があること」がこれに当たる。

⑶　解答の作成

　上記⑴で検討した形式に，上記⑵で書き出した語句を挿入する。[①] には「公務員に故意又は重過失があること」を，[②] には「求償権」を挿入することになるから，「（A県がXに対し，自己の支出の返還を求める権利を行使するためには，）公務員に故意又は重過失があるとの要件を満たさなければならず，（この権利は，）求償権と呼ばれる。」となる。

　この文章を制限字数の範囲内に収まり，かつ，自然な文章表現となるようにすると，解答例のとおりとなる。

解答例

　CがBの目的を知り又は知ることができた場合，Bの法律行為が無権代理行為とみなされること。（44字）

※下線部分がキーワードである。

〔採点の目安〕

　　「CがBの目的を知り」（4点）

　　「又は知ることができた」（4点）

　　「Bの法律行為が」（4点）

　　「無権代理行為」（4点）

　　「みなされる」（4点）

　本問は，代理人の権限濫用に関する問題である。

1　代理権の濫用

　本問のBにはAの代理権があり，かつ顕名をして代理行為を行っている。しかし，代理権の範囲内の行為とはいえその趣旨に反する代理権の行使になっていることが問題である。

　このような代理権の濫用については当初明文の規定がなく，民法93条ただし書を類推する処理が判例法理として採用されていた（最判昭42・4・20）。平成29年改正でこの判例法理が条文化され，「代理人が自己又は第三者の利益を図る目的で代理権の範囲内の行為をした場合において，相手方がその目的を知り，又は知ることができたときは，その行為は，代理権を有しない者がした行為とみなす。」旨の規定が設けられた（民法107条）。

2　本問について

(1)　形式の検討

　どのような形式の解答が要求されているか。問題文の問いかけは，「Aは，どのような場合，どのようになることを理由として，契約の効果が自己に帰属することを否定することができるのか」である。したがって，解答は，「Aは，　①　場合，　②　ことを理由として，契約の効果が自己に帰属することを否定することができる。」とすることが考えられる。

(2)　内容の検討

　どのような内容にするか。Aの代理人として契約を締結したBは，代理権の範囲であるが，借金の返済という自己の利益を図る目的で契約を締結している。このBの行為は，代理権の濫用にあたる。そこで，代理権の濫用があった場合において契約の効果が本人Aに帰属することを否定することができるのはどのような場合か，どのようになるのかが問わ

れているから，代理権の濫用の要件と効果を記載すればよい。要件として，相手方Ｃが代理人Ｂの目的を知り又は知ることができたことを，効果としてＢの法律行為が無権代理行為とみなされることを指摘する。

(3) 解答の作成

　上記(1)で検討した形式に，上記(2)で検討した内容を挿入する。　①　に「ＣがＢの目的を知り又は知ることができた」，　②　に「Ｂの法律行為が無権代理行為とみなされる」を挿入することになるから，「Ａは，ＣがＢの目的を知り又は知ることができた場合，Ｂの法律行為が無権代理行為とみなされることを理由として，契約の効果が自己に帰属することを否定することができる。」となる。

　この文章を制限字数の範囲内に収まる自然な文章表現となるようにすると，解答例のとおりとなる。

解答例

　　自己の債権の額の限度でBの債権を行使することができ，遅滞なくBに訴訟告知をする必要がある。(45字)

※下線部分がキーワードである。

〔採点の目安〕

　　「自己の債権の額の限度」(8点)

　　「遅滞なく」(4点)

　　「訴訟告知」(8点)

　本問は，債権者代位権に関する問題である。

1　債権者代位権

　債権者は，自己の債権を保全するため必要があるときは，債務者に属する権利(被代位権利)を行使することができる(民法423条1項)。

　代位行使する場合の範囲として，債権者は，被代位権利を行使する場合において，被代位権利の目的が可分であるときは，自己の債権の額の限度においてのみ，被代位権利を行使することができるとされる(民法423条の2)。

　また，債権者は，被代位権利の行使に係る訴えを提起したときは，遅滞なく，債務者に対し，訴訟告知をしなければならないとされている(民法423条の6)。

2　本問について

⑴　形式の検討

　どのような形式の解答が要求されているか。問題文の問いかけは，「Aはどの範囲(限度)でBの債権を代位行使することができるか。また，Aが代位行使として，BのCに対する金銭債権の行使に係る訴えを提起した場合，Aは，Bに対して，どのようなことをする必要があるか。」である。したがって，解答は，「Aは，　①　でBの債権を代位行使することができる。Aが代位行使として訴えを提起した場合，Aは，Bに対して，　②　をする必要がある。」とすることが考えられる。

⑵　内容の検討

　どのような内容にするか。本問では，代位行使の範囲と被代位権利の行使に係る訴えを提起したとき場合に債権者のとるべき措置が問われている。本問で被代位権利は金銭債権であるから，可分のものである。そこで，代位行使の範囲は，自己の債権の限度でのみ行使できることになる。また，被代位権利の行使に係る訴えを提起した場合は，遅滞なく，債務者に対し，訴訟告知をすることが必要である。

⑶　解答の作成

上記(1)で検討した形式に，上記(2)で検討した内容を挿入する。　①　には「自己の債権の額の限度」を，　②　には「遅滞なく，訴訟告知」を挿入することになるから，「Aは，自己の債権の額の限度でBの債権を代位行使することができる。Aが代位行使として訴えを提起した場合，Aは，Bに対して，遅滞なく，訴訟告知をする必要がある。」となる。

　この文章を制限字数の範囲内に収まる自然な文章表現となるようにすると，解答例のとおりとなる。

基礎知識

問題47 正解 **4**

本問は，選挙制度に関する問題である。

ア．誤り。

　1925（大正14）年に改正により選挙権が付与されたのは，「満25歳以上の男女」ではなく，「満25歳以上の男子」である（男子普通選挙）。1945（昭和20）年の改正により，「満20歳以上の男女」に選挙権が付与される普通選挙が実現した。

イ．正しい。

　小選挙区比例代表並立制とは，小選挙区選挙と比例代表選挙の両方を並行して行う選挙制のことである。また，小選挙区比例代表並立制は，政党交付金の導入等とともに，1994（平成6）年における政治改革の一環として実現した。

ウ．誤り。

　「拘束名簿式」ではなく，候補者名簿はあるものの順位は決められておらず，各政党の当選議席数に対し，各候補者個人としての得票数の最も多かった者から順に当選人が決まる方式である「非拘束名簿式」である。非拘束名簿式の場合，有権者が好きな候補者を自由に選べるので，名簿順位の決定に有権者が参加することができる。これに対して，拘束名簿式では，名簿順位の決定は，各政党の任意であるため，有権者はその名簿の作成に関わることができない。

エ．誤り。

　民法改正ではなく，2015（平成27）年の「公職選挙法の一部改正」により，選挙権年齢が20歳以上から18歳以上に引き下げられ，2016（平成28）年の第24回参議院議員通常選挙から適用された。成人年齢を引き下げる民法改正は，2018（平成30）年に行われた。

オ．正しい。

　特定枠制度では，各政党等に配分された議席のなかで，まず特定枠の候補者が優先して名簿記載の順位のとおりに当選人となる。その後，特定枠以外の候補者が，その得票数の多い順に当選人となる。

　以上より，正しいものは，イおよびオであるから，正解は4である。

問題48 正解 **5**

本問は，国際機関に関する問題である。

ア．妥当でない。

　1972（昭和47）年にスウェーデンのストックホルムにおいて，「かけがえのない地球」をスローガンに国連人間環境会議（ストックホルム会議）が開催され，その会議において，人間環境宣言および環境国際行動計画が採択され，それを実施に移すため，国

際連合環境計画（UNEP）が設立された。

イ．**妥当でない。**

　　国際司法裁判所（ICJ）は，国際連合の主要な司法機関である。15名の裁判官で構成され，国際法に従って，国家から付託された国家間の紛争を解決し，正当な権限を与えられた国連の主要機関および専門機関から諮問された法律問題について勧告的意見を与えるという二重の役割を持っているが，戦争犯罪行為や人道に対する罪で起訴された個人を裁くことはできない。

ウ．**妥当である。**

　　日本は対日講和条約発効後まもない1952年8月に国際通貨基金（IMF）に加盟し，翌月の9月に常任理事国に選出されている。

エ．**妥当でない。**

　　国際労働機関（ILO）の設立は，第二次世界大戦後ではなく，1919年に設立され，日本は原加盟国である。

オ．**妥当である。**

　　国際連合教育科学文化機関（UNESCO）は，国連専門機関の一つで，教育，科学，文化の分野における国際協力を促進することによって，世界平和と安全に貢献することを目的とする。

　　以上より，妥当なものは，ウおよびオであるから，正解は5である。

経済
問題49　正解　2

　本問は，国家財政に関する問題である。

1．**妥当である。**

　　わが国の一般会計当初予算は，平成24年度以降増加傾向にあり，令和6年度のそれは，112.5兆円であり，110兆円を超えている。

2．**妥当でない。**

　　令和6年度の一般会計当初予算歳入のうち，租税および印紙収入の額は69.6兆円（61.8％）であり，そのうち，消費税が23.8兆円（21.2％）で，その割合がもっとも多く，次いで，所得税の17.9兆円（15.9％），法人税の17.0兆円（15.1％）の順になっている。

3．**妥当である。**

　　令和6年度の一般会計当初予算歳入のうち，公債金の額は35.4兆円であり，その歳入総額の31.5％であり，したがって，3割を超えている。なお，公債金の内訳は，特例公債が28.8兆円（25.6％），建設公債が6.5兆円（5.8％）である。

4．**妥当である。**

　　令和6年度の一般会計当初予算歳出のうち，国債費の額は27.0兆円であり，その歳出総額の24.0％であり，したがって，2割を超えている。

5．**妥当である。**

　　基礎的財政収支（プライマリーバランス）とは，税収および税外収入といった歳入と，

国債費（＝国債の元本返済や利子の支払いにあてられる費用）の一部を除いた歳出との収支をいい，その時点で必要とされる社会保障関係費，公共事業費，防衛費等の政策的経費を，その時点の税収および税外収入でどれだけまかなえているかを示す指標となっている。政府は，当初，2020（令和2）年度までに，基礎的財政収支を黒字化するという目標を掲げていたが，高齢化の進展によって社会保障関係費の増加が見込まれること，増税等が困難であって税収の増加が見込めないことなどにより，その実現は困難であるとし，「経済財政運営と改革の基本方針2018」（いわゆる骨太の方針2018）において，2025（令和7）年度までに，国・地方を合わせた基礎的財政収支の黒字化を目指すという新しい財政健全化計画を策定した（すなわち，「経済財政運営と改革の基本方針2018」（いわゆる骨太の方針2018）において，基礎的財政収支の黒字化が5年先送りになったことになる。）。そして，この目標は，「経済財政運営と改革の基本方針2023」（いわゆる骨太の方針2023）においても変更されていない。

問題50　正解　5

本問は，貿易に関する問題である。

1．**妥当でない。**

　　UNCTAD（国際連合貿易開発会議）は，「開発途上国の経済開発促進と南北問題の経済格差是正」を目的としている。なお，その他の記述は妥当である。

2．**妥当でない。**

　　「ウルグアイ・ラウンド」ではなく，「ドーハ・ラウンド」が妥当である。なお，WTO（世界貿易機関）は，ウルグアイ・ラウンド（1986（昭和61）年～1993（平成5）年）における合意によって，世界貿易機関を設立するマラケシュ協定（WTO設立協定）に基づいて1995（平成7）年1月1日にGATT（関税および貿易に関する一般協定）を発展的に解消させて成立した。また，ドーハ・ラウンドでは，交渉全体が妥結する見込みは少ないとの見解で一致するに至った後，部分合意等の可能な成果を積み上げる新たなアプローチが採用され，2017（平成29）年2月に，マラケシュ協定（＝WTOを設立するための協定）を改正し，貿易の円滑化に関する協定（貿易円滑化協定）を追加することを内容とする改正議定書が発効した。

3．**妥当でない。**

　　WTOにおいては，GATTとは異なり，紛争解決手続については，ネガティブコンセンサス方式（＝採択に反対することにコンセンサスが形成されない限り決定案を可決する（すなわち，全加盟国が異議を唱えない限り採択される。）方式）をとっている。

4．**妥当でない。**

　　FTA（自由貿易協定）とは，協定構成国間において，関税その他の通商上の障壁の撤廃を実施することができる仕組みをいう。2国間で締結される場合もあるが，多国間のものとしては，NAFTA（北米自由貿易協定）が有名である。

5．**妥当である。**

　　EPA（経済連携協定）とは，2つ以上の国・地域の間で，自由貿易協定の要素（物

品およびサービス貿易の自由化）に加え，貿易以外の分野，たとえば人の移動や投資，政府調達，２国間協力等を含めて締結される包括的な協定をいう。

社会
問題51　正解　3

本問は，高齢者問題に関する問題である。

1．**妥当でない。**

医療費の負担割合は，「70歳」未満では，原則として，３割負担であるが，「70歳」以上75歳未満では，原則として，２割負担，75歳以上では，原則として，１割負担とされている。

2．**妥当でない。**

後期高齢者医療制度（＝①75歳以上の者，②65歳〜74歳の者で一定の障害の状態にあると後期高齢者医療広域連合から認定を受けたものが加入する医療制度）においては，医療費の自己負担割合は，原則として１割であるが，現役並み所得者は３割であった。しかし，2022（令和４）年10月からは，１割負担であった一般所得者等のうち，一定以上の所得がある者は２割負担になった。

3．**妥当である。**

政府は，高齢者問題に対処するため，介護サービスについて，1989（平成元）年に「高齢者保健福祉推進10か年戦略」（ゴールドプラン），1994（平成６）年に「新・高齢者保健福祉推進10か年戦略」（新ゴールドプラン），1999（平成11）年に「今後５か年間の高齢者保健福祉施策の方向」（ゴールドプラン21）を策定してその整備を行った。

4．**妥当でない。**

65歳以上70歳未満の人が厚生年金保険に加入しながら働いた場合や70歳以上の人が厚生年金保険のある会社で働いた場合には，老齢厚生年金額と総報酬月額相当額（＝標準報酬月額＋標準賞与額）に応じて，老齢厚生年金額の一部または全部の支給停止がなされる。これを在職老齢年金制度という。このように，在職老齢年金制度の対象となるのは，老齢厚生年金のみである。なお，少子高齢化の進展で，生産年齢人口の急激な減少が見込まれているため，高齢者の就労意欲をそぐ当該制度は，労働政策上，適切でないとの批判を受け，その見直しが行われているから，本肢後段は，妥当である。

5．**妥当でない。**

iDeCo（イデコ，個人型確定拠出年金）とは，自分で拠出した掛金を自分で選んだ運用商品（定期預金，保険商品，投資信託等）によって運用し，原則として，「60歳」以降にこれを受け取る年金である。なお，毎月の掛金は，最低5,000円以上であり，上限額は，公的年金の被保険者種別や勤務先の企業年金制度の加入状況により異なる。iDeCoには，①拠出した掛金は，全額所得控除の対象となり，②運用益は，非課税となるというメリットがある反面，60歳までは原則引き出すことができないというデメリットがある。また，公的年金と異なり，自分が支払った年金保険料をそのまま自分で受給することができるという特徴がある。

本問は，社会における差別に関する問題である。

1．**妥当である。**

　　ＬＧＢＴ（エル・ジー・ビー・ティ）とは，性的少数者のうち，レズビアン（女性同性愛者），ゲイ（男性同性愛者），バイセクシュアル（両性愛者），トランスジェンダー（出生時に診断された性と，自認する性の不一致）の頭文字をとった総称をいう。このうち，トランスジェンダーについては，2003（平成15）年に性同一性障害者特例法が制定され，戸籍の性別を変更することが認められた。

2．**妥当である。**

　　2013（平成25）年に障害者差別解消法が制定され，障害を理由とする不当な差別的取扱いを禁止することや社会的障壁を取り除くために必要で合理的な配慮（以下「合理的配慮」という。）を行うことが規定された。なお，合理的配慮とは，たとえば，車いすの人が乗り物に乗るときに手助けをすること，窓口で障害のある方の障害の特性に応じたコミュニケーション手段（筆談，読み上げなど）で対応することなどがこれに当たる。

3．**妥当でない。**

　　2016（平成28）年にヘイトスピーチ解消法が制定されたが，当該法律は，国および地方公共団体の責務について定めるものであり，当該法律に基づいて，罰則が科されることはない。

4．**妥当である。**

　　民法750条は，「夫婦は，婚姻の際に定めるところに従い，夫又は妻の氏を称する。」と規定している。この規定の合憲性について，最高裁判所は，民法750条は，憲法13条，14条1項および24条に違反しないとして合憲判決を下した（最大判平27・12・16）。もっとも，裁判官15名のうち5名の裁判官が憲法24条に違反する旨の反対意見または意見を表示した。

5．**妥当である。**

　　2016（平成28）年改正前民法733条1項は，女性に係る再婚禁止期間を前婚の解消または取消しの日から起算して300日と定めていた。これに対し，最高裁判所は，父性の推定の重複を回避し，父子関係をめぐる紛争の発生を未然に防ぐという趣旨からすると，100日を超過する分は，父性の推定の重複を回避するために必要な期間ということはできないと判示した（最大判平27・12・16）。この判決を契機として，2016（平成28）年6月1日に民法が改正され，女性に係る再婚禁止期間は，前婚の解消または取消しの日から起算して100日とされた（同法733条1項）。なお，2022（令和4）年12月10日に再度民法が改正され，婚姻の解消等の日から300日以内に子が生まれた場合であっても，母が前夫以外の男性と再婚した後に生まれた子は，再婚後の夫の子と推定することとされ，これに伴い，女性の再婚禁止期間は廃止された（施行日は，2024（令和6）年4月1日）。

諸法令

問題53　正解　1

　本問は，行政書士の義務に関する問題である。

　行政書士は，その業務に関する帳簿を備え，これに事件の名称，年月日，受けた報酬の額，依頼者の住所氏名その他都道府県知事の定める事項を記載しなければならない（行政書士法9条1項）。そして，行政書士は，その帳簿をその関係書類とともに，帳簿閉鎖の時から2年間保存しなければならない（同条2項前段）。以上より，空欄アには「受けた報酬の額」，空欄イには「都道府県知事」，空欄ウには「帳簿閉鎖の時」，空欄エには「2」が入るから，正解は1である。

問題54　正解　2

　本問は，住民基本台帳法に関する問題である。

1．**妥当である。**

　　住民基本台帳法10条の規定のとおりである。

2．**妥当でない。**

　　都道府県知事は，その事務を管理し，又は執行するに当たって，当該都道府県の区域内の市町村の住民基本台帳に脱漏もしくは誤載があり，または住民票に誤記もしくは記載漏れがあることを知ったときは，遅滞なく，その旨を当該住民基本台帳を備える市町村の市町村長に通報しなければならない（住民基本台帳法12条の5）。このように，都道府県知事が職権で訂正することは許されず，この場合，都道府県知事は，遅滞なく，その旨を当該住民基本台帳を備える市町村の市町村長に通報しなければならない。

3．**妥当である。**

　　住民基本台帳法13条の規定のとおりである。

4．**妥当である。**

　　住民基本台帳法14条1項の規定のとおりである。

5．**妥当である。**

　　住民基本台帳法14条2項の規定のとおりである。

個人情報保護・情報通信

問題55　正解　1

　本問は，仮名加工情報取扱事業者等，匿名加工情報取扱事業者等の義務に関する問題である。

ア．**妥当でない。**

　　仮名加工情報とは，個人情報について，一定の措置を講じて他の情報と照合しない限り特定の個人を識別することができないように加工して得られる個人に関する情報をいう（個人情報保護法2条5項）。例えば，個人情報について，その氏名等を削除するなどして，他の情報と照合しない限り，特定の個人を識別することができないようにした情報がこれに当たる。仮名加工情報の作成の基になる個人情報には，個人情報保護法2

条1項1号に該当する個人情報のみならず，個人情報保護法2条1項2号に該当する個人情報，すなわち，個人識別符号が含まれる（個人情報保護法2条5項）。

イ．**妥当でない。**

　個人情報取扱事業者は，仮名加工情報（仮名加工情報データベース等を構成するものに限る）を作成するときは，他の情報と照合しない限り特定の個人を識別することができないようにするために必要なものとして個人情報保護委員会規則で定める基準に従い，個人情報を「加工しなければならない」（個人情報保護法41条1項）。このように，個人情報取扱事業者が仮名加工情報を作成するときにおける義務は，努力義務ではなく，法的義務である。

ウ．**妥当である。**

　個人情報保護法43条4項の規定のとおりである。本条は，匿名加工情報の受領者が，受領したものが匿名加工情報であることを確実に認識することができるようにする趣旨である。

エ．**妥当である。**

　個人情報保護法45条の規定のとおりである。本条は，匿名加工情報を取得した事業者が当該匿名加工情報の作成に用いられた個人情報に係る本人を識別するために，当該個人情報から削除された記述等を取得することにより，本人を識別することを禁止する趣旨である。

オ．**妥当である。**

　個人情報保護法46条の規定のとおりである。本条は，匿名加工情報が漏えいし，これを入手した者が不正な取扱いをし，特定の個人を識別するなどの危険性があることから，これを防止する趣旨である。

　以上より，妥当でないものは，アおよびイであるから，正解は1である。

問題56　正解　2

　本問は，行政機関等における個人情報の取扱いに関する問題である。

ア．**妥当である。**

　行政機関等は，本人から直接書面に記録された当該本人の個人情報を取得するときは，原則として，あらかじめ，本人に対し，その利用目的を明示しなければならない（個人情報保護法62条柱書）。本人から直接書面に記録された当該本人の個人情報を取得する場合には，その多くは，行政機関に保有個人情報として保有され，以後行政運営の基礎資料として利用されることになると考えられるからである。

イ．**妥当でない。**

　行政機関の長等は，開示請求に係る保有個人情報に不開示情報が含まれている場合であっても，個人の権利利益を保護するため特に必要があると認めるときは，開示請求者に対し，当該保有個人情報を「開示することができる」（個人情報保護法80条）のであって，この場合の開示は，法的義務とはされていない。

ウ．**妥当でない。**

個人情報保護法90条1項本文は，開示決定に基づき開示を受けた保有個人情報の内容が「事実でない」と思料するときは，当該保有個人情報を保有する行政機関の長等に対し，当該保有個人情報の訂正を請求することができると規定している。このように，当該保有個人情報の訂正請求をすることができるのは，当該保有個人情報の内容が事実でないと思料するときに限られ，その内容が不当であると思料するときは，これをすることができない。

エ．**妥当である。**

　個人情報保護法98条1項1号の規定のとおりである。

オ．**妥当でない。**

　個人情報保護法には，処分庁の不開示決定に対する審査請求において，当該審査請求に対する裁決をすべき行政機関の長等は，聴聞をしなければならない旨の定めは，置かれていない。なお，当該行政機関の長等は，原則として，情報公開・個人情報保護審査会に諮問をしなければならない（個人情報保護法105条1項柱書）点は，注意が必要である。

　以上より，妥当なものは，アおよびエであるから，正解は2である。

問題57　正解　5

　本問は，情報セキュリティに関する問題である。

ア．**妥当である。**

　データセンターとは，サーバソフトウェア（＝外部の別のソフトウェアの要求に応じてデータ等を提供するソフトウェア。これに対し，サーバソフトウェアに要求を送り，結果を受け取って利用者等に提供するソフトウェアをクライアントソフトウェアという。）を稼働させているコンピュータ機器を設置するために，高度な安全性等を確保して設計された専用の建物・施設をいう。

イ．**妥当である。**

　ボットとは，コンピュータウイルスの一種であり，コンピュータに感染し，インターネットを通じてそのコンピュータを外部から操作することを目的として作成されたプログラムである。ボットに感染すると，悪意を持った第三者が感染したコンピュータを操作し，迷惑メールの大量送信や特定サイトの攻撃を実行するなどの迷惑行為や感染したコンピュータ内の情報を盗み出すなどのスパイ行為を実行したりなどする。

ウ．**妥当でない。**

　フィルタリングとは，インターネットのウェブページ等を一定の基準で評価・判別し，違法・有害なウェブページ等の選択的な排除等を行うソフトウェアをいう。なお，本肢の説明は，選択肢オのSSLについてのものである。

エ．**妥当である。**

　フィッシング詐欺とは，企業等からの電子メールであるかのように偽った内容の電子メールを送りつけ，偽のホームページに接続させて，クレジットカード番号，パスワード等の個人情報を不正に入手する詐欺行為をいう。

オ．妥当でない。

　　SSLとは，「Secure Sockets Layer」の略称であり，インターネット上でデータを暗号化したり，なりすましによる情報漏えいを防いだりするためのプロトコル（＝通信やデータを相互に伝送できるようにあらかじめ定められた約束事や手順）をいう。たとえば，SSLを利用してパソコンとサーバー間の通信データを暗号化することによって，その間において，第三者によるデータの盗み見や改ざんを防ぐことができる。なお，本肢の説明は，選択肢ウのフィルタリングについてのものである。

　　以上より，妥当でないものは，ウおよびオであるから，正解は5である。

文章理解
問題58　正解　3

　　空欄補充の問題である。空欄には「文」が入る。空欄が全部で5か所あり重複した空欄はない。特徴としては空欄Ⅲ・Ⅳが連続した位置に置かれている点である。ここが解法のポイントになる。また，ア〜オはすべて本文の一部である点も念頭に置いておく。必ず本文の中に出てくる文である。

Ⅰ

　　この空欄のある段落を見ると

　　「しかし新たな技術の開発の場では，二兎を得るには，二兎を〜」　Ⅰ　「2つのことを同時に得るには〜」となっている。この段落では「技術の開発の場で二兎を得るためには」について述べている。したがって，アが妥当と考えられる。

Ⅱ

　　この空欄のある段落を見ると

　　「教訓は〜どちらも取り逃がしてしまう。」　Ⅱ　となっている。さらに，次の段落の冒頭では「しかし，本当にそうでしょうか。」となっている。次の段落で反論をしているのであるから，この空欄では教訓に準じた内容であり反論前の内容と考えられる。したがって，エが妥当と考えられる。

Ⅲ　Ⅳ

　　他の3つの空欄は比較的短時間で決定できる。したがって，この2つの空欄がポイントになる。この2つの空欄のある段落を見ると

　　「しかし〜」「どちらも疎かが失敗の原因」　Ⅲ　Ⅳ　「そうした反省すらせずに〜」となっている。イ・オのどちらも妥当と考えられ，イ→オ，オ→イのどちらの順でも特に矛盾は生じないように見える。しかし，どちらかに決定しなければならない。その根拠となる理由が必要である。ここで着目すべきは空欄の直後の文の「そうした反省」である。　Ⅳ　は「そうした反省」が指し示す内容と考えられるからである。その内容として妥当と考えられるのはイの「失敗の原因が〜」と考えられ　Ⅳ　はイが妥当である。オでは「そうした反省」の指し示す内容としては妥当ではない。したがって，　Ⅲ　はオ，　Ⅳ　はイが妥当と考えられる。

Ⅴ

— 325 —

この空欄の前の文で「という立場で」とあることから，ウの「この立場こそ」の内容と考えられる。したがって，ウが妥当と考えられる。

以上のことから，3が妥当である。

問題59 正解 **3**

　空欄補充の問題である。空欄には「文」が入る。空欄が全部で5か所あり重複した空欄はない。特徴としては空欄Ⅴが最後の位置に置かれている点である。解法の手掛かりになる可能性もある。また，ア〜オはすべて本文の一部であり，正しい組み合わせは同時に正しい順序になっている。したがってア〜オの文章整序になる点も念頭に置いておく。

　Ⅰ　Ⅱ

　同じ段落にある。この段落を見ると

「漢字にも「方言」がある」　Ⅰ　「その地域でしか使われていない」「漢字の表記による違い」「方言の変化とは異なる」　Ⅱ

となっている。

　Ⅰ　はウ・エ・オのどれでも特に矛盾は生じないため，決定できない。

　Ⅱ　はオに「しかし〜地域差」と「地域」とあり，この前にある「その地域でしか」の内容に対して「しかし〜」と考えられる。したがってオが妥当である。

　Ⅲ　Ⅳ

　同じ段落にある。この段落を見ると

「地域差は「食べ物」にある」「代表的なものに「すし」がある」　Ⅲ　「地域によって違い」　Ⅳ

となっている。　Ⅲ　の前の文で「代表的なものに」と述べていることから，イの「代表的であるというのは」が決め手になり，イが妥当となる。

　Ⅳ　は，次の段落が「まず「鮨」の」，さらにその次の段落も「一方「鮓」の」となっており，具体例の説明になっている。このことからアの内容が妥当である。

　Ⅴ

　最終段落にあり最後の文である。最終段落は

「表記の違いが生じるのは，さまざまにあります。」　Ⅴ

　となっている。ここまででア・イ・オは判明しているから，残るウ・エのどれかになる。

　ウ「漢字も〜」と「も」とあることから，その前の文は「漢字」について述べているはずである。エは「このように，地域に〜」とあることから，その前の文は「地域」について述べているはずである。したがって，　Ⅴ　はエが妥当である。そうすると　Ⅰ　はウとなるが，その前の文は「漢字」について述べており矛盾は生じない。したがって，　Ⅰ　はウが妥当である。試みに，ア〜オをウ→オ→イ→ア→エの順に並べても矛盾は生じない。

　以上のことから，3が妥当である。

　文の空欄補充である。第3段落の最後の部分が空欄になっている。論旨が展開されている部分だと考えられることから，この文章全体の要旨が問われていると考えて解法を組み立てる必要がある。また，選択肢を一瞥すれば2つの文が入ることがわかる。このことも解法のポイントになる。

　選択肢を吟味する前に，この文章の要旨を把握する必要がある。その上である程度空欄の内容を予測し選択肢を吟味する。要旨を把握せずに順に選択肢を当てはめても，何ら根拠が見出せないからだ。

　この文章の要旨は次のようになる。

　「20世紀初頭にアメリカ出身の画家も印象派の手法を持ち帰っている。その手法は流行の最先端でもあった。」

　「技術を持ち帰って印象派の手法で描いている。しかし，花咲かなかった。」

　「原因は，時代背景の違い。従来の絵画に対する評価への，反論，反旗，離脱といった原動力があった。手法も新しいが，一種のアンチテーゼでもあった。□□□。」

　「主張は持ち帰れていない。アメリカにはアンチテーゼとなる時代背景が存在していなかった。原動力がアメリカには無かった。印象派の手法の絵を描くことはできたが，印象派の主張で絵を描くことができなかった。」

　この論旨の展開を念頭に置いて空欄の文を予測すれば「手法よりアンチテーゼ」「印象派の主張を絵で描いた」という内容であると予測できる。しかし選択肢には「アンチテーゼ」という語は出てこない。「主張」は最後の段落に出てくるだけであるが，論旨の展開から「アンチテーゼ」＝「主張」とわかる。このことを念頭に置いて選択肢を吟味する。

1．妥当でない。「手法の前に主張があった。」は妥当だが，「評価される絵を描こうとした」は誤りである。そのようなことは文章中では述べていない。

2．妥当でない。「主張の前に手法があった。」が誤り。逆である。

3．妥当でない。「手法の前に主張があった。」は妥当であるが，空欄のある段落で「それまでの絵画とは違い手法は新しいもだった」とあるため，「従来の手法で絵を描きつつ」は誤りである。

4．妥当である。「手法の前に主張があった。」は妥当であり，「印象派の手法の絵を描いただけではなく，印象派の主張を絵で描いた」も妥当である。

5．妥当でない。「主張の前に手法があった。」が誤り。逆である。後半の「戸外で絵を描くことだけでなく，さまざまな新しい手法を用いていた」は内容としては誤りではないが，そのようなことは文章中では述べていない。

　以上のことから，4が妥当である。

パターン別攻略法‼

　基本的な4つのパターンの攻略法の要点を示す。実際の攻略法は解説部分で確認すること。問題を見たら解く前にまず「これはどのパターンの問題なのか」を見極める。手順を身に着ければ短時間に正確に解くことができる。

■文章整序
1　選択肢の「文頭」のみに着目し，接続詞や指示語を手掛かりにして，文と文の前後関係を明らかにしていく（接続詞や指示語で始まらないものが冒頭文になる）。
2　文章の全体の整序では文章の論旨の展開を把握する。
3　対になる2つの文から探す。

■空欄1個に文
1　要旨を把握する。論理の展開は段階ごとに掴む。
2　空欄が文章の中ほどなら「論旨の展開中」，最後なら「結論」になる。
3　選択肢を図式化する。選択肢の異なっている部分に着目する。
4　迷ったら必ず根拠となる部分がある。それを探す。使われている語句に着目。

■空欄5個（2個）に文
1　選択肢はすべて「文中にある文」であり，空欄順に並べれば選択肢だけの文章整序になっていることも念頭に置く。出てくる語句の順も解法のヒントになる。
2　自分なりに空欄に入る文を予測し，それと照らし合わせるように吟味する。
3　空欄の前後との関係が手掛かりになる。接続詞があるものから吟味する。
4　迷ったら必ず根拠となる部分がある。それを探す。使われている語句の順に着目。

■空欄5個に語句
1　最初に語句の表記を確認する。明らかな誤りが含まれている場合がある。
2　ひとつに決定できない場合は保留にして，次の空欄を吟味する。
3　迷ったら必ず根拠を探す。同じ空欄が複数ある場合は，他の空欄でチェックする。また，選択肢の語句が文章中で言い換えられている場合もあることも念頭に置く。

MEMO

MEMO

MEMO

MEMO

MEMO

MEMO

【法改正（正誤）情報について】

　本書に関する法改正等受験上の有益情報，誤植の訂正その他追加情報は，東京法経学院ホームページ「オンラインショップ」内の「法改正（正誤）情報」（下記URL）をご参照ください。

◆URL　https://www.thg.co.jp/support/book/

【本書に関するお問合せについて】

　本書の正誤に関するご質問は，書面にて下記の送付先まで郵送もしくはFAXでご送付ください。なお，その際にはご質問される方のお名前，ご住所，ご連絡先電話番号（ご自宅/携帯電話等），FAX番号を必ず明記してください。

　また，正誤のお問合せ以外の書籍に関する解説およびお電話でのご質問につきましてはお受けいたしかねます。あらかじめご了承くださいますようお願い申し上げます。

◆ご送付先　〒162-0845　東京都新宿区市谷本村町3-22　ナカバビル1階
　（郵送）　　　　　　　東京法経学院「行政書士最強の模試2024」編集係宛

◆FAX　03-3266-8018

行政書士最強の模試2024

2024年7月29日　初版発行

編　者　　東京法経学院 編集部
発行者　　立　石　寿　純
発行所　　東　京　法　経　学　院

〒162-0845
東京都新宿区市谷本村町3－22
ナカバビル1F
電話　03（6228）1164（代表）
FAX　03（3266）8018（営業）
郵便振替口座　00120－6－22176

版権所有　　乱丁・落丁の場合は，お取り替えいたします。

印刷　幸和印刷／製本　根本製本

ISBN978-4-8089-6563-1